- 江苏省“333工程”资助项目“基于学生发展核心素养的生命教育专设课程开发研究”（BRA2016374）的成果
- 教育部人文社会科学重点研究基地南京师范大学道德教育研究所项目成果
- 南京师范大学立德树人协同创新中心项目成果

生命教育

教师手册

SHENGMING JIAOYU JIAOSHI SHOUCE

冯建军 / 主编

山西出版传媒集团　山西教育出版社

图书在版编目(CIP)数据

生命教育教师手册/冯建军主编. —太原:山西教育出版社,2018.8(2023.4 重印)
ISBN 978-7-5440-9864-9

Ⅰ.①生… Ⅱ.①冯… Ⅲ.①生命哲学-中小学-教学参考资料 Ⅳ.①G633.203

中国版本图书馆 CIP 数据核字(2018)第 059517 号

生命教育教师手册

SHENGMING JIAOYU JIAOSHI SHOUCE

责任编辑 李龙飞
复　　审 李梦燕
终　　审 康　健
装帧设计 陈　晓
印装监制 蔡　洁

出版发行 山西出版传媒集团 · 山西教育出版社
（太原市水西门街馒头巷 7 号　电话:0351-4729801　邮编:030002）
印　　装 山西康全印刷有限公司
开　　本 720 mm×1020 mm　1/16
印　　张 20.5
字　　数 332 千字
版　　次 2018 年 8 月第 1 版　2023 年 4 月第 5 次印刷
书　　号 ISBN　978-7-5440-9864-9
定　　价 56.00 元

如发现印装质量问题,影响阅读,请与出版社联系调换。电话:0351-4729718。

目　录 / Contents /

第一章

生命与生命教育

顾名思义，生命教育是关于生命的教育，是对生命进行的教育。因此，认识生命教育需要从认识生命开始。

一、生命及其结构

（一）生命的定义

生命是有机体的存在形式。不同学科都对生命的内涵作了界定，其中生物学、生命哲学和马克思主义哲学等学科的观点具有代表性。

1. 生物学视野下的“生命”

传统上，人们习惯于从生物学的角度来看待生命，生命是生物的存在形式，是作为生物的本质属性的抽象。在生物学上，通常把自我更新、变异与选择以及新陈代谢作为判别生命与非生命的标准。生命也就是生物有机体的一种存活状态。生物学的这种定义方式，也影响到我国哲学界。胡文耕在《生物学哲学》中指出，“生命是具有不断自我更新能力的、主要由核酸和蛋白质组成的多分子系统，它具有自我调节、自我复制和对体内、外环境选择性反应的属性”①。在冯契主编的《哲学大辞典》中，也同样指出，“生命是主要由核酸、蛋白质大分子组成的，以细胞为单位的复合体系的存在方式”②。

---

① 胡文耕著：《生物学哲学》，中国社会科学出版社，2002，第29页。

② 冯契主编：《哲学大辞典》，上海辞书出版社，1992，第386页。

2. 生命哲学视野下的“生命”

西方生命哲学对“生命”的认识与我们对“生命”的认识有较大的差别。葛力在他主编的《现代西方哲学辞典》中指出，“生命是世界的绝对的、无限的本原，它跟物质和意识不同，是积极地、多样地、永恒地运动着的。生命不能借助于感觉或逻辑思维来认识，只能靠直觉与体验来把握”[①]。这一概括较好地反映了生命哲学家叔本华的“生命意志”、尼采的“强力意志”、狄尔泰的“生命体验”、伯格森的“生命冲动”等思想。西方的生命哲学是针对近代以来科学本质主义的思维方式使生命均质化，导致生命意义的泯灭和个性的丧失而提出的。它反对把人的生命看作纯粹的生物体，甚至本质上不是生物体，而致力于追寻生命的价值和意义。

由上可知，生物学和生命哲学关于生命的认识，呈现了两条不同的思路：生物学关注生命的自然性，生命哲学关注生命的精神性，甚至把生命神秘化。打个比方，前者把人看作了“动物”，后者把人看作了“神”。其实，人既不是“动物”，也不是“神”，“人的根本就是人本身”[②]。这是马克思主义与其他学科对于生命认识的根本区别。

3. 马克思主义视野下的“生命”

人源于动物，但人与动物有着本质的区别。马克思指出：“动物和它的生命活动是直接同一的。动物不把自己同自己的生命活动区别开来。它就是这种生命活动。人则使自己的生命活动本身变成自己意志和意识的对象。他的生命活动是有意识的，这不是人与之直接融为一体的那种规定。”[③]马克思主义认为，动物的生命活动完全属于它的环境，生命存在的主动权不在自身，生命只依附于特定的环境生存，动物的活动是其本能的表现。因此，动物的生命是前定的、预成的，与周遭环境保持着肯定的关系。而人的生命与动物的生命有着根本的不同，人的生命是“有意识”活动的产物。人作为有意识的生命体，把自己的生命活动变成自己意识的对象，使自己与自然的生命活动区别开来。这表明，人超越了单一的自然生命，意识使人具有“超生命”的生命。所以，生命对于人来说，不是单一

① 葛力主编：《现代西方哲学辞典》，求实出版社，1990，第124页。
② 马克思，恩格斯著：《马克思恩格斯全集》（第1卷），人民出版社，1956，第460—461页。
③ 马克思，恩格斯著：《马克思恩格斯全集》（第42卷），人民出版社，1979，第96页。

的，而是双重的，是自然生命和超自然生命的统一。

自然生命使人保持了动物的肉体和生理规律，使人成为一个活的实体性存在，但人的生命不同于动物，人的意识性使人能够支配自己的自然生命，追求人生的意义、价值、自由、人格、理想、未来等，这就是人作为“神”的超生命的一面。人是在自然生命基础上的超生命的存在，是在本能基础上创造的自为的生命。离开了自然生命，人不是“人”，而是无肉身、无躯体的“神”；失去了超生命的追求和信仰，人不是“人”，而是只具有本能的“动物”。人虽然不是动物，也不是“神”，但人具有动物和“神”的特性，处于动物和“神”之间。人有着对“神”的向往，时刻不断地超越其动物性，但人最终没有成为“神”，一直为其动物的被动性所制约。概括而言：“人的生命是一种两重性的、不断否定和超越的特殊生命，这意味着它是处于未完成的具有开放性的、无限性的存在，它始终处于创生和发展之中，永远不会有终结之日。这是人的生命所独具的特性。”[①]

前述生物学对生命的定义关注的是人的自然生命的一面，生命哲学关注的是人的“超自然生命”的一面，马克思主义哲学将自然生命与“超自然生命”有机结合在一起，不仅完整地认识了人的生命，而且认识到人不同于“动物”、也不同于“神”的独特的一面。

（二）生命的结构

根据马克思主义视野下的生命内涵，就生命本体的构成而言，人的生命是由自然生命和超自然生命所构成的。生命作为一个复杂的系统，是由相互联系的要素所组成的一种生物体的特殊存在形式。就生命的形式和发展特性而言，人的自然生命就是人的肉体生命，人的生命至少包括人的精神生命和社会生命。可见，人的生命也可以看作是由自然生命、精神生命和社会生命所构成的统一体。

生命首先是一个自然的物质的存在，这一物质存在虽然与动物所共有，但这是人存在的物质基础，脱离此，就没有人的存在，而只能异化为想象中的“上帝”和“神灵”。人首先是个肉身，这是最基本的。但人又不只是肉身，因为他有思想，他的生命体现有意义，这就是马克思所说的“人能够有意识支配自己的生命活动”——生命是一个精神性存在，这样的精神既包含着真理，又包含着激

① 高清海等著：《人的“类生命”与“类哲学”》，吉林人民出版社，1998，第51页。

情、直觉、意志、信念等，是认知与情感、理性与非理性的统一。但人的“精神”并不是自发地从人的肉体生命中产生出来的，它之所以对人的肉体生命具有某种超越，是因为它是在人的物质生产和社会交往活动中，作为自然与文化、个体与族类的矛盾关系的交叉而出现的。精神生命的出现离不开社会活动和社会交往，换言之，生命不是单个人的抽象物，而是社会关系的总和。人是社会的人，社会是人的存在形式，因此人的生命还是一个社会生命。由此看来，本体生命的存在，实际上有三重生命：一是自然生理性的肉体生命；二是关联而又超越自然生理特性的精神生命；三是关联人的肉体和精神而又赋予某种客观普遍性的社会生命。精神生命作为一个“中介”，将肉体的自然生命和社会生命紧密地连接在一起。[①]人就是由这三重生命构成的具体而完整的生命存在，人的这三重生命是一个互为前提、互为因果、循环往复的生命流程，实现着人与自然、人与自我、人与社会的交换和协调。

1. 自然生命

面对一个具体的、现实的人，我们首先注意到的是个体的肉体生命。自然生理性的肉体生命是人存在的物质载体和本能性的存在方式，是最基本的生命尺度。作为肉体的生命，人是一个自然的存在物，但人又是一个特殊的自然存在物。人自然的生理性生命不仅在遗传上具有动物所不具有的特点，而且在后天发展上也不只是动物般的肉体、自然自在的顺序发展和本能冲动的任意释放。人的自然生命中如果没有意识的萌生、精神的贯注，就不能称其为人的生命。而人对生理性肉体生命的物性、本能性的超越是经过自我意识、凭借内在精神的提升而完成的。所以，人的生理性生命并不完全是一个自在的自然的存在，它已经打上了精神的烙印，能够意识到肉体生命的存在并能够对自身生命的存在和发展做出自主的选择。人是一种有意识的、有思想的生物，其摆脱了动物的本能之态，且并不固定在动物直接去实现的苟且偷生、自我保存之中，人的生命在支配自己、超越自己中存在。

2. 精神生命

意识性使人的生命扬弃了动物自在的本能，成为自为的精神存在。“精神”

① 张曙光著：《生存哲学——走向本真的存在》，云南人民出版社，2001，第199页。

与人的身体相对，是一种与“观念”“意识”“思维”“理性”“灵魂”等相一致的概念。精神可以在多个层面来探讨。例如：从人类的角度看，精神主要表现为与物质世界相对的人类的精神世界；从团体的角度看，精神主要表现为团体的共同信念和凝聚力，称为团体精神（包括国家精神、民族精神）；从个体的角度看，精神主要指个体独特的内心世界，是个人存在的深层尺度。精神固然有多个层次，但精神的最终归宿应该是个体的精神生活。我们这里就个体生命言及人的精神性，显然是在个体层次上而言的。对于个体的精神表现，罗素有过这样的解释：“精神——常识可以这样讲——是由做出或遇到各种不同事情的人们身上表现出来的。从认识或知觉方面讲，他们有知觉、回忆、想象、抽象和推理的活动；从心理情绪方面讲，他们有快乐的感觉和痛苦的感觉，他们还有情意和欲望；从意愿方面讲，他们可照自己的意愿去做一件事情或者照自己的意愿不做一件事情。所有这些现象都可以划入‘精神’的事件范围之内。”[①]罗素这里所讲到的个体精神，主要包括三个方面，即认知的、情感的和意志的。蒂里希也在同样的意义上，使用着“精神生命”的概念。他说：“作为精神而完成的生命，既包容着真理，又包容着激情；既包容着屈服，又包容着力比多；既包容着正义，又包容着强力意志。”[②]人正因为有精神的存在，才使人超越了动物的本能，而获得了自由。因此，哲学家把精神生命看作人的本质，甚至否认自然的生理生命的存在。海德格尔就认为：“世界总是精神性的世界。动物没有世界，也没有周围世界的环境。”[③]精神是人不同于动物的所在。赫舍尔也认为，精神的缺失就是人性的缺失。他说：“我们所面临的最可怕的前景是这个地球住满一种‘存在物’——虽然从生物学上说，他们属于人类，但缺少从精神上把人同其他动物区别开来的性质。”[④]我们认为，生命是一个有机联系的复杂体，强调人的精神性，并不能如同宗教的传统和中世纪的神学一般否定人的自然生命的存在，相反，人的精神生命是基于自然生命而发生的。

---

① 罗素著，张金言译：《人类的知识》，商务印书馆，1997，第31页。

② 蒂里希著：《蒂里希选集》，上海三联书店，1999，第1189页。

③ 海德格尔著，熊伟，王庆节译：《形而上学导论》，商务印书馆，1996，第45页。

④ 赫舍尔著，隗仁莲译：《人是谁》，贵州人民出版社，1995，第27页。

3. 社会生命

人总是处于“社会关系”之中，并承担一定的社会角色，人的社会的存在方式既关联于人的内在意识，又有超越人的内在意识的感性对象性、客观普遍性。忽视人的生命及其生活的社会性，看不到社会存在、社会生命对人的自然和精神生命的某种制约作用，就不可能正确地认识自然生命的本能的冲动和释放，不可能正确地认识人的自由。不考虑人的社会性及其与他人的关系，单纯地强调精神生命的自由，会破坏人与人的协调关系，最终使每个人都走向不自由。所以，对体现精神生命之本的自由而言，只能是关系中的相对自由，自由是与控制及秩序同在的。民主是社会人自由的保障。只有从个人领域进入到公共领域，在民主的空间和公正的制度指导下，人才能从一个自然的生物人、个体人变成社会人、契约人，人才能通过自己的社会“角色”以及相应的权利和义务，意识到自己的社会存在、社会生命，并从而开掘、充实和引领自己的精神生命和自然肉体生命。

总之，自然生命、精神生命和社会生命是生命整体的三维，其中每一维都是全息的，它们相互关联、相互影响、相互包容和嵌套、相互融通，共同构成人的完满的生命。这是就人的生命本身所做的全景式描写。

二、生命特点

“人的生命是一个由多重矛盾关系所构成的否定性统一体。”[①]肉体与灵魂、生物性与精神性、现实与未来、有限与无限、理性与非理性、自在与自为、被动与主动，等等，前者反映了人的自在的自然生命的特性，后者反映了人的自为的超生命的特性；前者是“实然”的存在，后者是“应然”的追求，“应然”始终不断地否定、替代“实然”，在二者的否定性统一中，推动着生命的发展。人的生命只能在这种矛盾的关系中，才能得以理解。生物学和生命哲学只是理解了生命的一种属性，因而是片面的。

任何对人的生命的理解必须着眼于生命自身的矛盾性，正是生命中的诸多矛盾关系、生命要素的张力，决定了人的生命的独特性。

---

① 高清海等著：《人的“类生命”与“类哲学”》，吉林人民出版社，1998，第38页。

（一）生命的完整性

历史地看，一些教育家把人理解为“自然人”“精神人”“社会人”，之所以是片面的，就是因为他们剥离了生命的完整性。就个体的生命而言，现实的人都是完整的人。他们有躯体，也有思想；有物质需要，也有精神追求。我们对人生命的理解，强调其生命结构的矛盾性，但这种矛盾不是对立分裂的两极，而是一个矛盾的统一体，矛盾的任何一方，都必须和另一方相联系才有意义。完整不等于完善，完善是质的追求，完整是量的积累。生命随着年龄、成熟、自我实现等形式，逐步完善，但任何阶段的生命都是完整的。从学理上，我们可以对生命加以分解研究，如自然生命、价值生命、社会生命……但实际上，脱离了完整性，自然生命就不再是“人”的自然生命，而只是一堆“肉体”，人的精神、价值、社会性也无所寄托，无家可归，成为漫游的“鬼魂”，而不再是人的生命的组成部分。生命的完整性是人的存在的一个基本特征，任何对人的生命的解读和以生命为对象的实践，都必须建立在这一完整性的基础上。生命最终是否幸福完整，是由生命的三重属性共同决定的。自然生命之长强调延续存在的时间，社会生命之宽重在丰富当下的经验，精神生命之高则追求历久弥新的品质。

（二）生命的自主性

人的生命具有开放性和不确定性，“自然没有做出关于他的最后决定，而是在某种程度上让他成为不确定的东西。因此，人必须独自地完善他自己”①。面对这种不确定性，人的生活道路只能由人自己去筹划、去选择、去确立。人正是通过自主的活动，促成了自我的发展。所以，人的生命是自为的，是自己创造的，因而也是自由的。任何压抑生命自主和自由的行为，必然违背生命的特性，是对生命的摧残。

（三）生命的超越性

生命是有限的，但人要追求无限；生命是现实的，但人要在对未来的追求中否定现实。人正是在这种自我的否定中，实现着生命的超越。人渴望超越，也必须超越。超越人的肉身存在，超越生命的有限性，超越现实的存在，生命正是在超越中实现着价值的不断跃迁和提升，不断地走向新的解放，生成新的自我。因

① 兰德曼著，张乐天译：《哲学人类学》，上海译文出版社，1988，第202页。

此，超越性是人的生命的独特本质。德国哲学家马克斯·舍勒指出，“人，只有人——倘使他是人本身（Person）的话——能够自己作为生物，超越自己”[①]，因此，他给人的定义是：人是超越的意向和姿态。人的发展过程就是生命不断超越的过程，生命不息，超越不止。

（四）生命的独特性

正如世间没有两片完全相同的树叶，也没有两个绝对完全相同的人，即便是孪生兄弟，相同的基因遗传也因后天生活、环境、教育和实践活动的不同，而使人有不同的发展，形成不同的个性。所以，“在时间和空间的纵横扩展中，每个人都以其独立的个性存在着”，“都是作为无可替代的独立个性存在着”[②]。

只有理解生命的特性，生命教育才能真正地做到尊重生命，善待生命，让生命诗意地存在于教育中。

三、生命教育的内涵

生命教育最早源于20世纪初在西方兴起的死亡学和之后发展起来的死亡教育、生死教育。基于不同的背景，越来越多的国家和地区都已强调和关注生命教育。我国的生命教育源于20世纪末期，距今不足20年的时间，“生命教育”已经成为我国教育研究和实践中的高频词。但仔细揣摩，人们对生命的认识是有差异的。

概括而言，在研究和实践中，“生命教育”逐渐形成了三种含义。

（一）狭义的生命教育：针对生命问题的治疗性生命教育

生命的问题包括自杀和有自杀意念、伤害他人、对异类生命的残害、吸毒、暴力、艾滋病、意外事故等。西方的生命教育多由此而起。这样的生命教育多是治疗和预防性质的，即预防和解决生命问题的教育，诸如自杀干预、禁毒教育、预防艾滋病教育、生命安全教育、环境教育，等等。针对生命问题的治疗性生命教育是为解决生命问题而实施的，因而是为解决生命问题的权宜之计。这样的生

① 马克斯·舍勒著，李伯杰译：《人在宇宙中的地位》，贵州人民出版社，1989，第34页。

② 香山健一著，刘晓民译：《为了自由的教育改革——从划一主义到多样化的选择》，高等教育出版社，1990，第16页。

命教育见效快，但治标不治本。如此的生命教育，只为部分有生命问题学生所需要，而非面向每一个学生；是解决社会问题的需要，而非从学生生命发展需要出发。

（二）中义的生命教育：指向生命整全的发展性生命教育

指向生命整全的发展性生命教育，是从人的生命发展需要出发，从对人生的思考出发，整体设计生命教育，生命教育成为全人的教育。

台湾大学孙效智从“人生三问”设计生命教育，即“人为何而活?”“人该怎么活着?”“人如何能活出应活出的生命?”[①]生命教育包含相互关联的三个领域——终极关怀与实践、伦理思考与反省、人格统整与灵性发展，它们统合构成了完整的生命教育。

朱永新教授主持的新教育实验提出生命的长宽高：自然生命之长 + 社会生命之宽 + 精神生命之高 = 立体的人。[②]生命教育就是围绕人的自然生命、社会生命和精神生命展开教育，旨在引导学生珍爱生命、积极生活、幸福人生，拓展生命的长宽高，让有限生命实现最大的价值，让每个生命成为最好的自己。

刘慧教授指出，生命教育是有关生命和遵循生命的教育。有关生命的教育是指有关生命之真、生命之善、生命之美的教育；遵循生命的教育是以生命为基点来定位教育，即教育是为了生命，而不是生命为了教育。前者回答了生命教育的内容，后者回答了生命教育的方式。[③]

肖川认为生命教育之生命，应包括一切生物界的生命，即人之生命和自然环境中的一切动物、植物的生命。生命教育作为一种教育的价值追求，应该将“大生命”观作为一种世界观和方法论传授给学生，积极培养学生对所有生命的敏感，以慈悲的心肠和大爱境界关注所有生命的价值。[④]

整全的生命教育如同中药，对生命存在问题的学生有治本的疗效，对生命没有问题的学生可以调节血脉，使之更通畅，使生命更健康，预防生命问题的发生。但这种类似中药的生命教育虽然能治本，但疗效慢。

---

① 孙效智，《生命教育概论教案》出版序；游文聪主编：《生命教育概论教案》，2007。

② 朱永新著：《拓展生命的长宽高》，《光明日报》，2015-07-21（015）。

③ 刘慧：《生命教育内涵解析》，载《课程·教材·教法》，2013（09）。

④ 肖川，陈黎明：《生命教育：内涵与旨趣》，载《湖南师范大学教育科学学报》，2013（04）。

（三）广义的生命教育：把生命教育定位为一种教育理念

有学者反思批判传统教育中的社会本位，重视了社会，忽视了人，把人作为社会的工具，教育成为社会的工具。为此，有学者主张教育要回归人，回到生命。

叶澜教授指出，“在一定意义上，教育是直面人的生命、通过人的生命、为了人的生命质量的提高而进行的社会活动，是以人为本的社会中最体现生命关怀的一种事业”[①]。

顾明远教授在《教育的本质是生命教育》这篇文章中提出：教育的本质就是生命教育。从逻辑上来说，教育的本质是生命教育，但现实的教育却偏离了生命的本质。因此，生命教育不是一种教育模式问题，而是教育理念问题。[②]

冯建军教授提出，生命是教育的原点，教育是生命的需要，教育即生命，即基于生命，循于生命，为了生命的活动。为区别传统的生命教育，他把这种作为教育理念的生命教育称为生命化教育。这种生命教育理念引领着学校的整体转型与变革，如课堂教学、班级活动、学校文化、教师发展等。

德国存在主义哲学家雅斯贝尔斯在《什么是教育》一书中指出：“所谓教育，不过是人对人的主体间灵肉交流活动（尤其是老一代对年轻一代），包括知识内容的传授、生命内涵的领悟、意志行为的规范，并通过文化传递功能，将文化遗产教给年轻一代，使他们自由地生成，并启迪其自由天性。”[③]他说，教育的目的只能是对人的灵魂的引导，导向生命的本源。雅斯贝尔斯关于教育的定义很好地说明了教育活动本身的生命属性，是真正意义上的生命教育。

三种生命教育的理解，都有价值和合理性。狭义的生命教育，针对生命发展中的问题，对症下药，效果明显，但基本上是“头痛医头，脚痛医脚”，是解决生命问题的权宜之计，缺乏对生命系统性和整体性的观照。狭义的生命教育在对象上只面向少数有生命问题的学生，对大多数学生缺少现实针对性。在性质上，属于消极治疗型。不同时期生命面对的问题不同，针对某种生命问题的教育，最终是治标不治本。广义的生命教育，是立足于生命观照的教育理念、教育哲学，

---

① 叶澜等著：《教育理论与学校实践》，高等教育出版社，2000，第136页。

② 顾明远：《教育的本质是生命教育》，载《课程·教材·教法》，2013（09）。

③ 雅斯贝尔斯著，邹进译：《什么是教育》，三联书店，1991，第3页。

对教育具有思想引领和价值引导，体现在教育教学的各个方面。虽然它具有根本性的治本作用，但由于将生命教育泛化，实际操作中难以把握，显得空泛。中义的生命教育，既没把生命教育窄化，也没把生命教育泛化，它从生命发展的需要出发，合理设计内容，引导学生认知生命、珍爱生命，还帮助他们认识生命的本质、理解生命的意义，掌握保全生命、发展生命的技能，从而更加自觉、自主地创造生命的价值，实现生命的和谐发展。

三种生命教育，层次不同。狭义的生命教育像西医，生命出了问题，西药快速、有效。中义的生命教育像中医，可以通过中药调理，见效慢，但可使生命更顺应自然。广义的生命教育，就像一种健康的生活方式，从各方面提醒自己过一种健康的生活。但对于生命教育来说，狭义的生命教育过于狭窄，广义的生命教育又过于宽泛。我们主张采取中义的生命教育定义，把生命教育的内涵界定为：从人的生命的现实性出发，为了实现其生命的可能性围绕自然生命、社会生命和精神生命展开的发展性生命教育，旨在拓展生命的长宽高，促进生命全面、自由且个性化的发展。

四、生命教育的意义

无论是面对日益频发的青少年学生自杀、心理健康疾患等问题，还是为了他们的生命能够更加积极健康地成长，都凸显了开展生命教育的必要性和价值。对青少年学生而言，开展生命教育的意义主要体现在三个方面，即在唤醒学生的生命意识、优化学生的生命结构、提升学生的生命境界的基础上，实现学生生命质量的提高。

（一）生命教育有利于唤醒学生的生命意识，实现生命的自主发展

生命的自主性特点，决定了人本是应该拥有自觉的生命意识的。在功利的教育价值观念的影响下，人们更多关注的是学生的考试分数，甚至用考试分数的高低来衡量学生生命存在的价值。教育对学生考试分数的过分关注，造成了对学生生命（包括自然生命、精神生命和社会生命）的忽视，遮蔽了学生的生命意识，致使部分学生对自我生命和他人生命的认识出现了诸多问题。无论是时有发生的

学生自杀现象，还是伤害甚至杀害其他生命的现象，都反映了学生对于生命的认识存在问题。近年来人们颇为关注的校园欺凌、校园安全、学生心理健康等问题，都在一定程度上折射了学生生命意识方面存在着问题。更进一步而言，这些现象的产生，不只是说明学生对生命的认识问题，更凸显了学生对生命意义的理解和把握存在着较为严重的问题。而学生对生命及其意义的认识正确与否，直接或间接地影响了其对待一切有生命事物的行为。因此，无论是为了解决学生生命存在的问题，还是为了促进学生积极成长，首先必须重视的应该是学生的生命意识。立足于学生生命成长的特点，正确的生命意识不可能靠学生单方面的力量而自发形成，强迫灌输式的错误教育也无法实现学生生命意识的有效觉醒。可见，通过正确的教育来唤醒学生的生命意识是极为迫切的。

生命教育通过采取各种方法唤醒学生的生命意识后，学生意识到生命的宝贵，就会有意识地珍惜自己和他人的生命，学着去磨砺生命的意志，欣赏生命的美好，体味生命的乐趣。学生在生命成长的过程中，即使遇到挫折甚至遭遇不幸，都能以积极的心态去面对生活，努力克服困难，坚强地生活下去。在对待其他生命时，学生由于有了生命意识的觉醒，认识到了那些生命与自己的生命是平等的，有着同等的价值，就不会凡事以自我为中心，随意任性地去践踏其他生命的尊严，更不会无故伤害其他生命。对于不存在生命问题的学生来说，有了自觉的生命意识后，他们会更加积极地呵护自己的身体，加强身体的健康和安全意识，注意调节自己的心理健康，追求自身精神生命的自为性，与他人保持和谐的人际关系，努力承担更多的社会责任以实现自己生命的价值。

（二）生命教育有利于优化学生的生命结构，实现生命的完整发展

对学生生命意识的唤醒，是生命教育首要的和基本的要求。然而，学生不论有多强的生命意识，也只是停留在观念层面的认识，也只是为学生生命可能性的实现提供了前提条件。因此，为了使学生的生命实现从现实生命到可能生命的转化，就必须改造学生的生命元素，优化学生的生命结构，这既是生命完整性的要求，也是生命教育之于学生生命的意义。

如前所述，人的完整生命是自然生命、精神生命和社会生命的统一，学生作为不断成长中的人，其生命特征更是如此。长期以来，功利主义的教育价值观由

于过于强调考试分数而忽视了学生作为完整生命的存在，正因为如此，不仅导致学生的自觉生命意识没有得到唤醒，也进而产生了学生的生命结构没有实现优化的严重后果。

作为儿童的学生，接受教育本来就是为了实现自身生命从现实性到可能性的发展。过分强调考试分数的现实教育，把学生看作实现成人目的的工具，或者说至多考虑到了学生的认知生命。现实中不难发现，以往教育对学生生命完整性的忽视，至少存在这些表现，如学生精神生命中的情感生命和道德生命、社会生命中的人际交往素养和责任担当意识与能力的缺失，以及自然生命方面为了考试分数而不惜以牺牲学生的身体健康为代价等。教育中这种片面的生命结构观念，肢解了学生生命的完整性，忽视了学生生命结构中的诸多生命元素，致使学生的生命只能片面发展甚至止步不前。认识到现实教育的这种局限性后，生命教育通过观照学生整全的生命，在教育过程中保留有助于学生生命成长的元素，替换已有的不利于学生生命可能性成长的元素，补充学生生命中没有但又需要的元素，经过这样的吐故纳新后，就能逐步实现学生生命结构的优化。

（三）生命教育有利于提升学生的生命境界，实现生命的超越发展

人之生命的超越性特点，说明人的生命是开放的、变化的和不断生成的，而非封闭的、固定的和既定的，决定了人生在世不可能只满足于现实的生命境界，而是会追求更高层次更广范围的可能的生命境界。而以往功利主义价值观的教育，只把学生当作获取高分和满足社会发展需要的“工具”，或者觉得提升生命境界是与教育无关的个人修养问题，忽略了对学生生命境界问题的关注，也就更谈不上对其进行提升了。

前述的学生生命结构的优化，更多地体现为生命教育对其生命共时性的积极影响。而如果从历时性角度来看生命的完善，就需要生命教育在着力提升学生生命境界方面下功夫。

生命教育作为立足于学生生命特点和生命完整性的教育理念与实践，针对以往教育忽视学生生命境界的问题，把实现生命的不断超越和自我实现作为自身的价值追求和核心内容。生命教育通过对古今中外有关生命境界的学说和主张的研究，结合学生的生命成长阶段，能够有意识地向学生传授有关生命境界的学说，

启发学生思考和讨论提升生命境界的价值，为学生提供实践和锻炼的机会等，来增强学生生命成长的“觉解”意识，在防止学生生命质量下降的前提下逐步提升他们的生命境界，实现他们的生命踏上一条从自在到自为再到自由的超越发展之路。

有了对学生生命意识的唤醒、生命结构的优化、生命境界的提升，生命教育在生命整全的意义上，就能不断提高学生的生命质量，这也就凸显了开展生命教育的意义。进一步而言，这样的生命教育需要以教师的生命素养为前提，反过来，生命教育的进一步开展也会实现教师生命的完善。在这个意义上，生命教育的意义可以说是师生同益的。

第二章

生命教育的兴起与发展

了解生命教育的发展历程有助于我们更好地理解生命教育的基本理论，同时有利于我们借鉴前人的经验开展生命教育的探索与实践。本章将分别介绍国外、港台地区以及大陆（内地）生命教育兴起与发展的历程。

一、国外生命教育的兴起与发展

有关生命教育的探索最早可追溯到1921年，20世纪伟大的教育家尼尔（A.S. Neil）在英格兰东萨佛克郡创办了夏山学校（Summerhill）。在学校创立之初，尼尔就明确提出要“基于个体生命的发展历程与特点因材施教，致力于让每个生命个体得到最自由和最充分的发展”。尼尔的生命教育思想是一种教育理念，是以儿童为核心的教育理念。基于此，夏山学校始终围绕着学生的生命需要，使学校适应学生，而不是让学生适应学校。

尼尔的教育思想虽然尊重生命，但不是我们这里所说的生命教育。生命教育在西方的出现针对的是生命发展中的问题。第二次世界大战以后，欧美国家普遍受到战后伤痛的影响，人们对生命格外地重视和珍惜。同时，自20世纪以来，欧美国家的社会经济迅速发展，人们的物质生活在得到极大满足的同时，精神世界的空虚引起了极大的社会危机，尤其是青少年吸毒、自杀、他杀、性泛滥等危害生命的问题层出不穷。基于此，西方发达国家普遍开始关注生命教育，并逐步开展一系列的教育研究与实践，以期培养青少年的生命意识。

（一）美国：生命教育的发源地

1. 美国生命教育的发展历程

美国被认为是“世界上最早实施生命教育的国家”[①]。在20世纪20年代，美国开始以死亡教育的形式来关注并探索生命教育的问题。死亡教育名为谈“死”，实则是帮助学生树立正确的生死观念，以正确的态度保存生命，追求生命的价值与意义。

1968年，美国学者杰·唐纳·华特士（J.Donald Walters）首次明确提出生命教育（Education for life）思想，并在美国加州创办了第一所生命教育学校——阿南达生命智慧学校（Ananda Living Wisdom School），开始倡导和践行其生命教育理论。华特士认为：“教育并不只是要训练学生能够谋得职业，或者从事知识上的追求，而且要引导人们充分去体悟人生的意义。”[②]因此，当时学校课程的主要内容是帮助学生认识什么样的人生才是成功的，如何让自己活得更有意义与价值，如何面对人生中各种各样的挑战，等等。1986年，华特士将其教育理论与实践经验进行总结，出版了代表作《生命教育：与孩子一同迎向人生挑战》（*Education for Life：Preparing Children to Meet the Challenges*）。该书明确提出，生命教育就是要“回归人的本质属性，帮助每一个孩子做好充分的准备，一起迎接人生的一切挑战”[③]，“让身、心、灵兼备的生命态度成为未来教育的新元素”[④]。此后，凡是以华特士生命教育理论为基础创办的学校，均被称为生命教育学校（Education for Life Schools）。

随后，华特士的生命教育思想迅速传播，美国各地纷纷成立各种教育及社会组织推广生命教育，出版了大量有关生命教育的书籍和杂志。同时，美国政府也十分重视青少年生命教育的开展，不仅在多项教育法案中融入生命教育的内容，还专门制订了相关的生命教育计划，制定了相关的政策法规，为生命教育的实施

① 毕义星著：《中小学生命教育论》，天津教育出版社，2006，第16页。
② 李高峰：《生命与死亡的双重变奏：国际视野下的生命教育》，华东师范大学博士研究生学位论文。
③ 李高峰：《生命与死亡的双重变奏：国际视野下的生命教育》，华东师范大学博士研究生学位论文。
④ 李高峰：《生命与死亡的双重变奏：国际视野下的生命教育》，华东师范大学博士研究生学位论文。

提供法律保障。在此影响下，至1976年，全美共有1500所中小学开设了生命教育课程；至20世纪90年代，美国中小学已基本普及生命教育。

2. 美国生命教育概况

目前，美国已经形成了较为完备的生命教育体系。美国中小学将生命教育的目标定位为以下四个方面：第一，促使学生成为均衡发展的人；第二，营造关怀生命的校园环境和校园文化；第三，引导学生认识生命的可贵和平等；第四，引导学生学会学习、学会关心、学会创造、学会生活。

为实现这些目标，美国中小学开设了专门的生命教育课程，同时还将生命教育渗透到其他各学科的教学当中，使整个学校教育带有明显的生命教育倾向。美国生命教育的内容丰富多样，主要包括直面生命的死亡教育、珍惜生命的健康教育、尊重生命的品格教育、张扬个体个性的个性化教育、迎向生命挑战的挫折教育以及致力于生命间和谐的环境教育和生计教育等。这些教育虽不是直接以生命教育命名，但其理论与实践都与青少年生命发展息息相关。

美国的生命教育受到了政府、学校、家庭和社会的普遍关注和大力支持。美国政府出台了一系列教育法案来保障生命教育的实施，例如1991年颁布了保障学校安全的《美国2000年教育规划》，1993年颁布了防止校园暴力、杜绝酒精和毒品的《2000年目标：美国教育法》。政府还设立了专门开展生命教育的华特士学校，设立阿南达大学，进行专业的职前和在职生命教育的师资培训。美国中小学除了开展课堂教学之外，还十分注重青少年的心理健康，设立了专门的心理服务机构，为学生提供日常的心理辅导。家庭和社区也积极配合学校开展生命教育，组织形式多样的活动为青少年的生命实践提供广阔的平台。同时，美国生命教育的实施因地而异，例如印第安纳州利用网络资源开展生命教育，并成立了生活技能部专门训练青少年的生活技能，以帮助他们远离犯罪和贫困等。总之，美国形成了多方参与、相互配合的生命教育模式，统合了各方资源，共同推进生命教育向前发展。

美国的生命教育起步较早，发展迅速，取得了良好的成效，很快受到了世界各国的关注、认同和效仿。

（二）澳大利亚：第一个建立生命教育中心的国家

1. 澳大利亚生命教育的发展历程

1974年，澳大利亚牧师特德·诺夫斯提出了生命教育（Life education）主张。诺夫斯在澳大利亚长期从事戒毒辅导工作，他的这一主张主要是为了有效解决青少年吸毒问题，以唤起青少年对生命的重视与热爱。1979年，他创立的特德·诺夫斯基金会（Ted Noffs Foundation）在悉尼建立了世界上第一个生命教育中心（Life Education Center，简称LEC）。该中心以“预防药物滥用、暴力与艾滋病”为宗旨，并通过长颈鹿哈罗德（Harold）的形象开展宣传和推广等工作。目前，该中心已发展成为一个国际性机构，成为联合国“非政府组织（NGO）”的一员，并在世界许多国家和地区均设有分支机构，每年全世界有超过350万的儿童接受生命教育中心的课程及帮助。

2. 澳大利亚生命教育概况

澳大利亚的生命教育主要由专门的非政府组织机构——生命教育中心负责倡导和开展。生命教育中心坚信只有让孩子们拥有一个正向积极的生命态度和生活环境，才能使他们彻底远离毒品、暴力和艾滋病。因此，澳大利亚生命教育的核心是通过引领性的戒毒和健康教育课程，培养中小学生能为安全、健康、幸福的生活做出最佳选择的能力。基于此，澳大利亚生命教育中心邀请众多专家学者开发了针对学前、小学、中学和家庭的一系列生命教育课程，并使之与中小学的现有课程和教学实践保持一致。

澳大利亚生命教育中心不仅与各中小学建立了长期的伙伴关系，定期到学校给学生们上生命教育课，还为学校教师提供教师手册及其他资源，以提高教师对生命教育的理解和支持。同时，中心也认识到家庭在儿童健康发展中的重要作用，邀请家长参观生命教育学习中心和参加家庭论坛，鼓励家长积极配合学校开展生命教育。此外，生命教育中心还邀请社区的健康组织参与其中。因此，澳大利亚生命教育课程的实施得到了学校、教师、家庭和社区的广泛支持，这种“全社区”的支持为生命教育的落实营造了良好的生态环境。[①]

另外，澳大利亚政府将生命教育上升到国家高度，强调一个人的生命不仅属于自己，还属于家庭和国家，如果不珍惜生命，就是对家庭不负责，更是对国家

① 韩芳:《澳大利亚中小学生命教育课程的架构与特征》，载《现代中小学教育》，2015（10）。

不负责。因此，政府经常通过各种媒体告诉公民要教育孩子对生命负责，让家长教给孩子各种保护自己的方法和安全注意事项，以期引导孩子珍爱生命，生活得更加充实而有意义。

（三）英国：生命教育重在全人培养与全人关怀

1. 英国生命教育的发展历程

英国较早关注生命教育的是查尔斯王子，他在澳大利亚考察访问期间十分欣赏澳大利亚的生命教育，并鼓励特德·诺夫斯先生将生命教育介绍到英国，以解决当时英国青少年吸毒、犯罪等社会问题。在查尔斯王子的倡导和推动下，英国于1986年建立起了第一个生命教育中心，随后还建立起了反对无家可归、倡导世界人民关注生命的国际赦免、地球之友等社会组织。在这些社会机构的影响下，英国政府开始关注和推进生命教育，并出台了一系列促进生命教育的法律法规。

1988年，英国政府出台教育改革法案，规定各学校管理委员会与校长有责任提供广博、均衡的课程，以实现促进学生灵性、道德、社会及文化发展的教育目标，并为学生进入未来成人生活积累经验、承担责任和把握机会做好准备。但像个人、社会和健康教育等有关生命教育的课程因不易编入正式学科而被削减或删除，在当时的英国社会也引起了相当大的争议。为此，1990年，英国政府将经济和工业的认识、健康教育、公民教育、环境教育、生涯教育等学科规定为跨领域课程。跨领域课程实质上就是生命教育课程，它的开设意味着生命教育开始受到英国政府的重视。

1997年，英国国会增加了公民教育与个人、社会与健康教育的新课程。同年，由伯纳德·柯瑞克（Bernard Crick）教授主持的公民教育与学校民主教学咨询顾问团成立，并规划推动公民教育为必修课程。咨询顾问团完成的《柯瑞克报告》强调公民教育只有成为正式课程的一部分，才能受到学校的重视，并且从小学开始就要设科教学。在此基础上，教育及就业部（Department for Education and Employment）于1999年正式宣布从2002年8月开始，公民教育成为中等学校的正式课程、必修课程；而个人、社会与健康教育仍为非法定课程，学校可将其作为公民教育的补充。至此，通过国家干预，英国建立了以公民教育为主，以个人、社会与健康教育为辅的生命教育课程体系，这标志着生命教育被正式纳入国家和学校的正规教育课程，在国家正式课程中占一席之地，成为英国重要的教育改革政策。[①]

2. 英国生命教育概况

英国的生命教育是一种全人培养与全人关怀的教育，以学生灵性、道德、社会及文化的全面发展为目标。这一目标可以分为个人的社会化发展与个人的健康和幸福两个维度。首先，个人的社会化发展要求学生通过多方面的学习，不仅能够在社会中很好地适应，还能扮演民主社会中积极主动的角色，具有服务他人、奉献社会的精神，并能探讨国际事务与全球议题。其次，个人的健康和幸福目标强调学生要了解自我，以积极的精神状态去尽可能地保持身心健康，具有独立精神和责任感，将自己的潜能最大程度地发挥出来。英国政府相信，通过生命教育培养出来的公民既能促进国家政治和经济的进步，也能提升整个社会的道德及文化水平。

在英国的教育系统中并无明确的“生命教育”一词，但其教育理念、内涵外延和追求目标等却与公民教育和个人、社会与健康教育相一致。因此，英国的生命教育在逐步推进的过程中形成了主辅结合的课程体系，即以公民教育课程为核心并辅以个人、社会与健康教育课程。英国的公民教育是在促进学生灵性、道德、社会及文化和谐发展的同时，帮助他们实现自身生命的价值，成为一个公平社会中的有责任心和关爱心的公民。[②]公民教育的内容包括对个体生命的认识，个体生命与他人生命之间的关系，个体生命与社会、自然环境之间的关系等，旨在引导学生尊重生命，发展自我潜质，成为对国家和社会有用的好公民，实现自身生命的价值。英国的个人、社会与健康教育包括性教育、家庭生活教育、生命安全教育、营养和卫生教育等内容，这些内容几乎涉及生命健康成长中所遇到的一切问题，能有效帮助学生健康、幸福地成长。同时，个人、社会与健康教育还通过促使学生生活技能、学习能力、表达能力、思考能力、人际交往能力以及道德修养等方面的提高来倡导健康的生活方式。英国生命教育课程的主题和内容尽可能地包含学生人生整体和其全部生活的历程，注重贴近学生真实的生活，从知

① 徐秉国：《英国的生命教育及启示》，载《教育科学》，2006（4）。

② 张培：《英国中小学校生命教育研究》，河南大学硕士研究生学位论文。

识、能力和理解三个方面入手，使学生具备一个有学识公民应有的知识和技能。以英国Collins出版公司的《YOUR LIFE教师手册》为例，该手册将生命教育中垂直式思考深度与水平式思考广度有机地结合起来。在广度方面，三个年级都包含“了解自己”“保持健康”“人际关系的发展”“成为一个公民”四个单元，从个人、健康与社会教育发展到合格公民的最终确立，逐步推进；在深度方面，每一个阶段（从Your Life 1到Your Life 3）都包含“你和你的感受”“你和你的时间”“你和你的金钱”“你和你的成绩”四个主题，主题相同但每一阶段所探讨的问题深浅不同，逐步深化。[①]

英国生命教育的实施方法和途径丰富而多样。学校除了开设独立的生命教育课程，还在各学科教学中渗透生命教育，并积极开展生命教育实践活动。例如，在一些中小学课堂上，教师会邀请殡葬行业从业人员和医生护士走进课堂，与学生共同讨论人死亡时会面临什么情况，并且让学生轮流通过角色扮演的方式，模拟诸如遇到亲人因车祸身亡等情形时的应对方式，体验一下突然成为孤儿的感觉。除此之外，英国生命教育还得到了来自家庭、社区、民间机构和组织等的协助，形成了一股合力，共同推进生命教育顺利开展。英国家庭非常注重生命教育，家长会努力为孩子提供一个温馨舒适的成长环境，帮助孩子面对生活和学习中的各种问题，并且积极配合学校开展生命教育，形成一个相互影响、不断协调、目标一致的综合教育网络。英国社区配合学校开展生命教育的最有效的形式是成立“教育行动区”。英国政府为提高教育薄弱地区的教学质量，集中全社区力量参与薄弱学校的运作与管理，为薄弱学校注入新的教育理念，从而使需要帮助的学生在身体、心理、智力、情感、道德及文化等各方面得到发展。英国有关生命教育的民间机构主要是生命教育中心，该机构的主要作用是预防药物滥用、自杀和杀人、暴力与艾滋病等较为突出的社会问题，增强青少年对生命价值和生命意义的理解和认识，激励他们为实现生命的价值而努力。

---

① 徐秉国:《英国的生命教育及启示》，载《教育科学》，2006（4）。

(四) 日本:“余裕教育”方兴未艾

1. 日本生命教育的发展历程

1964年，日本学者谷口雅春针对当时日本社会教育功利化导致的亲子关系、师生关系恶化现象，出版了《生命的实相》一书，率先呼吁生命教育的重要性。谷口雅春特别强调心理教育在生命教育中的重要意义，认为通过心理教育可以从根本上达到发展生命和成就自我的目的。20世纪70年代，日本青少年欺侮、校园暴力等各种不良行为层出不穷，为此日本政府制定了心灵教育政策，强调培养儿童“丰富的心灵”或“丰富的人性”。20世纪80年代，日本临时教育审议会在心灵教育政策的基础上明确指出了培养“同情心”“尊重生命之心”等内容。

日本于1989年修订的新《教学大纲》中针对青少年自杀、欺侮、杀人、破坏环境、浪费等现象日益严重的现实，明确提出以“尊重人的精神”和“对生命的敬畏之观念”来定位道德教育的目标。20世纪90年代，日本中央教育审议会提出培养“生存能力”的思想，生存能力包括“智、德、体”三种能力，其中“德”指的是道德素质，包含对人与生命的态度、基本伦理观、为社会奉献的精神等内容，明显带有生命教育的倾向。同时，日本中央教育审议会还充实了“心灵教育”的内容，着眼于重视孩子的个性，培养青少年热爱生命、尊重他人之心和重视正义感的伦理观。[①]2005年，日本文部科学省以“活出生命力的心与身”为主题出刊向日本民众介绍国家新的文教政策。文部科学大臣中山成彬在书的序言中指出“活出生命力”以“健康的身体”“丰富的人性”和“确实的学力”为三大支柱。[②]

近年来在日本流行的“余裕教育”也是生命教育的重要内容之一。“余裕教育”以“热爱生命，选择坚强”为口号，是针对现在日本青少年的脆弱心理和青少年自杀事件而提出的，目的是让青少年通过“余裕教育”认识到生命的美好和重要，使他们能面对并很好地承受挫折，使他们更加热爱生命，珍惜生命。余裕教育者认为，热爱生命的主要内容之一，是要求人与自然和谐相处，并热爱其他生命。为此，“余裕教育”活动鼓励学生经常到牧场去体验生活。更有日本专家

① 余伟芳:《日本学校生命教育及其借鉴》，首都师范大学硕士研究生学位论文。
② 余伟芳:《日本学校生命教育及其借鉴》，首都师范大学硕士研究生学位论文。

建议，要把中小学体验农村生活变为“必修课”。

2. 日本生命教育概况

日本的生命教育有着极其丰富的内涵，它并不以独立的课程形态出现，而是渗透在生死观教育、道德教育、健康教育、安全教育等课程之中，涉及心理学、教育学、伦理学、社会学等诸多学科与领域的内容，注重实践性，是一种为学生快乐而成功地生活做准备并以提升学生的精神生命为目的的渗透式教育活动。[①]日本的道德教育主要是针对20世纪80年代中期出现的严重的“教育荒废”问题，诸如儿童自杀、拒绝上学、校内暴力、家庭内暴力、激烈考试竞争、偏重学历等。[②]为了解决“教育荒废”问题，日本社会认为必须加强道德教育，培养儿童“丰富的心灵”，以促进“生存能力”和“丰富人性”两大培养目标的实现。[③]健康教育主要包括良好饮食习惯的养成、针对不同年龄段进行性教育、预防药物滥用和艾滋病教育等。安全教育则主要包括灾害安全、生活安全和交通安全等方面，但灾害安全是其中的重中之重。日本是一个自然灾害频发的国家，地震、台风、海啸、水灾等自然灾害时有发生，加强防灾教育自然是迫切需要解决的问题。日本中小学一般都把防灾教育列入学校正式教育计划中，并根据学生的年龄特点编制防灾教育教材。学校除了开设防灾课程外，还配有防灾心理辅导员，定期接受防灾咨询。政府也常常派防灾指导人员到学校对学生进行防灾知识教育，增强学生的防灾救灾意识。学校常常进行防灾模拟演练，如地震、火灾、水灾等，让孩子们熟悉各种不同的警报声，培养他们冷静的思维和应变能力。除此之外，日本政府还把每年9月1日定为防灾日和消防日。在这一天，全国各地都要举行全员参与的防灾防火演习，以唤起全民的防灾意识。尤其值得一提的是，日本近年来流行的“余裕教育”主张青少年去亲近大自然并与野生动物友好相处。在这个过程中，青少年能够正确面对并承受挫折，从而更加热爱和珍惜自己的生命，同时也能恢复天真烂漫的本性，学会如何做人。“余裕教育”的实践主要是鼓励青少年经常到牧场去体验生活。城市动物园里的动物经过驯化可以任人摆布，而牧场里的牛马却不同，它们生活在自然环境中，自由而野性。通过这一过

① 虞花荣：《日本生命教育探析》，载《江西教育学院学报（社会科学）》，2013（5）。
② 虞花荣：《日本生命教育探析》，载《江西教育学院学报（社会科学）》，2013（5）。
③ 虞花荣：《日本生命教育探析》，载《江西教育学院学报（社会科学）》，2013（5）。

程，青少年可以学会如何与牧场里的野性动物友好相处，如何在喂养它们的同时，彼此成为好朋友。通过“余裕教育”，培养了青少年的动手能力和吃苦耐劳的精神，由此形成的健康体魄和强健心灵，无论是面对现实生活还是踏入未来社会都大有裨益。

日本的生命教育采取课堂教育与实践体验活动相结合的实施方式。为了取得生命教育的最佳效果，弥补课程教育的局限，日本非常注重体验活动和实践的作用。日本已经形成了一套内容丰富、形式多样的实践和体验活动体系，包括特别活动、社区体验活动、设立“自然教室”、开展社会志愿者活动、劳动体验活动、开展心理健康教育等。除此之外，日本的生命教育是在政府的指导下，学校、家庭和社会三位一体的联合推动下进行的。这种联动模式具体表现为建立家长教师协会（Parents Teacher Association，简称PTA）。这是一个由学校、家长和社会联合策划，以形成教育合力的常设组织，一般一年举行一次参与人数较多的大型会议，每月召开一次小型会议。通过这种模式加强对学生课外生活的督促与指导，强化学校生命教育的效果。日本PTA在推动生命教育发展中扮演了重要的角色，成为联系学校、家庭和社会的重要纽带。①

国外的生命教育起步较早，发展迅速，至今已形成了较为完备的生命教育体系。综观美国、澳大利亚、英国和日本等国生命教育的发展历程与实施特点，我们不难发现其共同点：第一，国家和政府重视生命教育并制定相关的政策法规来保障其实行；第二，设置专门的生命教育课程并通过学科渗透的方式开展生命教育，同时辅以形式多样的实践活动；第三，学校、家庭和社会形成合力，共同推进生命教育向前发展。这些有益的经验对我国生命教育的实践极具启发和借鉴意义，值得我们研究和学习。

二、港台生命教育的兴起与发展

我国生命教育的探究和实践起步较晚。20世纪80年代，在国外尤其是日本生命教育发展的影响下，我国台湾和香港地区率先开展了生命教育的理论研究和

① 虞花荣：《日本生命教育的特点及启示》，载《贵州社会科学》，2013（7）。

实践探索。20世纪90年代初期，有关生命教育的知识开始散见于港台地区的大学课程当中，经过20多年的努力与发展，至今已形成了较为系统和完整的生命教育体系。因此，研究和借鉴港台地区生命教育的研究成果和实践经验成为近年来我国大陆（内地）生命教育工作者的最大着眼点之一。

（一）台湾生命教育的兴起与发展

1. 台湾生命教育的发展历程

台湾是我国最早开展生命教育的地区。20世纪90年代，台湾地区中小学多次发生暴力与自杀事件，学生对生命的轻忽和漠视引起了台湾社会各界的广泛关注和高度重视。时任台湾教育行政长官的陈英豪提出必须尽快在校园内实行生命教育，让学生了解生命的可贵，并建立起正确的人生观和价值观。1997年底，台湾颁布《台湾省国民中学推展生命教育实施计划》，计划从1998年度开始，首先在中学开始推行生命教育，从1998年度第二学期开始，在高中及职校开始实施生命教育。台湾教育部门任命具有多年伦理教育经验的台中市晓明女子高级中学为总推动学校，负责设计生命教育课程，推动办理研习、训练师资等。同时，教育部门还设立了“伦理教育推广中心”（后更名为“生命教育推广中心”），并在各县市设立“中心学校”，其中包括四十所中学和十所高中及高职学校。[①]1998年，生命教育在台湾的中学如火如荼地开展起来。同年，台湾出台首部生命教育指导纲领——《台湾省国民中学八十七学年度生命教育教师手册》，使得生命教育在中学内得以普遍实施。

1999年，台湾地区发生9・21大地震，造成重大人员伤亡，为使民众更加珍惜和热爱生命，台湾当局更加重视生命教育的实施。“教育部”顾问室为延续推动生命教育的重要计划，先后召开两次顾问会议，台湾大学哲学系教授孙效智做了题为《生命教育的实施现况与远景》的报告，建议“教育部”优先承接推动生命教育的工作，并向下延伸到小学，向上延伸至大学，从而使生命教育在十六年的学校教育中得到全程化、一贯化和完整化的实现。[②]2000年3月，“教育部”顾问室再次召开会议，提出《建构学校生命教育体系先导计划》报告，以贯穿小学到大学十六年的学校教育为主，提出了七年的先导计划，为整个生命教育的实施

① 李艳：《台湾地区中小学生命教育研究与启示》，华东师范大学硕士研究生学位论文。

② 徐秉国：《台湾中小学生命教育的实施特点》，载《教育评论》，2006（4）。

做了基础的规划。[①]规划案提出后，“教育部”宣布成立“学校生命教育项目小组”，统筹规划这一重大的教改方案。

2000年7月，“教育部”正式成立“推动生命教育委员会”，成为推行生命教育的最高行政单位。委员会下设四个“工作小组”，分别为“研究、发展及评估组”“课程与教学推广组”“师资及人力培训组”和“宣传推广组”，各组根据不同的议题，拟定不同的方案，作为委员会研究拟定教育政策的重要参考依据。2001年1月，时任台湾教育行政长官的曾志朗召开记者发布会，正式宣布该年为“生命教育年”，并表示“教育部”将领导各级学校全力开动生命教育这趟列车。同年5月，“教育部”正式出台《推动生命教育中程计划》（2001年至2004年），对台湾地区生命教育的现状做了说明，并展望了生命教育的未来发展以及四年目标。该计划共编列了近两亿元经费预算，用以推动生命教育的实施。

随着对生命教育的日益重视，生命教育在台湾积极推行。至2003年，生命教育纳入台湾九年一贯课程综合活动领域；2004年颁布了《普通高中生命教育类选修课程纲要》，并于2006年正式纳入普通高中课程选修类科目中。目前，生命教育已成为遍及台湾地区的新兴教育门类。

2. 台湾生命教育概况

在台湾，生命教育是全面、系统和具体的。台湾的生命教育以全人教育为理念，坚持“为何而活（生命）”和“如何生活（生活）”两个方向。[②]其教育目标包含三个维度：第一，促进青少年知情意行的和谐均衡发展；第二，引导青少年正确认识成长过程中的伦理关系，包括人与自己、人与他人、人与环境和人与宇宙等伦理关系的协调发展；第三，培养青少年正面积极的人生观与价值观，了解生命的价值与意义。

台湾各学校在生命教育内容的确定上具有较大的自主性，更多地注重各自的实际教育需要，由此带来了生命教育内容的百花齐放，但其核心内容大致相同，即以人为主体，从生活经验出发，以培养现代人所需要的基本能力为目标。台湾生命教育的内容几乎囊括了学生的人生整体和全部生活历程，并充分考虑到学生的身心发展特点，注重教育内容的阶段性及针对性。台湾的小学阶段未开设独立

① 徐秉国:《台湾中小学生命教育的实施特点》，载《教育评论》，2006（4）。
② 徐秉国:《台湾中小学生命教育的实施特点》，载《教育评论》，2006（4）。

的“生命教育课”，而是将其融入其他相关课程或设置综合活动课来进行生命教育，其内容主要包括“生命的旋律”和“温馨你我他”两大主题。“生命的旋律”主要介绍生命的起源问题，让学生了解到生命的出生、成长、病痛、衰老和死亡等现象，具体内容包括“生命的喜悦”“生命的跃动”“生命的尊严”“生命的挑战”“科技与生命”等；“温馨你我他”主要由学校通过课外活动的形式，组织学生到养老院、孤儿院等机构进行参观，以此来培养学生对社会及他人尤其是对弱势群体的关心，使他们的人格获得全面发展。台湾的中学阶段普遍开设了正规的“生命教育课”，编制了专门的生命教育教材及教师手册。例如台湾晓明女中“生命教育课”的整体内容共分为十二个单元，其中初中阶段包含“敬畏生命”“做我真好”“生于忧患（面对无常）”“应变与生存（从处常到处变）”“敬业乐业（在工作中完成生命）”“信仰与人生（无限向上的生命）”等单元，高中阶段包含“良心的培养”“人活在关系中（活出全方位的生命）”“思考是智慧的开端”“生死尊严（活得充实、死得尊严）”“社会关怀与社会正义（调和小生命与大生命）”“全球伦理与宗教（求同存异、建构立体的生命）”等单元，全方位、深层次地对中学生的道德情感和生命品质进行培养。同时，2004年台湾颁布的《普通高中生命教育类选修课程纲要》也对生命教育的内容做了具体的规定。这套课程由台湾生命教育学会理事长孙效智教授推动编写，共有八门两学分的科目，其中“生命教育概论”一科为入门课程，其余“哲学与人生”“宗教与人生”“生死关怀”“道德思考与抉择”“性爱与婚姻伦理”“生命与科技伦理”“人格统整与灵性发展”七科为阶梯式选修课程。

在台湾，学校生命教育实施最主要的途径是开设独立的生命教育课，由专门的生命教育老师集中系统地讲解生命教育的基本内容，引导学生了解生命的内涵与意义。由于生命教育与其他诸如道德教育、健康教育等学科之间存在交叉关系，教育内容也常有重叠，为了发挥学校生命教育资源的合力，台湾中小学纷纷开设综合课来弥补“生命教育课”的不足，即在丰富多彩的综合课程中加入生命教育的内容进行教授，如“生存教育”“生命美育”等。这样一来既能保证所学生命知识的系统和完整，又能将不同学科的知识有机地整合起来，让学生在轻松有趣的活动中不断形成良好的生命态度和意识。此外，生命教育也融入到学校的各科教学和课外活动当中，成为日常教学活动的重要组成部分，使学生在潜移默化和全面渗透中掌握生命教育的精髓，从不同学科视角获得对生命的全面理解和认识。因此，台湾中小学生命教育的实施采取专门的生命教育课、综合活动课和融入式课程相结合的办法，力求贯穿学校教育的方方面面，确保生命教育的充分落实。

台湾教育界人士普遍认为，对中小学生进行生命教育不仅仅是学校的责任，更是全社会的责任。目前，台湾生命教育的推行已形成了政府制定政策、学校推动实施、社会力量从旁支持的“三角模式”。政府主要负责制定政策、提供资源资金，推动生命教育师资培育，并对生命教育的实施进行评估和督导；中小学教师和大学专家学者是研发课程与教材的主力，学校通过校本实践积累经验，不断完善生命教育的实施效果；社会支持主要是通过民间团体来推广生命教育理念，整合社会生命教育资源，将生命教育与终身学习结合起来。民间团体中最典型的代表当属台湾生命教育学会。2005年，在孙效智教授等人的发起下，台湾生命教育学会正式成立，学会致力于开展生命教育学术研讨工作，出版相关学术专著、期刊与教材，培育生命教育师资，并设立生命教育网站为相关人员提供信息交流的平台。建立生命教育网站是台湾实施生命教育的一条非常重要的途径，目前台湾已建有20多个生命教育网站，例如“生命教育学习网”“生命教育全球资讯网”以及各学校主办的生命教育学习网站等。同时，台湾的一些基金会和宗教团体也积极投身到生命教育的推广和实践当中，例如台湾生命教育基金会、得荣社会福利基金会均出版了部分生命教育参考教材；佛教慈济基金会创办了关怀生命协会和慈济生命教育网，开办生命教育教学教案设计比赛，与中小学校合作开展生命教育课程及社会实践活动等。经过社会各界的努力，台湾生命教育现已颇具规模，建立了比较完整的生命教育支持体系。

台湾生命教育发展至今，其教育理念、课程规划、教材编写、师资培训、资源开发、实践活动等方面已经形成了一个完整的系统，拥有成熟而丰富的经验，值得大陆生命教育工作者吸收和借鉴。

（二）香港生命教育的兴起与发展

1. 香港生命教育的发展历程

20世纪90年代，香港出现了严重的社会与经济问题：一是自杀人数急剧上升，对社会的繁荣稳定构成威胁；二是社会经济飞速发展，导致社会各阶层形成急功近利、金钱至上的浮躁风气。在东南亚金融风暴的严酷打击下，香港人面对惨淡的工作前景和生活压力顿感手足无措，整个社会充斥着悲观、负面的情绪。在这样的背景下，部分社会人士希望能以某种形式的教育或培训，增强香港人的自信、抗逆力和竞争力，从而解决香港人（特别是年轻人）眼前所面对和将来会碰到的问题。[①]生命教育由此应运而生。

在香港，生命教育是由民间教育团体和社会福利组织在香港政府和各种社区机构的大力支持与赞助下发起并推动的。1995年，民间慈善团体发起“生命教育活动计划（the Life Education Activity Programme，简称LEAP）”，其目的在于预防青少年毒品滥用和提高其生活技能，这可谓是香港生命教育的萌芽。1996年，香港天水围十八乡乡事委员会公益中学首先在校内开展“生命教育课程”的探索与实践，标志着生命教育正式进入学校教育系统。1999年，香港“天主教教育委员会”推出了“爱与生命”教育系列图书，并于2001年又推出了系列教材，在婚姻的意义、家庭生活的真谛、贞洁的德行、性教育、人际关系和生命的意义等方面为家庭生活教育提供了素材与方法，也鼓励老师将这些教材的内容融入相关学科的教学。2001年，香港设立“生命教育委员会”，与训辅委员会、联课活动委员会、家校合作委员会以及校外团体共同协作，推动生命教育的发展。2002年，香港教育学院公民教育中心明确提出以生命教育整合公民教育及价值教育，并在多所学校推广生命教育课程，引导学生领悟生命的意义，增强他们抵抗挫折的能力。同年，香港撒玛利亚防止自杀会还成立了全港首个“生命教育中心”，致力于向全社会推广预防自杀及珍惜生命的理念。2007年，“香港生命教育基金会”成立，其主要任务是开办讲座并协助老师引导学生身心各方面协调发展，让学生正确地认识自我及生命的价值。2009年，香港中文大学成立“优质生命教育中心”，在部分地区开展“优质生命教育”活动，引发中小学校开展生命教育活动的热潮，使生命教育在全港得以迅速发展。

① 盛天和：《港台地区中小学生命教育及其启示》，载《思想理论教育》，2005（9）。

2. 香港生命教育概况

香港的生命教育以生命为基点和最高目标，以尊重学生意愿为宗旨，处处体现了对人的生命的敬畏。香港的生命教育是一种全人教育，不仅包括对生命本身的关注，而且包括对生存能力的培养和生命价值的提升。其目标在于：宣扬珍爱生命的讯息，培养尊重和爱惜生命的态度，与自己、他人和环境建立一个互相尊重，能沟通和负责任的关系，并以此为基础探索生命的意义，从而实现富有活力、积极丰盛的人生。[①]其终极目的在于让学生拥有积极的人生态度，乐观面对人生的逆境与挑战。

香港生命教育的内容大致可分为知、情、意、行四个层次，也即认识生命、爱惜生命、尊重生命、探索生命四个阶段。“知”是指认识生命的价值，通过系统的课程加以学习；“情”是指通过活动培养尊重自己和他人生命的感情；“意”和“行”是指通过个人的体验与实践把内在的心理认知和情感表现为外显的行动，并在实践中深化“知”和“情”。[②]香港的生命教育以学生为主体，建立在学生的日常生活经历之上，并根据学生不同成长阶段的需要来确定学习内容。例如，香港学者们将学生的日常经历分为六个生活主题，即“个人成长及健康生活”“家庭生活”“学校生活”“社交生活”“工作生活”和“社会生活”。[③]与之相对应，“爱与生命”系列教材分别以“生命的探索”“自我与人际”“婚姻与家庭”为主题循序渐进地对学生进行生命教育。

香港各级各类学校在生命教育的实施途径上基本相同，即以课堂教学为主要渠道，通过学科渗透的方式贯穿日常教学的各个方面，并辅之以全方位的生命教育实践活动，实现了显性课程与隐性课程相结合，知识传授与亲身实践相结合，必修课程与选修课程相结合。

香港的生命教育在实施和保障上，主要得益于政府的推动、宗教团体的积极参与和民间组织团体的支持，真正做到了全方位、多渠道的资源整合。首先，政府在行政层面推动生命教育的发展。近年来，香港教育统筹局的重要教育目标之

① 李欣：《香港生命教育及其对内地的启示》，载《现代教育论丛》，2009（12）。
② 李欣：《香港生命教育及其对内地的启示》，载《现代教育论丛》，2009（12）。
③ 高明：《香港中学生命教育对内地中学的启示及其对策研究》，河南师范大学硕士研究生学位论文。

一就是大力推行生命教育，帮助青少年认识生命之道、规划人生、成就有意义的生命。此外，香港还专门成立了统筹生命教育专责小组，负责发展及推行生命教育活动，为生命教育建立起了在人事编制和学科行政上的阵地。其次，宗教团体积极兴办学校，致力于关注儿童生命和心灵的成长，成为香港生命教育的先导者。其中基督教和天主教办学最多，在香港开办了三百多所中小学校和幼儿园。除了直接办学，在学校推行生命教育外，各类宗教团体还建立了生命教育中心，通过开展各种活动来推广生命教育。例如，香港“宗教教育中心”和“神托会”先后组织相关人员前往台湾参观和学习，并在返港后将实地考察的心得体会以座谈会等形式分享给相关教研人员加以研习；之后，宗教教育中心又发起了“亲亲孩子、亲亲书”的生命教育活动，引发了家庭乃至社会对生命的认识与思考，在香港社会得到积极响应。最后，社会福利团体和民间组织的大力支持也功不可没。例如，以服务香港青少年为使命的突破机构始终关注并参与了针对青少年的生命教育活动；“明天更好基金”和“优质教育基金”为一些学校的生命教育计划和项目提供资助；香港的亚洲电视国际台和无线电视明珠台等媒体还特别制作了生命教育、品德教育等系列节目，宣传和推广生命教育理念。

总体而言，香港的生命教育以其多元化的生命教育价值取向、全纳性的生命教育受众范围和多样化的生命教育实施渠道在我国生命教育的实践中独树一帜，也为内地生命教育的探索和实施提供了不少值得学习和借鉴的地方。

三、大陆（内地）生命教育的兴起与发展

在国外和港台地区生命教育的影响下，大陆（内地）地区教育领域的生命意识日渐觉醒与深化。自20世纪90年代末期开始，生命教育在我国大陆（内地）真正引起了学者们的关注和重视。纵观大陆（内地）生命教育的发展历程，从1996年起至今已有20多年的时间，大致可分为萌芽期、起步期和发展期这三个阶段。

（一）1996—2003年：生命教育的萌芽期

从理论研究与实践探索两个方面来看，1996—2003年为大陆（内地）生命教

育的萌芽期。考察大陆（内地）有关生命与教育的学术论文，最早的是1996年郑新蓉发表在《江西教育科研》上的《尊重生命应是道德的基本内容和原则之一》一文。基于对教育问题的忧虑和反思，1997年叶澜教授在《教育研究》上发表了《让课堂焕发生命的活力》一文，其中也蕴含着关于生命的教育理念。这两篇文章主要是将“生命”作为教育的一个重要内容，但还未直接使用“生命教育”一词。

1996年，江苏省泗洪县启动了“小学生命教育研究”课题，在全国率先开展生命教育研究工作。1997年，该课题被江苏省教育学会批准为立项课题；1999年，项目负责人钱巨波在《江苏教育研究》上发表该项目理论成果《生命教育论纲》一文，在文中明确提出“生命教育”一词；2002年，该课题被江苏省教育科学规划办公室审批为省“十五”重点课题；2003年，全国教育科学规划领导小组将该课题列为全国教育科学“十五”规划课题；2005年，江苏教育出版社出版了校本教材《热爱生命——小学生命教育的实践与探索》。

（二）2004—2009年：生命教育的起步期

2004—2009年是大陆（内地）生命教育发展较为繁荣的时期，是一个理论界与实践界相互支持、相互促进的“研产共荣期”①。一方面，大量有关生命教育的学术文章、著作和教材竞相发表和出版，各类年会、论坛相继举行；另一方面，各省的实践推广和课程开发也开始如火如荼地进行，由此开启了大陆（内地）的生命教育。

2004年11月，辽宁省颁布了《辽宁省中小学生命教育专项工作方案》（以下简称《方案》），标志着辽宁省中小学生命教育工程的正式启动。《方案》要求：“生命教育”将成为一门重要的正规必修课程，因此，要配备专门的教师和教材。科研部门和儿童保健部门专门负责全省的生命教育网络，充分发挥各中小学现有资源——相关学科教师、心理健康教师和校医的合力作用。生命教育的主要内容包括心理健康、毒品预防、法制、安全、环境保护、性教育、国际理解教育等。充分利用生命教育资源开展生命教育活动；学校校长和全体教职员工要关注学生成长状况，尊重学生的人格自尊，热爱、关心每一位学生，禁止体罚和变相

① 黄渊基：《生命教育的源起和演进》，载《求索》，2014（8）。

体罚；将家庭及时、必要的指导和关怀放在生命教育中重要的位置；开展“生命安全教育”主题活动，进行生命安全体验和生存拓展训练，指导学生掌握简单的防范自救方法。目前，全省已有100多个县区成立了未成年人生命教育指导中心，针对未成年人的青春期困惑、离家出走、自杀等问题进行有效的指导和救助。

2005年6月，上海市教委颁布了《上海市中小学生生命教育指导纲要（试行）》（以下简称《纲要》）。《纲要》分为六大部分，分别对中小学开展生命教育的重要性与紧迫性、指导思想、原则、内容、实施途径、保障机制做了规定。《纲要》具体规定了生命教育的目标：生命教育着眼于面向全体学生身心的和谐发展，为学生的终身幸福奠定基础；着眼于学生个性的健康发展，为提升学生的生存能力和生命质量奠定基础。帮助学生建立生命与自我、生命与自然、生命与社会的和谐关系，学会关心自我、关心他人、关心自然、关心社会，热爱生命，提高生命质量，理解生命的意义和价值。其中附件一《上海市中小学学科教学中实施生命教育的指导意见》对小学的“自然”“品德与社会”“体育与健身”，中学的“科学”“历史”“地理”“政治”“生命科学”“思想品德”与“体育与健身”等多个学科的内容和要求、实施与建议做了详细解释①；附件二《专题教育中实施生命教育的内容与要求》中，对安全、法制、环境、健康、青春期、毒品预防、预防艾滋病、心理健康八个专题教育的内容要求、实施与建议做了详细叙述②。

2005年9月，黑龙江省颁布了《黑龙江省中小学生命教育指导意见》，逐渐在中小学开展生命教育，并将其纳入中小学的思想品德课与心理健康课中，以提高学生自我保护与应对灾难的意识及能力。

2005年10月，湖南省颁布了《湖南省中小学生命与健康教育指导纲要（试行）》，要求对中小学生进行心理健康、青春期、毒品预防、法制、安全、公共卫生、预防艾滋病、环境保护、性教育、国际理解教育等方面的专项教育，以树立学生正确的生命观，提高维护健康、防范侵害的能力。

2006年，新教育实验提出“新六大行动”，将“新生命教育”列于“新六大

① 郑彬：《国际视野下我国中小学生命教育的研究》，华东师范大学硕士研究生学位论文。

② 郑彬：《国际视野下我国中小学生命教育的研究》，华东师范大学硕士研究生学位论文。

行动”之首。新教育实验课题组成员袁卫星、冯建军、许新海等组织部分学校部分教师开展了实验探索，陆续编写出版了《生命课—— 一个学生的必修课程》《生命教育》《生命与安全》《班会18课》等教材。部分参与新教育实验的中小学独立开设了专门的生命教育课程，并把袁卫星编写的全国首本生命教育读本——《生命课—— 一个学生的必修课程》作为教材。该书有5个专题单元，分别是“生命只有一次”“青春永不回头”“我和我的世界”“你有你的责任”“假如没有明天”，内容包括生命价值、爱情教育和性健康教育等，旨在引导学生学会做一个成熟、有责任心、踏实过好每一天的人。①

值得一提的是，云南省于2008年颁布了《关于实施生命教育、生存教育、生活教育的决定》和《关于生命教育、生存教育、生活教育的实施意见》，要求在全省各类学校中实施生命教育、生存教育、生活教育，强调在教育的引导下使学生逐步树立正确的生命观、生存观和生活观。文件指出，生命教育是帮助学生认识生命、尊重生命、珍爱生命，促进学生主动、积极、健康地发展生命，提升生命质量，实现生命的意义和价值的教育；生存教育是帮助学生学习生存知识，掌握生存技能，保护生存环境，强化生存意志，把握生存规律，提高生存的适应能力和创造能力，树立正确生存观念的教育；生活教育是帮助学生了解生活常识，掌握生活技能，实践生活过程，获得生活体验，树立正确生活观念，确立正确的生活目标，养成良好生活习惯，追求个人、家庭、团体、民族和人类幸福生活的教育。云南省教育厅开设了独立的“三生教育课”，确定了统一的课程目标、大纲和《生命·生存·生活》系列教材，要求各地各校将其列入必修课或限定选修课，保证学时，给予学分。云南省全面实施“三生教育”在国内引起了一时的轰动。2010年，陕西省下发了《关于在全省大中小学积极开展三生系列教育活动的通知》，大力推行三生教育。

随后几年，湖北、江苏、山东、吉林等地在教育行政部门推动下，或确立生命教育实验学校，或开设生命教育课程。截止到2009年，我国已有很多大、中、小学开始尝试开设生命教育类课程。

同时，全国乃至国际性的生命教育年会、论坛、研讨会等活动也在这一时期

① 郑彬:《国际视野下我国中小学生命教育的研究》，华东师范大学硕士研究生学位论文。

大力开展。2005年，中国宋庆龄基金会成功举办了首届“中华青少年生命教育论坛”，得到了国家有关部委的大力支持，赢得了关注生命教育的包括北京大学、清华大学、中国人民大学在内的67所大学的响应，200多名专家及教育界人士共同探索如何建立具有中国特色的生命教育的体系和模式。此后，基金会每年召开一次论坛，每次一个主题，并举办生命教育高级研修班，评选颁发生命教育“彩虹奖”，持续推进生命教育的发展。

（三）2010年至今：生命教育的发展期

2010年7月，国务院颁布了《国家中长期教育改革和发展规划纲要（2010—2020年）》（以下简称《教育规划纲要》），标志着大陆（内地）生命教育进入了快速发展的新阶段。《教育规划纲要》在“坚持全面发展”的战略主题中提出“重视安全教育、生命教育、国防教育、可持续发展教育”。这是国家文件中第一次明确提出“生命教育”，标志着生命教育正式上升为国家教育发展战略。

2016年9月，《中国学生发展核心素养》向社会公布，“健康生活”被列为中国学生六大核心素养之一。健康生活，主要是指学生在认识自我、发展身心、规划人生等方面的综合表现，具体包括珍爱生命、健全人格、自我管理等基本要点，这就为生命教育的研究和实践提出了新的要求。

2010年4月，北京师范大学生命教育研究中心成立，并举办了“全国生命教育年会”；2010年8月，中国人生科学学会全国生命教育工作委员会与中国宋庆龄基金会联合举办了“全国生命教育论坛”，大力推动了全国生命教育领域的交流与合作；2013年12月，中国陶行知研究会生命教育专业委员会在北京成立，由陶研会会长朱小蔓教授兼任理事长，优秀的生命教育研究者担任常务理事，使生命教育研究有了专业的学术组织。

尽管大陆（内地）推行生命教育的时间不长，但生命教育的发展非常迅速，这得益于各级教育行政部门、生命教育工作者以及生命教育组织机构的相互联合和共同努力。全社会形成一股生命教育合力，以生命为本，诠释生命意义，追问生命价值，探求教育本质，寻找教育支撑，共同推进生命教育持续发展。

第三章

生命教育的目标与任务

一、生命教育的总目标

自然生命、社会生命和精神生命构成人的生命的长宽高，组成立体的、完整的人。生命教育以“生命”为中心和原点，围绕人的自然生命、社会生命和精神生命展开教育，旨在引导学生热爱生命、积极生活、成就人生，拓展生命的长宽高，让有限生命实现最大的价值，让每个生命成为最好的自己。这是一种不同于消极地解决生命问题的教育，是一种积极地发展生命的教育。根据这一认识，我们确立生命教育的三大目标：热爱生命、积极生活和成就人生，呼应自然生命、社会生命和精神生命发展的需要。生命的三个组成部分是密切联系、相互制约的，生命教育的三大目标也是密切联系、相互制约的。热爱生命是前提，成就人生是目的。只有热爱生命，才有成就人生的可能。人生就是要在热爱生命的基础上，追求生命的价值，活出生命的精彩，实现人生的价值。

（一）热爱生命

生命是教育的起点、基点，也是教育的终点、归宿。试想，如果一个人连生命都没有了，或者说，他的生命是不健康（包括生理健康、心理健康、社会家庭健康）、不安全的，那么，不管什么样的教育，对他都是没有用或者是收效甚微的。所以，教育首先要呵护人的生命，使人热爱生命，而不是摧残生命，使人失去生命。热爱生命的教育，解决“我为什么活”的问题，探讨生命的意义和本质。

热爱生命首先要认识生命。生命是什么？生命对我们有什么意义？不认识这些问题，就不会珍惜生命，而是浪费生命。生命如同一棵树，自然生命是根，社会生命和精神生命是枝干。树没有了根，自然也就没有了枝干。所以，热爱生命，首先要爱护自然生命，不伤害自己的生命，也不伤害别人的生命。只要有自然生命，通过我们的努力，就可以发展社会生命和精神生命，实现生命的价值和意义。

认识生命还要认识到生命的宝贵。说生命宝贵，是因为生命只有一次，而且不可逆转，不可再生。当一个生命诞生时，亲人欢呼；当一个生命离开时，亲人痛苦，都是因为生命是宝贵的。生命作为一个生物体，遵循生命遗传发育的规律。从生命体孕育的角度看，一个生命的诞生概率非常非常小。茫茫人海中，就那么两个人会走在一起，他们就成为了我们的父母，这个概率已经很小了。父母恩恩爱爱一生，子女作为他们爱情的见证和结晶，诞生于一个瞬间，这个概率又很小了。因此，每一个生命的到来，都是概率非常小的事件，非常珍贵。

正因为生命是宝贵的，我们要格外珍爱生命。珍爱我们的生命，不伤害自己，也不伤害他人。生命教育在很多地方受到重视，就是因为伤害生命的现象存在，包括自杀、杀人、暴力、恐怖主义、吸毒、艾滋病等。开展生命教育，就是使人认识到生命是宝贵的。所以，要把尊重生命作为认识生命的重点，开展自杀预防、暴力预防、毒品预防、艾滋病预防和生命安全方面的教育。

一个人无论怎么珍爱生命，生命都会有结束的那一刻，这是自然的规律，人类无法阻挡。因此珍爱生命不仅要面向今天的生命，更要面向明天的生命。我们要牢牢抓住今天，具有紧迫感，面向明天，做好生命的规划，使生命能够持续不断地发展。

一个人无法选择自己的父母，无法改变自然的生命，必须迎接生命的到来。每个生命都是独特的，生命是无法进行比较的，任何人不是他人的复制品，每个生命各有其独特的价值。因此，每个人都要学会发现生命，发现自己；热爱生命，热爱自己；善待生命，善待自己；欣赏生命，欣赏自己；长善救失，发展自己。

（二）积极生活

生命不是静态的，而是动态发展的。生命发展的过程就是生活的过程，因此，生命与生活是一体两面的关系。生命因生活而展现，生活因生命而充实。生命教育，离不开生活，并且只能在生活中进行教育。如同陶行知先生所强调的："教育不通过生活是没有用的。"生活是生命的晴雨表，有什么样的生活就有什么样的生命状态。反之亦然，有什么样的生命状态，就有什么样的生活。一个人假如不热爱生命、不珍惜生命可能是因为缺少对生活的热爱。所以，生命教育要使人热爱生命，就必须使人热爱生活，热爱生活解决"我怎么活着"的问题，寻求生活的目标，立足于社会，发展生命。

一个人活着，首先要具有生活技能，才能够生存下来。生存是生活的手段，是生活的基本要求，如果这一要求没有达到，缺少生存的本领，生命也难以为继。热爱生命的教育解决了"为什么活"的问题后，生活教育要解决"怎么活"的技能和本领的问题。《中国教育报》的文章披露："全国每年约有1.6万名中小学生非正常死亡，平均每天约有40名学生死于溺水、食物中毒、交通等事故，这其中约有80%的非正常死亡本可以通过预防措施和应急处理避免……"80%的非正常死亡本是可以避免的，为什么没有避免？其中的重要原因之一就是缺少生存的教育。近些年，频繁发生的安全事件，都反映出我们培养学生的生存技能、生存能力的欠缺，包括动手能力、适应能力、抗挫折能力、野外生存以及安全防范能力和自救能力的训练。所以，开展生存教育，就是帮助人学习生存知识，掌握生存技能，保护生存环境，强化生存意志，把握生存规律，提高生存的适应能力、发展能力和创造能力。

人作为社会关系的产物，处理社会关系，是人的生活极其重要的方面。联合国教科文组织在《教育：财富蕴藏其中》的报告中，把"学会共同生活"作为教育的四大支柱，而且是当代社会最需要关注的目标。社会关系的范围很广，既有个人与国家、民族、社会的关系，也有个人与个人的关系。在全球化时代，这个关系还超越了国家，走向世界。因此，学会生活就是要学会交往，熟悉开放的国际视野下与他人相处的法则；引导人认识到生命的共在性以及他人存在对于自己生命的意义和价值；学会人与人之间和谐相处，相互关心、共同合作、彼此尊重、善于沟通；同情弱小，积极面对人际冲突，树立宽容意识；尊重人与人之间的差异，发展健康的人际关系。因此，积极生活需要在生命教育中开展人际交往教育、规则教育、尊重教育、理解教育、宽容教育、公平教育、可持续发展教育等，掌握人与人之间交往的规则，正确处理人与人、人与自然之间的关系。

生活不仅需要生存技能、交往技能，还需要生活的态度。面对有生命问题的人，尽管他们也在生活，但他们的生活是被迫的、无奈的，是不幸福的。生命教育还要解决人对待生活的态度问题，倡导积极的生活。一个人对待生活的态度有积极和消极之分。比如说，一个老太太有两个女儿，大女儿卖布鞋，小女儿卖雨伞。天气晴了，老太太很郁闷，她担心小女儿的雨伞没有人买了。下雨了，老太太也不高兴，因为她担心大女儿的布鞋卖不动了。这就是一种消极的心态。如果转换心态，老太太可以天天高兴，因为晴天大女儿的布鞋卖得好，雨天小女儿的雨伞卖得好。所以，心态很关键。

积极心理学的研究倡导一种积极的生活态度，它旨在从三个层面提高学生的幸福体验：第一是有正面情绪，即有愉快的生活，帮助学生多体验正面、积极的情绪，并减少负面、消极情绪的体验。第二是有投入的生活，即帮助学生全心投入他们从事的事情中，尽量体验“心理流畅”。第三是有意义的生活，即帮助学生在各种生活事件中寻找生命的意义。积极的生活态度意味着个人主动设定生活目标并着手实现它们，包括乐观、胜任感、自尊感、人际支持等。与被动反应和等待机会相反，你会主动出击，创造属于自己的机会。

积极生活要有目标追求，目标追求是人发展的不懈动力，这源于精神生命发展的需要。因此，精神生命成为生命的高度，也是生命教育的内核。台湾学者称之为“心灵教育”。

（三）成就人生

人与动物虽然都有生命，但人的生命不同于动物就在于动物的生命是既定的，人的生命有很大一部分需要自己生成。人具有动物所不具有的精神生命。动物没有理想，没有追求，没有明天，但人应该有理想、明天和追求。否则，只能是生存的生物体，而不是有意义的社会人。

精神生命是生命的高度。一个人需要活着，这个是前提，但活着就需要活出生命的意义和价值。我们不主张把自然生命与精神生命对立起来，以自然生命的牺牲衬托精神生命的伟大。但一个人活着，必须有所追求，活出生命的价值和风采。因此，生命教育追求的“成就人生”解决的是“我如何活出生命的意义”问题，实现自我超越，展现生命的意义与永恒的价值。

精神生命是高度，不同于自然生命活得时间长短的长度，也不同于社会生命交往的宽度，而是一种精神的价值、一种精神的追求。有了这个价值与追求，人就有了发展的动力，就能够以积极的态度处理人与自然、人与社会、人与人之间的关系，成为一个幸福的人。所以，人的精神生命要求人必须成就人生，活出生命的精彩。

为此，生命教育中需要开展理想教育、价值观教育、信仰教育等，提升人的生命境界，期盼生命的美好，体悟生命的意义，并且能够把这种生命的关怀和热爱惠及他人、自然。因为人的发展不能只是他自己，人的发展的最高境界是实现人与类的统一，在全球化的今天建设“人类命运共同体”，更是要求如此。所以，精神生命必须超越个体的“小我”，将“小我”与“大我”统一起来，以人类情怀、全球正义和天人合一的理念，影响每个人的发展，使人真正成为一个具有中国灵魂和世界胸怀的世界历史中的人。

什么样的人生是值得追求的？答案有多种，幸福是一个选择，而且是很多人的选择。亚里士多德说过，人的一切行为和最终追求的终极目的就是幸福：“幸福就是一种合乎德性的灵魂的实现活动，其他一切或者是它的必然附属品，或者是为它本性所有的手段和运用。”[①]费尔巴哈也认为：“生活和幸福就是一个东西。一切的追求，至少一切健全的追求都是对于幸福的追求。”[②]人生以幸福为指向，但幸福不只是物质上的拥有，物质拥有是幸福的必要条件，但不是充分条件，幸福一定是人生目标的实现，幸福的人生一定是有追求的。所以，生命教育要激励学生树立远大的目标，展现生命活力，挖掘生命潜力，实现幸福人生。

---

① 亚里士多德著，苗力田译：《尼各马可伦理学》，中国社会科学出版社，1999，第18页。
② 路德维希·费尔巴哈著：《费尔巴哈哲学著作选》，商务印书馆，1984，第543页。

二、生命教育的任务

生命教育的目标与任务是紧密相连的，目标是上位概念，是生命教育活动要达到的目的，培养人的什么样的生命素养。因此，它针对生命的三重属性，提出热爱生命对应自然生命，积极生活对应社会生命，成就人生对应精神生命。生命教育就是要使人热爱生命，积极生活，成就幸福的人生。生命教育的任务，是就生命教育的活动而言的，在教育教学中落实生命教育的目标，我们应该怎么着眼。换言之，我们设计什么样的生命教育任务，通过什么样的生命教育活动，尤其是生命教育课程的教学，完成生命教育的任务。这就是说，生命教育任务是生命教育目标在具体教学活动中的落实。生命教育的任务是开发生命教育课程、设计生命教育活动的依据。

生命教育的任务就是要使学生认识生命，培养他们尊重生命、爱惜生命的态度，学会欣赏和热爱自己的生命，同时建立与他人、社会和环境互相尊重、能沟通和负责任的关系，学习并掌握必要的生存技能，树立积极的人生观、价值观和世界观。生命教育不是对问题学生的治疗，而是为了发展学生的核心素养。《中国学生发展核心素养》提出了“珍爱生命”的要点：理解生命意义和人生价值；具有安全意识与自我保护能力；掌握适合自身的运动方法和技能，养成健康文明的行为习惯和生活方式等。

热爱生命、积极生活、成就人生是生命教育的目标。在自然生命教育中，最基本的是生命安全与生命健康；在社会生命教育中，最基本的是人格养成与社会交往；在精神生命教育中，最基本的是人生规划与价值追求。围绕着生命教育的三大领域：安全与健康、养成与交往、生涯与价值，按照知情意三个方面对生命教育的目标进行分解，确立生命教育的任务如下：

（一）认知与技能

掌握生命安全、身心健康的知识与技能。认识和了解生命特性与发展规律，认识生命的可贵，掌握爱惜自己和他人生命的方法；掌握生命安全、身心健康的知识与技能。

掌握生活和生存必需的知识和技能。掌握生活和生存必需的知识和技能，在各种突发灾难来临时，能够做到自我保护，必要的时候保护他人。

认识社会规范，具有与他人健康交往的知识和技能。明白群己关系以及社会公德的重要性，熟悉与他人相处的法则。认识社会规范，具有与他人健康交往的知识和技能，掌握心理调适和解决冲突的技能。

具有规划人生的知识与技能。正确地认识自然对于人类的意义，掌握生态保护的知识技能；具有规划人生的知识与技能，树立远大的目标，做好人生的规划。

（二）情感与态度

珍爱生命，欣赏生命。能够不断进行生命的自我体验和省思，欣赏和热爱自己与他人的生命，珍惜生命的存在。

积极生活，自信向上。期盼生命的美好，体悟生命的意义，积极生活，自信向上，具有生活的热情和不断进取的精神。

具有正确的人生观和人生信仰。树立正确的人生观、价值观和世界观，恰当处理个人与社会、与国家的关系，把个人的理想和国家的需要结合起来，为了国家的富强、民族的振兴而努力，实现自己的远大理想和抱负。

具有人文关怀意识。能够把这种生命的关怀和热爱惠及他人与自然，具有社会关怀、民胞物与的胸怀以及宽广的人类情怀、正义关怀。

（三）行为与能力

具有保护生命的能力。掌握生命安全与健康的技能，具有保护自我生命的能力，除此之外，还要做到不轻视、不践踏别人的生命，不做出伤天害理的事。

能够进行自我管理，养成良好的生活习惯和行为习惯。能够积极乐观地生活，养成良好的生活习惯和行为习惯，具有良好的文明素养。

具有良好的社会交往能力和人际关系。学会处理人与人之间的关系，与他人健康地交往，具有良好的社会交往能力和人际关系。

敬畏自然，具有可持续发展的理念。尊重物种的多样性和所有生命的权利，践行天人合一的理念，具有健康的、绿色的、可持续发展的生活方式。

能够追求幸福生活，实现生命的意义和价值。能够合理规划生涯、选择职业，追求幸福生活，实现生命的意义和价值。

三、生命教育的学段目标

学段目标是根据生命课程总目标、生命教育的任务，结合中小学生生命发展的年龄特点，分别确定小学阶段、初中阶段和高中阶段的生命课程的目标。生命教育采用的是螺旋循环的方式，教育主题是相对固定的，但不同年龄阶段对主题的掌握要求不同。这构成了不同学段生命教育的不同目标和任务。

虽然生命是一个整体，但自然的、社会的和精神的三重生命发展的顺序和侧重点不同。小学阶段以自然生命发展为重点，因此，小学阶段的生命教育偏重于认识生命、热爱生命。这是由小学生的认知特点决定的。但这并不意味着社会生命的教育和精神生命的教育在小学阶段不进行，而是要以小学生特有的方式进行，符合他们认知的特点。由于小学阶段横跨六年，学生发展水平和阶段差异较大，因此，我们分为小学低年段和小学中高年段两个阶段。

（一）小学低年段

1. 呵护自然生命——热爱生命

认识自己的身体器官，学会家庭安全、学校安全的基本技能。

了解生命的起源，知道我从哪里来，会到哪里去。

认识男孩与女孩的不同，形成健康的性别意识。

初步认识生命的珍贵，体验新生命带来的喜悦，了解生命的死亡，能够向逝去的生命说再见。

2. 发展社会生命——积极生活

学会关心家人、朋友的健康，尊重他人悲伤的感受。

学会寻求帮助和分享，学会表达感恩，体会与别人相处的欢乐。

学会与老师、同学、家人交往，形成积极、开朗、乐观的性格。

热爱家庭，成为和谐家庭的一员。

认识人与自然的相互依存，欣赏大自然的美，不随意伤害生物，不破坏自然环境。

3. 升华精神生命——成就人生

借助各种创造活动，表达自己的兴趣、爱好。

能够觉察出自己的优点和不足，了解自己是独一无二的个体。

（二）小学中高年段

1. 呵护自然生命——热爱生命

掌握人身安全和自我保护的知识与技能，如交通安全、居家安全、饮食安全、运动安全、暴力与伤害预防等。

初步认识成长与营养的关系，了解个体生长发育的特点，学会科学选择食品，形成健康的饮食习惯。

了解疾病的类型，学会安全使用药物，认识烟草和酒精等对人体的危害。

初步认识自然界的生命现象，热爱充满生机的世界。

了解所在的社区，做一个积极的社区成员和志愿者。

2. 发展社会生命——积极生活

学会缓解压力，学会拒绝，学会解决冲突，做负责任的决定。

在与他人的交往中，具有爱心、同情心和责任心，懂得对别人负责，对他人友爱，关心社会弱势群体。

学会欣赏他人的优点，包容他人的缺点，宽容他人的过失；学会在适当的时候赞美别人；学会尊重别人与自己不同的生活方式，尊重差异。

能够设身处地为他人着想，愿意帮助他人。

3. 升华精神生命——成就人生

能够说出自己的梦想与志向。

学会正确的情绪表达，能够控制不良情绪。

认识学习的意义，具有良好的学习动机、求知欲和形成良好的学习习惯。

（三）初中学段

初中生处在发展的关键期，伴随着生理发育，初中生也日益要求独立。因此，不仅要关注初中生的生理发展与生命安全，更要引导学生学会交往，形成良好的社会品格，树立正确的价值观。

1. 呵护自然生命——热爱生命

帮助和引导学生了解青春期生理、心理发展特点。

掌握自我保护、应对灾难的基本技能。

学会应对敲诈、恐吓等突发事件的技能，预防校园暴力。

养成健康的生活方式，文明上网；学会拒绝烟酒和毒品，拒绝不良诱惑。

认识自己的能力、特质、兴趣、志向，树立“天生我材必有用”的价值观。

觉察自己的情绪变化，学会调控自我的情绪，做一个积极乐观的人。

2．发展社会生命——积极生活

学会尊重生命、关怀生命、悦纳自我、接纳他人。

养成健康良好的生活习惯，提高保持健康、丰富精神生活的能力，培养积极的生活态度，树立正确的人生观。

学会健康的与异性交往的方式，学会用恰当的方法保护自己，避免受到性伤害，防止性骚扰。

在国际化交流中，了解不同文化的价值观，尊重多元文化的差异，求同存异。

学会建设性地与他人沟通与交往，尊重他人，学会宽容。

确立与自然共生共荣的原则，实践地球保护法则，爱护自然，珍惜资源，善用资源，学会一种健康的、可持续的绿色生活方式。

3．升华精神生命——成就人生

引导学生正确认识自我，培养积极的自我认同，包括自尊自信、自我评价意识和社会角色认同。

认识生命发展的阶段，能够对人生有一定的思考，有着初步的人生规划。

具有乐观的态度，充满正能量，不畏惧困难，能解决问题，超越自我。

学会独立思考，发展独立思考和批判性思维的能力。

初步确立人生发展的目标，并为实现这一目标做准备和努力。

珍惜生命，坦然接受生命过程中的各种挑战，学会对生命负责。

（四）高中学段

高中阶段正是学生人生观、价值观与世界观形成的关键时期，且学生即将步入社会，此时高中生已经接近成人，能够自我保护。所以，高中阶段的生命教育应该以精神生命的提升为重点。

1．呵护自然生命——热爱生命

了解性传播疾病的基本常识及预防措施，形成科学的性生理、性心理和性道德观念。

掌握应对生命危机的知识和技能，增加生命的抗挫能力。

培养良好的网络道德素养，文明上网，不传谣、不造谣。

有高雅的生活乐趣，远离黄、赌、毒，做一个健康的生活者。

学会应对挫折的方法与技能，增强抗挫折能力和生命的韧性。

2. 发展社会生命——积极生活

引导学生认识和遵守异性交往的道德规范，区别友情与爱情，正确对待爱情。

学习和了解每个人在婚姻、家庭与社会中的责任、权利和义务，做一个对家庭、对社会负责任的人。

学会用法律和其他合适的方法保护自己的合法权益，养成公民需要的社会公德，具有社会正义感。

弘扬民族精神，增强民族自尊心、自信心和自豪感，增强公民意识、社会责任感和民主法治观念。

3. 升华精神生命——成就人生

增进个人的自我了解和自我实现，培养独立的人格、自由的精神，树立远大的理想，超越生命的局限。

引导学生理解生与死的意义，培养积极的生命态度，正确认识死亡，确立“向死而生”的理念。

学会正确选择人生发展道路的相关知识，具备自主、自立、自强的态度和能力，能够有较为成熟的人生发展规划，有人生的追求。

反思生命中的重大伦理议题，具有民胞物与的胸怀、宽广的人类情怀和社会正义，谋求人与人、人与社会、人与自然的和谐统一。

认识全球伦理，清楚全球伦理宣言的内容；建立四海一家的观念，能关心每一个地球人，构建“人类命运共同体”。

总之，生命教育的目标，是开发生命教育课程的依据，也是教学实施和评价的依据。我们需要将这些目标落实到生命教育的课程和生命教育的教学过程之中。当然，生命教育不只是单设课程，也可以是学科渗透和专题活动。在学科渗透中，中小学各科课程都蕴含有生命教育的内容，也能够实现生命教育的目标。这里就不再对各学科中的生命教育目标进行赘述分析。

第四章

生命教育的实施

生命教育是全人生的教育，也是终身教育。即便是中小学生的生命教育，以学校为主，但也并不完全依赖学校，因此，要建立以学校教育为主体的、家庭和社会共同参与的立体的生命教育实施体系。

一、生命教育实施的理念

（一）倡导积极发展性的生命教育

反观国内生命教育近二十年来的发展，生命教育虽然在引导青少年认识生命、保护生命安全等方面发挥了积极作用，但重心和视角仍然在解决或矫正生命突出问题上，呈现消极化倾向，是一种有病治疗性的生命教育，忽视了更为重要的使命——发展生命、提升生命、成全生命。生命教育亟须在价值取向方面实现根本性的转变，从生命问题治疗性教育走向激发生命潜能的发展性生命教育，这是一种积极取向的生命教育。

生命教育是基于生命的完整需要，从自然生命、社会生命和精神生命的发展需要出发，致力于生命的统整与和谐发展，呵护自然生命，完善社会生命，滋养精神生命，实现生命全面和谐的发展。生命教育将注意力从“全力解决问题，弥补缺陷”转移到“积极发掘潜能，培养优势”上，通过发挥青少年生命的积极力量，促成积极生命品质的培养，实现青少年生命幸福的获得和生命的蓬勃发展。这一取向的生命教育具有如下特征：

第一，从问题消除转向优势发挥。矫正或消除生命问题在一定程度上有利于青少年生命的成长，但如果生命教育将主要目标定位于生命问题的治疗，则可能严重忽视青少年身上固有的积极潜能或优势。积极心理学研究指出，每一个个体身上都蕴藏着潜在的优势和美德的种子。积极的发展性生命教育就是通过创造积极的条件，从寻找问题的过程转变为发掘优势的过程，使青少年认识自身的生命潜能和优势，通过发现、发挥自身优势，增加生命的积极情绪和体验，进而形成乐观、宽容、爱等积极生命品质。

第二，从被动补救转向积极发展。治疗性的生命教育总是在生命出现问题，如发生自杀、意外伤害、抑郁、空虚等时，才采取补救的措施或实行直接的干预，关注的焦点仍然是生命问题。事实上，生命成长发展的过程总是伴随着各种问题，从理论上讲，不可能完全消除，只能积极应对。积极发展性生命教育直面生命的真相，正视生命的问题，从积极的视角理性看待生命成长中的种种遭遇，从问题中挖掘积极的因素，强调通过生命积极力量和品质的发展，增强预防和抵抗生命挫折的能力，促进生命的健康成长。

第三，从生命保全转向生命幸福。频频发生的青少年自杀、意外伤害事件，使我们将焦点自然而然地转向教育学生如何保全生命、避免意外伤害等。这种倾向使生命教育仅仅停留在保全生命的初级层面，没有触及生命的高层次追求。幸福是生命的永恒追求。在保全生命的基础上，积极的发展性生命教育要引导学生热爱生命，建立生命与自我、生命与自然、生命与社会的和谐关系，学会关心自我、关心他人、关心自然、关心社会，提高生命质量，理解生命的意义和价值，活出生命的精彩。

（二）建立基于生活的生命实践——体验活动

生命与生活是一体两面，生命寄寓生活的方方面面，生活是生命成长的基础。因此，生命教育不能脱离生活，儿童生命的成长源于他们对生活的认识、体验、感悟和行动。生活从范围上来看包括家庭生活、学校生活和社会生活；从性质上来说，生活是健康的、积极的、快乐的、幸福的。生命教育正是在儿童的家庭、学校和社会生活中，选择生命发展中的关键主题，引导他们面对成长中的问题，体验成长中的美好，过一种积极的、健康的、快乐的、幸福的生活。

生命教育既要引导学生认识生命现象，掌握生命发展的知识，还要引导学生掌握生活技能，学会生活，在生活中感悟生命、体验生命、砥砺生命、发展和完善生命。认识生命不是生命教育的目的，是为了更好地发展生命。生命教育的目的在于发展生命，生命只能在活动中发展。因此，活动成为生命教育的主要形式，这些活动包括实践活动、体验活动、研讨活动、反思活动等。无论是哪种活动，都要体现出活动中主体的积极性、建构性、反思性。生命的发展是一个自觉的过程，只有通过活动才能真正促进生命的发展。

生命教育不在于知识和技能，而在于对生命的热爱。因此，要特别重视生命的积极体验。体验作为一种特殊的认知活动，由于其指向个体的态度和价值，故具有丰富个体心灵和促进人格成长的作用。同时，体验还具有强烈的主观色彩和情感特征，能够在活动中达到知情意的统一。因此，体验学习作为生命教育的主要学习方式，可使学生获得更多的人生体验和经验，在体验中领悟人生的意义和价值。生命教育要必须着眼于增强学生在自然和社会中的实践体验，为营造健康和谐的生命环境奠定基础。

（二）坚持整合资源，形成教育合力

生命教育是一项系统工程，要充分整合和利用学校、家庭、社会的教育资源，在发挥学校教育优势的同时，协调家庭、社区的力量，提高对学生道德发展、成长成人的重视程度和参与度，形成学校、家庭、社会协调一致的育人合力。

生命的孕育从家庭开始，家庭的教养方式、父母的生活态度和行为方式都潜移默化地影响着子女，这种影响是深刻的，甚至是无法消除的。因此，生命教育的第一场域就是家庭，第一任教师就是父母。但在城市的现代化进程中，由于大量农村家庭的父母外出打工，造成了留守儿童、流动儿童心理问题的出现，如厌学、离家出走、自杀等，有的甚至走上违法犯罪的道路。中小学生的生命教育，首先需要父母的生命教育，只有尊重生命的父母、善待生命的父母，才会有尊重生命的儿童。所以，父母既是子女生命教育的实施者，又是生命教育的对象。家庭教育是生命教育的第一阵地。

学校是中小学生生命教育的主阵地，学校的生命教育既有校园环境、校风、学校文化、教师人格的潜移默化的影响，也有有意识设置的生命教育课程、生命教育活动的影响。学校要通过课程、课堂、环境、实践活动等方方面面为生命的发展营造环境，促进生命健康和谐的发展。

生命教育不能只局限于学校，因为学生要不断走出学校，进入社会，社会是中小学生生活的场域。因此，生命教育不能是“温室”中的教育。进入社会生活的学生，最怕出现“5+2=0”的状况。因此，社会可以通过舆论、媒体宣传生命教育的思想、理念，还可以通过建立专门的生命教育机构，广泛开展有关生命教育的专题活动，为青少年生命教育提供良好的社会环境。社会不仅需要为中小学生提供生命教育的资源和环境，而且社会生活中的成人本身也需要生命教育。

（四）坚持常态开展，形成长效机制

学校是推进和开展生命教育的主体。学校开展生命教育也不能是集中式的、运动式的。很多学校因为学生自杀等原因而高度重视生命教育，这种高度重视就是表现在集中开展一系列的活动，诸如生命教育活动周、生命教育活动月，通过报告、演讲、表演、演练等方式推进生命教育。这种集中式的生命教育可能有一时的成效，但这种成效需要长期的巩固。生命教育需要建立一种长效机制，将生命教育制度常态化，创新途径和载体，将中小学生命教育要求贯穿融入到学校各项日常工作中，努力形成一以贯之、久久为功的生命教育工作长效机制。

生命教育需要通过课程育人。一方面需要开设专门的生命教育课程，另一方面也需要相关的学科渗透生命教育内容，使课程成为生命教育的专门载体。

生命教育需要通过活动育人。这种活动既包括学校开展的生命教育专题活动，也包括学校开展的团队活动、校园节活动等，还包括社会提供的生命教育活动，如节日纪念日活动、仪式活动等。

生命教育需要通过文化育人。文化无时无刻不在，又是潜移默化的。文化育人首先要优化校园环境，使学校一草一木都体现生命教育的意蕴。要营造尊重生命的文化氛围，使学生在内心形成对生命的敬畏。

二、生命教育的实施原则

（一）认知、体验与实践相结合原则

生命是完整的，是知情意行的统一体。生命教育不仅要使学生掌握生命知识、生存的技能，还需要让学生理解生命，热爱生命，活出生命的意义和价值。因此，生命教育的实施必须兼顾知识、技能的学习和情感、态度、价值观的学习。知识的学习需要对学生进行生命的认知教育。情感、态度、价值观的学习需要使学生具有生命的体验。而这一切都离不开实践活动，通过设计生命实践活动，让学生“在玩中学、在做中学、在悟中学、在分享中学”。在实践中认知生命、体验生命、感悟生命、践行生命价值，才可能实现对生命的升华。因此，生命教育既要对学生进行科学知识的传授，又要引导学生贴近生活、体验生活，在生活实践中融知、情、意、行为一体，使学生丰富人生经历，获得生命体验，拥有健康人生。

（二）干预、预防和发展相结合原则

干预、预防和发展可以看作生命教育的三个层次。生命出现了问题和危机，最急需的就是生命干预，如针对自杀者进行自杀干预；针对吸毒者进行戒毒干预；针对心理疾病者进行心理干预，等等。干预是针对少部分生命有问题的学生而言的，它属于消极的治疗性生命教育。对于绝大部分生命发展没有出现问题的学生而言，生命教育在于预防，诸如教会学生注意安全、学会交往、保持心理健康等，使其在生命发展中尽可能不出现问题。预防性生命教育目的在于防患于未然。干预和预防的生命教育都是为了矫正或防止生命问题的发生，对于生命而言，其最高的层次是发展。生命教育不只是对生命问题的矫正，还要强调发展学生的生命，提升他们的生命素养，实现生命的意义和价值。

因此，生命教育既要对生命出现问题的学生进行科学的干预和预防，又要针对全体学生开展发展性教育。生命教育要把干预、预防和发展相结合，其中以发展性、预防性教育为主。预防是为了发展，发展是最好的预防，合理、有效的干预也是发展的重要条件。

（三）面向全体与关照特殊相结合原则

在发展生命的意义上，生命教育是面向全体的教育。因为每一个人都面临着生命如何发展、怎么发展的问题，生命教育引导个体依据自己的发展优势，成为最好的自己。因此，生命教育不仅是每个人都需要的教育，而且是持续终身的教育。

但生命教育在特殊情况下，是面向少数人的教育。这些人，首先是生命发展出现问题的人。生命教育在西方的诞生，就是为了预防药物滥用、暴力和艾滋病，在一些国家和地区是为了拯救精神空虚、缺少追求的“单向度”的人，这些人，无论数量有多少，相对于人类整体来说，都是少数人。其次，生命教育还要面向一些弱势群体，如留守儿童、流动儿童、受欺凌者和农村女童等，这些群体生命的发展最容易出现问题，因此，他们要成为生命教育特殊关照的对象。如何构建针对弱势群体生命教育的独特目标、内容与方法，是目前生命教育的当务之急。

（四）自助、互助与援助相结合原则

生命个体作为组成社会结构的分子，其生命历程始终需要在社会系统中得以完善和发展。那么，生命教育的实施必然会与个体相关的其他个体产生关联，并且自始至终紧密相连、不可分割。首先，生命教育需要唤醒个体的生命警觉意识和珍爱生命的理念，对个体普及当生命遇到危险时及时有效地展开自我救助的教育观念。自助注重引导学生进行自救、自律与自我教育，以此来达到切实有效将生命个体的受害乃至危险程度降到最低的效果。其次，生命教育需要倡导生生、师生、亲子之间的互助合作与帮助，当个体的生命遇到危险时，其他个体能有足够的意识和能力去展开救助，以切实引导学生之间、师生之间、亲子之间等各种帮助的开展。最后，教师、家长和社会机构作为不同的教育群体，均有义务积极引导学生提高求援意识和应对技能，以“家、校、社”三位一体的理念进一步强化对学生实行援助的意识。通过自助、互助和援助的有机结合，形成互动互补效应，为提升学生的生命质量搭建开放式的发展平台，营造生命教育的良好氛围。

（五）与学生身心发展相一致原则

中小学开展生命教育，要依据中小学生身心发展的基本规律，选择贴近学生生活和实际并与学生成长、发展、学习、交往密切联系的内容，进行科学组织与编排。生命教育的主题是一致的，但同一主题在学生不同阶段其要求不同，呈现出螺旋上升的样态。

小学阶段要提高学生对自然、生命的探究兴趣，丰富学生对自然、生命的认识。

初中阶段要引导学生在实践中自觉学会关心生命、珍惜生命、尊重生命，提高生存技能。

高中阶段以发展学生良好个性和健全人格为主，引导学生积极思考生命的价值，投身社会实践。

（六）学校、家庭与社会相结合原则

学校作为对学生实施生命教育的教育情境和社会场域，其担负着学生自身生命教育观念普及和生命教育技能提升的重要职责。除了在学校课程教学中落实生命教育的理念，综合实践活动、生命教育实践基地、社团组织等也都起到了很好的补充作用和实践效果。另外，家庭作为个体生命历程最重要的教育场域，特定的家庭氛围、家教习惯及父母亲人的榜样示范行为，对于个体培养健康的生活习惯、与人和睦相处的技能和积极的生活态度都具有举足轻重的作用。当然，社会系统作为学校和家庭的外围场域，其内部的政治经济制度、文化特质、社会风气等都直接影响着个体的发展方向和受教方式。生命教育要遵循学校、家庭与社会相结合的原则，在学校课程教学、综合实践活动等方面落实生命教育的同时，还要通过家庭、学校、社区活动等多种途径，积极引导家庭和社会培养学生健康的生活习惯、与人和睦相处的技能和积极的生活态度，最终形成生命教育的合力。所以，生命教育既要发挥学校教育的积极引导作用，又要积极开发、利用家庭和社会的教育资源。

三、生命教育的实施途径

中小学生生命教育坚持常态化的理念，既要通过课程育人，又要通过活动育人、实践育人；既要以突出课堂为主渠道，又要利用课外校外多种实践形式；既要坚持实践育人，又要坚持文化育人；既要发挥学校的主导作用，又要发挥家庭和社会的协同育人作用，构建生命教育的共育机制。

（一）通过课程实施

生命教育的课程育人包括三个方面：专门的课程、学科渗透和相关课程。要充分发挥生命教育专门课程的主导作用，将生命教育内容细化落实到各学科课程的教学之中，同时，与其他课程相融合以进行生命教育。

1. 设置生命教育的专门课程

从世界各国生命教育的经验来看，一些国家和地区开设了专门的生命教育课程，并将这一课程纳入课程计划，保证一定的课时。专门的生命教育课程，以专门的时间、专门的教师系统传授生命教育的知识，进行生命教育的实践训练，有效地保证了生命教育的实施。目前国内在国家层面尚没有开设专门的生命教育课程，一些省市，如云南、陕西、黑龙江等，已把生命教育列入地方课程。

2. 学科教学渗透生命教育①

每门学科都含有丰富的生命教育资源。教师要结合教学内容，对学生进行认识生命、珍惜生命、尊重生命、热爱生命、提高生存技能和生命质量的教育活动。同时，教师也要充分运用与学生密切相关的事例作为教学资源，利用多种手段和方法开展生命教育活动。

（1）小学低年级（1～2年级）

《自然》：初步了解人体的组成、感觉器官及其功能，以及人的生长过程。引导学生养成良好的个人卫生和饮食习惯，培养环境保护意识和公共卫生习惯。通过了解动植物，直观地了解生命现象。教学中要通过观察、模拟、游戏等活动，探究人体及其他生物体的生命活动，要在学生行为习惯的养成和积极的情感、态度体验方面下功夫。

① 参见《上海市中小学生生命教育指导纲要（试行）》

《品德与社会》：初步了解家庭、学校和社区的生活，懂得个人成长与家庭、学校的关系，认识个人与集体的关系，初步了解公共生活的规则。教学时要更多地关注儿童生活本身，要在大自然和社会生活中汲取生命教育的鲜活素材，并通过游戏、录像、讲故事等喜闻乐见的方法进行教学。

《体育与健康》：从基本的身体活动入手，学习户外健身、游泳等的卫生与安全知识，了解简单的生存技能与方法，掌握浅易的自我保护知识和技能。培养抗挫能力，学会游戏。教学时要采用讲解、示范、游戏、比赛和活动等方法，帮助学生了解学习要点和技能方法。

（2）小学中高年级（3～5年级）

《自然》：了解人体主要器官及其功能，人的生命周期和身体发育的特点。了解合理饮食、适量的运动和休息对身体成长发育的重要性，以及吸烟、酗酒等对身体的主要危害。了解一些常见疾病及其防治方法，有一定的自我保护能力。了解人类对自然环境的依赖，树立人和自然和谐相处的意识。教学中应为学生提供真切的情景或场景，通过观察、调查、参观、模拟、游戏、讨论等活动，增强学生对人的生命活动及其他生命现象的了解和体验。

《品德与社会》：了解个人生活、家庭生活、学校生活、社会公共生活的一些基本常识与道德规范。初步了解社会机构、公共设施及其功能。初步了解人与自然、人与社会的依存关系。知道一些与生活有关的法律常识，使学生初步了解不同社会角色的权利、义务和责任。教学时要从学生熟悉的生活现象出发，注重通过生活实践学习知识，养成良好的生活习惯。

《体育与健身》：以发展基本活动能力为线索，学习少儿健身的安全常识和部分生存技能与方法。尝试合作与互助，明白健身、保健和安全等所必备的常识。教学时要采用讲解、示范、设境、比较、提问、体验、游戏和讨论等方法，帮助学生了解所涉内容的学习要点和技能方法。

（3）初中阶段（6～9年级）

《科学》：知道生命体的基本结构单位，新生命的诞生和婴儿发育过程以及青春期生理发育与性心理变化的过程。了解与生育有关的健康知识以及与人口发展有关的政策。知道现代健康人的特征，养成健康的饮食与作息习惯。了解环境污染与人类健康的关系，养成保护环境的责任感和行为习惯。懂得安全使用水电煤，具有自我保护意识和技能。教学中要充分重视让学生体验与感悟真实生活，要给学生更多的观察、探究与调查等体验活动的时间与空间，采用讨论、交流、辩论、讲座、参观、举办专栏小报等多样形式，提高学生的活动兴趣和参与能力。

《生物》：了解人体的组织结构，理解人体的整体性。认识人体遗传和变异现象。懂得健康的概念，学习制订健康计划。了解常见病和传染病的危害及其预防方法，了解安全用药的常识。学会对意外伤害进行应急处置的基本方法。了解生物与人类的关系，了解人类活动对生态的影响，树立人与自然和谐发展的观念。教学时要注重实践体验，教学活动形式力求多样化，为学生提供真切的活动情景或场景。要充分利用现代信息技术和社区资源，注意把课内的学习活动与学生日常生活及行为习惯紧密联系起来。

《思想品德》：知道生命既属于自己，也属于家庭和社会。认识每个人只有一次生命，要爱护自己的生命，尊重和关爱他人的生命。懂得具备生活的自理能力和掌握为社会服务的本领，是生命价值的重要体现。能够合理安排学习生活和闲暇生活，保持良好的心境。善待自己，关心、理解和尊重他人。知道公民的人身权益受法律保护，了解公民获得法律保障的途径。教学时要紧密联系学生的家庭生活、学校生活和社会生活实际状况，采用课堂讨论、典型案例分析、社会现象观察和调查、实践体验等各种生动的教学形式。

《社会》：引导学生形成良好的生活态度，正确处理个人与他人、个人与社会的关系，进而对个体生命在社会中的价值和意义有所感悟。在教学过程中，要通过案例教学、课堂讨论、社会现象观察和调查、实践体验等各种生动的教学形式，帮助学生将学习内容内化为自身的认识。

《体育与健康》：学习体能常识、青春期体育健身常识、体育健身安全、体育锻炼与青少年机体发展、体育锻炼与自然环境、体育健身与卫生常识、生存技能和方法等内容，发展基本运动能力，引导学生关注青春期身体的各种变化，留下成长记录，形成文明、健康的生活方式。教学时要运用讲述、演示、观察、比较、设问、分析、讨论和实践等方法，借助个案分析及信息技术等手段，调动学生积极的情感因素。

《历史》：通过学习中外优秀历史人物的主要事迹，学生认识人类在求生存、求发展的文明历史进程中的创造活动，感悟历史人物对真理和正义的执着追求和精神风貌，进而了解生命的意义与价值。在学习过程中，要根据初中学生的知识基础和年龄特点，生动、具体、形象地运用各类材料（史料）创设历史情境，采用图表制作、看图说史、故事演讲、角色扮演等多样化活动方式，围绕相关历史主题搜集整理相关材料，开展专题讨论、参观历史博物馆或展览馆、组织专题讲座、设计板报或网页等活动，拉近历史与现实之间的距离。

（4）高中阶段（10～12年级）

《生物》：从物质、能量和信息三方面探讨生命活动的本质。认识生命的延续，了解生命世界的多样性和持续性，建立科学的生命观和进化观。了解人类遗传病和生殖健康。理解保护生物多样性的意义。形成健康的生活习惯和可持续发展的观念。教学时要注重融科学性与人文性于一体，关注学生的经历和体验，引导学生在投身社会实践中，欣赏生命，热爱生命。

《思想政治》：了解生命活动的本质和人的社会本质，正确认识自我发展与社会发展的关系，认识社会发展规律，树立科学的人生价值观，正确对待人生道路上的困惑和挫折，让生命在参与社会主义物质文明、政治文明、精神文明建设的过程中焕发光彩。教学时要针对学生在人生道路上遇到的实际问题和思想问题，采用讨论、调查、访谈、阅读、辨析等形式，提高实效性。

《社会》：应注重在研究性学习的基础上，运用小组辩论、演讲、撰写小论文、实践体验等方式展开学习，引导学生关注社会，拓宽视野，提高学生认识社会、适应社会及与社会和谐相处的能力，使学生在认识社会、适应社会中实现知行统一。

《体育与健身》：学习运动损伤的预防与康复、体育健身与疾病防治、体育健身与心理健康、体育健身的环境选择、吸烟酗酒和其他麻醉品与健康、救护的基本知识与方法，培养学生强身健体的综合能力。让学生在体验中明理、学练中获知。教学时要采用观察分析、交流讨论、问题研究、知识竞赛和社会实践等方法，借助典型事例及信息技术，将知识的传授与技能、方法的学练有机结合。

《历史》：通过中外不同文明发展的横向比较和不同时期人类活动的纵向比较，学生学习社会结构、社会生活和社会风俗等人类生活内容，法律、人文科学等人类文化内容，认识人类文明面临的挑战和发展机遇，关心人类命运和全球伦理。教学时要理论联系实际，采用社会调查、主题辩论、史学论坛、小论文交流等活动形式和合作、研究的学习方式展开学习。

此外，语文、音乐、美术等学科也蕴含着丰富的生命教育内容。语文课要通过文学作品中的典型人物和典型事件，联系现实生活，让学生认识自我，学会调适，感悟人与他人、人与社会、人与自然和谐相处的重要性，陶冶学生心灵。地理课要帮助学生了解人类与赖以生存的环境之间的关系，学会珍惜资源，保护环境，树立可持续发展观和生态文明观。音乐与美术课要利用艺术美感陶冶学生的情操，提高学生的审美情趣，从而使学生保持乐观积极的心态，激发学生对生命的热爱之情和对生活的创造热情。

3. 专题教育

专题活动设计以短期的、时效性强的生命教育主体为主要设计对象，一般以系列活动、专题讲座等不固定的课程形式出现。生命教育要充分利用青春期教育、心理教育、安全教育、健康教育、环境教育、禁毒和预防艾滋病教育、法制教育等专题教育形式，开展灵活、有效、多样的生命教育活动；要从学生的兴趣、经验、社会热点问题或历史问题出发，结合区域、学校和学生的特点，力求将相关内容整合起来，形成校本课程。倡导自主探究、实践体验、合作交流的学习方式。

小学阶段的专题教育，要符合小学生的身心特点，进行人与自然、人与家庭的启蒙教育，探究生命的可贵、生活的意义以及自我保护等内容。

初中阶段的专题教育，要结合学生青春期的成长特点，探究生命伦理、生命的意义与价值等内容，培养健康的审美观念，正确对待成长过程中的困惑和压力，探讨关爱他人、保护自己的途径与方法等。

高中阶段的专题教育，要适应高中学生世界观、人生观、价值观形成阶段的特点，整合相关学科的知识，探讨与生命有关的社会伦理、科学伦理、人生信仰等问题，规划人生目标。

（二）通过文化熏染实施

文化具有弥漫性，文化对生命的影响是潜移默化、润物无声的。生命教育需要有温度的、人性化的文化。

优化校园环境。学校校园建筑、设施、布置、景观要安全健康、温馨舒适，让校园的一切都充满着生命律动与活力，使校园内一草一木、一砖一石都体现对生命的熏陶与感染，建设一个充满温馨的生命化校园，使之成为儿童成长的乐园。

营造关爱生命的学校文化。学校管理者及所有教职工都应全面了解并践行生命教育，将关爱生命的思想与情怀融入日常行为。以建设优良校风、教风、学风为核心打造各具特色的生命教育文化，充分发挥校园景观、规章制度、文体活动等教育功能，形成充满生命关怀的教育生态环境，在潜移默化中提升学生对生命的理解和热爱，激发其追求并实现生命价值的内在动力。

净化网络和媒体文化环境。要加强对报刊、影视、网络等媒体的监管，禁止不健康的网络游戏和出版物的传播，防止不利于青少年身心健康的文化产品对学生产生不良影响，采取保护学生合法权益的有力措施，营造有利于青少年健康成长的社会环境。

（三）通过活动实施

要充分利用班团队活动、节日、纪念日活动、仪式教育、学生社团活动、社会实践活动等多种载体，开展生命教育活动，让学生感悟生命的价值。

1. 班团队活动

少先队和共青团组织要积极创造条件，增强团队组织的凝聚力，为学生提供有意义的集体活动，使学生真正懂得集体组织对个人健康成长的作用，进而在中学生尤其是高中生中激发起对政治生命的追求和向往。

小学阶段的班队（儿童团）活动，要结合“争章”活动，运用游戏和情景体验进行自我保护、网络安全、性别意识等教育。

初中阶段的班团队活动，要发挥学生的主体作用，运用自主活动和同伴教育的形式，帮助学生学会建设性地与他人沟通与交往。

高中阶段的班集体活动和团学组织，要针对高中生思维日趋活跃、思想日渐成熟的特点，通过党课学习、团校学习等途径，让学生学会规划自己美好的人生。

2. 节日、纪念日教育

学校要充分利用现有法定的各种节日和纪念日，特别要利用世界环境日、禁毒日、预防艾滋病日、烈士纪念日、国家公祭日等重要纪念日等，进行专题生命教育活动。从青少年学生的终身幸福和健康发展出发，关注各年龄阶段学生的不同需求，解决学生的各种困惑，进行有针对性的生命教育。

3. 开展校园节（会）活动

根据学校的特色和学生的实际，每学期可以举办科技节、读书节、运动会、音乐会等丰富多彩、寓教于乐的校园节（会）活动，充实学生校园生活，引导学生感悟生命的美好，促进学生生命健康发展。

4. 仪式教育

学校要通过十岁生日、十四岁青春营、十八岁成人仪式以及入队、入团、入党、开学典礼、毕业典礼等各种仪式，精心组织设计，力求规范长效，使学生了解自己的成长历程，激发对生命成长的自豪感，培养积极的生命价值观，唤起对未来生活的美好憧憬。仪式教育活动要体现庄严神圣。

5. 学生社团

学生社团是帮助学生认识生命、体验生命的重要载体。学校要重点发展绿色环保社团、生物科技社团、心理互助社团、体育健身社团等，指导学生广泛开展与生命教育相关的校园文化活动，使学生形成积极的生活态度，进而欣赏和热爱生活。

小学阶段要大力组建内容丰富、形式多样的兴趣小组，逐步培养小学生参与、组织社团活动的能力，提高学生对自然、生命的探究兴趣，丰富学生对自然、生命的认识。

初中阶段要广泛开展社团活动，增强学生的参与度，引导学生在实践中自觉学会关心生命、珍惜生命、尊重生命，提高生存技能。

高中阶段的学生社团要充分发挥学生自主管理的作用，以发展学生良好个性和健全人格为主，引导学生积极思考生命的价值，投身社会实践。

（四）通过社会实践实施

生命教育必须走出校园、走出课堂，与社会实践相结合。因此，实施生命教育要广泛开展社会实践，开展有益于学生身心发展的实践活动，在活动中，不断增强学生的社会责任感和同情心。

开展各类主题的实践活动。学校要充分利用各级各类青少年教育基地、公共文化设施开展生命教育活动，拓展学生的生活技能训练和体验。利用动物园、植物园、自然博物馆、绿地，让学生感受自然生态保护和休闲对促进个人身心健康的重要性；利用医院、殡仪馆等生老病死的场所，引导学生理解生与死的意义，珍爱生活，关心他人；利用环境保护和节约能源展览馆、污水处理企业等开展环境保护教育；利用交通队、消防队、地震台等开展安全教育；利用养老院、儿童福利机构、残疾人康复机构等社区机构开展关爱老人、孤儿、残疾人教育。

开展社会服务活动。要充分利用社区生命教育资源，发挥社区学院、社区老年大学的作用，提供环保、居家生活设计、人文艺术欣赏、传统艺术欣赏制作和婚姻伦理等教育服务活动。要广泛开展与学生年龄、身心相适应的志愿服务活动。通过社会服务和志愿者服务，培养学生的社会责任感。

（五）通过家庭、社会的支持实施

要积极争取家庭、社会共同参与和支持学校生命教育工作，引导家长注重家庭、注重家教、注重家风；引导社会关注生命，营造积极向上的良好社会氛围。

加强家庭教育指导。要积极引导家长参与家庭生活指导，通过亲子关系沟通、青少年身心保健等方面的服务，帮助家长掌握家庭管理和人际沟通的知识与技能，提升家庭情趣，营造健康和谐的家庭氛围。

构建社会共育机制。生命教育的实施离不开社会的支持。学校要主动协调配合文化、卫生、体育等部门，成立生命教育领导、指导机构，建立多方联动机制，搭建社会育人平台，实现社会资源共享共建，净化学生成长环境，助力广大中小学生健康成长。

四、生命教育的组织保障

生命教育是一项涉及面较广的系统工程，国外生命教育在构建、整合和发挥多方面主体力量的基础上，形成了“政府重视、学校主导和社会协同”的三位一体实践模式。政府、学校和社会三者相互协同，缺一不可。

（一）制度保障

我国虽然提出了重视生命教育的战略构想，但到目前为止，生命教育还缺乏具体的政策支持，国家层面的生命教育指导纲要或课程标准尚未出台，致使生命教育难以统一、持续和规范有效地开展。只是在部分省市出台了相关的文件和规定，但由于“应试教育”的影响和民众对生命教育的认识不够，使得这些地区的生命教育也不够深入。因此，急需国家在制度层面规划生命教育，制定生命教育的国家行动纲要及其实施要求，把生命教育纳入国家课程计划，编写生命教育的国家课程标准，保证生命教育的课时，引导并规范生命教育的开展。开展生命教育的评价。

（二）组织和管理保障

学校是实施生命教育的主体，因此，必须加强生命教育的组织与领导。中小学校要把生命教育提上议事日程，纳入各自的工作计划，加强制度建设和组织机构建设，落实管理责任，建立生命教育的长效机制，将生命教育融入到日常的教育教学和管理工作之中。

学校应结合自身特点与优势，明确学校实际，科学定位生命教育特色的内涵与要求。在生命教育实践中，拓展校园文化、校史馆、生态园所蕴含的特殊生命教育资源；围绕情境模拟、案例分析、践行体验和拓展延伸等环节，打造特色化的生命教育校本课程。积极探索建立有利于生命教育实施的评价体系，充分发挥评价的诊断、导向和发展功能，确保生命与健康教育的顺利实施。

（三）师资保障

开展生命教育，师资是关键。由于生命教育是一个新事物，我国师资培养中没有针对生命教育的专业，因此，缺乏专业的生命教育教师，已经开展生命教育的省市，其教师都是其他学科教师或班主任兼任。生命教育师资的非专业性，大大限制了生命教育的质量。所以，我们必须加强生命教育师资力量建设。当前我国加强生命教育师资力量建设主要包括两方面内容和任务：一是加强对于教师本人的生命教育；二是提高教师施加生命教育影响的教育教学业务知识与技能水平。前者是增强教师本人的生命素养，后者是提升教师生命教育的素养。因此，我国生命教育师资力量的建设，一方面要在包括职前培养与在职培训的教师教育中，增加生命教育内容，普遍提升每个教师的生命素养；另一方面，要满足生命教育教学需要，设置相关专业，培养生命教育的师资，实现生命教育师资队伍的专业化。

（四）资源保障

目前国内生命教育的开展，除了一些地方和组织、个人编写了一些生命教育教材和读物外，与国外乃至我国的台湾地区相比，生命教育的资源严重不足。为此，必须动员全社会的各行各业加强生命教育资源的开发。

教育行政部门和学校要多方面地开发和利用校内丰富的生命教育资源，加强生命教育的教材建设，积极开发图文资料、教学课件、音像制品等教学资源；利用网络、影视、博物馆、图书馆等，丰富学校生命教育的内容和手段。

教育行政部门和中小学校要积极协调文化、卫生、体育、医疗等部门，选择条件好的青少年活动场所、基地、博物馆、图书馆、体育馆、少年宫、医院、殡仪馆、社区活动站等作为生命教育基地，开展适合中小学生体育健身、消防安全、交通安全、水安全、动手实践等的生存训练活动。

社区要建造适合青少年运动、锻炼的场所和提供锻炼的设施，让学生利用节假日及寒暑假开展丰富多彩的活动，并为家庭提供生命教育的指导与帮助。

第五章

生命教育的课程与内容

课程是教育的实施载体，虽然生活中有教育，但作为专门的教育活动，必须通过课程来实施。对于生命教育同样如此。只有通过生命教育课程的设计、实施，才能使生命教育有了抓手，使生命教育落地生根。

一、生命教育课程及其形态

生命教育的课程既与对生命教育的理解有关，也与对课程的理解有关。课程的拉丁文词源意义是“跑道”，引申到教育上为“学习的进程”。课程在不同的发展阶段，有着不同的含义，也反映了课程的侧重点所在。夸美纽斯把课程定义为教材，课程即教材，强调学生所学的知识；杜威把课程定义为活动，课程即活动，强调课程与生活的联系和学生的生活经历；泰勒把课程定义为经验，强调学生与外部世界的互动作用和学生的主体建构。当然，在后现代视域中，课程的内容更加广泛，越来越超越了计划的范围，强调学生的经历、体验和生成。相比于传统的把课程固定化、知识化，这显然是一种进步，但不可以无限扩大课程的范围而丢失了课程的内核。一切生活都是课程，这只是从教育意义上而言的，如果把课程理解为无边无际，那就失去了课程特有的意义。所以，课程还需要有相对固定的内容。在这个意义上，课程是指为了实现教育目标，而有意识、有目的选择的内容及其进程安排。课程是计划性和生成性的结合。计划性强调课程的有意识设计，是对相关知识和内容的精选和根据学生身心发展特点的编排。生成性强调课程学习是个动态的过程，强调学生主体与内容的互动生成，强调学生的经验过程。生成不是随意的生成，是对有意识设计的内容的生成。

对于生命教育的理解，前面已经有所论述。生命教育大致有两类理解，一类是针对生命问题而出现的治疗性生命教育，如自杀、吸毒、艾滋病、暴力等等，生命教育就是要应对生命问题，起到一个治疗作用。在我看来，这是一种针对生命问题的消极性生命教育。另一类理解是从生命的组成出发，着眼于全人教育，设计生命教育的内容，促进生命的完整发展。尽管两种理解不矛盾，而且是相互补充的，但本人更倾向于后一种理解，因为这种对生命教育的理解，具有全局性、整体性、根本性。只要一个人具有了完整的、健康的生命，生命自然就不会出现问题。前一种理解有点治病的意思，头痛医头，脚痛医脚，治标不治本，不能从根本上解决问题。

正是基于对课程和生命教育的上述理解，我们确定了对生命教育课程的认识：生命教育课程以人的生命发展为主线，以呵护人的自然生命、完善人的社会生命、提升人的精神生命为价值追求，围绕学生的生命活动和生活进而组织的综合性活动课程，旨在使学生认识和理解生命的意义，热爱生命，积极生活，实现生命的意义和价值，拥有一个美好幸福的人生。

生命教育实施具有多种形式，因此，生命教育的课程也可以有多种形式。一般来说，主要有三种：一是渗透式课程；二是专题式课程；三是专设的课程。三者形式虽然相互独立，但任务是相互交叉的，共同完成生命教育的任务，达成全人教育的目标。

（一）渗透式课程

从宽泛的意义上说，任何课程都是生命教育的课程，因为它们都显性或隐性地含有生命教育的元素。但不同课程有其不同的重点任务，有不同的侧重点，却不否认其中的生命教育元素，因此，要根据不同年级和不同课程特点，充分挖掘各门课程蕴含的生命教育资源，将生命教育的内容有机融入到各门课程教学中。

中小学的自然、科学、生命科学等课程为学生讲授生命知识，引导学生认识生命现象、掌握生命的特点、了解生命成长的规律。

中小学的体育与健康，使学生了解运动和健康的知识、掌握运动和健康的技能、学会安全救护的基本知识与方法，培养学生强身健体的综合能力、养成良好的生活习惯。

中小学的品德、思想政治、社会等课程，使学生认识到社会关系中的“我”，认识到社会对“我”的影响，学会处理人与人、人与社会的关系，了解公共生活的规则，学会人际交往，正确处理人际冲突，具有宽容、共生的品质。

中小学的语文、历史等课程，也可以通过历史人物、文本故事、阅读欣赏，使学生认识生命的意义，唤醒学生的生命意识，对学生进行世界观、人生观和价值观的引导。

数学、科学、物理、化学、地理等课程，引导学生认识自然界的生命现象、认识大自然的规律。学生懂得敬畏自然、保护自然，树立可持续发展观。

音乐、美术、艺术等课程，利用艺术美感陶冶学生的情操，培养学生的审美情趣、健康体魄、意志品质，使学生保持乐观、积极的心态和优雅的生活方式，激发学生对生命的热爱之情和对生活的创造热情。

综合实践活动和心理教育课程，可以培养学生的生活技能、劳动习惯、动手实践和合作交流能力，使学生具有生活技能和能力，积极健康地生活。

（二）专题活动课程

渗透式课程的好处是使生命教育落实到每个学科，在不增加学生学习负担的情况下，通过学科课程自然融入。但这种渗透式课程的缺陷也很明显：每个学科都有其特定的任务和其特殊性，虽然可以渗透生命教育的内容，但不是以生命教育为主要使命，尤其是生命教育的一些实践活动、技能性学习以及一些时效性强的社会事件具有较丰富的生命教育内涵，不能在学科中深入挖掘，不容易通过学科渗透完成，但可以通过专题活动开展专题生命教育，这就需要专题活动课程。

专题活动课程是针对生命中的问题，以短期的、时效性强的生命教育主题为主要设计对象，一般以系列活动、专题讲座等不固定的课程形式出现。这种类型的课程设置主体不一定必须是学校，也可以是社会各个行业、各个部门。

专题活动课程，从内容上看，主要涉及中小学生生命发展中暴露出来的突出问题，如严重的自残和残害他人、校园欺凌与暴力、吸毒、艾滋病、生命安全、网络成瘾、心理健康、青春期问题、环境破坏，等等，针对这些问题，开展自杀干预、校园欺凌与暴力防治、禁毒和预防艾滋病、安全教育、网络教育、心理教育、健康教育、青春期教育、环境教育等专题教育。这些问题在不同时期、不同区域、不同学校出现的情况不同，所以，需要根据本地区、本校学生的情况，精心设计、组织开展主题明确、内容丰富、形式多样、吸引力强的专题教育活动。

专题活动课程，从形式上看，主要有：

1. 专题报告：专题报告是针对生命发展中的问题，如青春期生理心理问题、网络诈骗问题、网络安全问题等，邀请专家学者和一线实践工作者，讲授某个方面的专业知识，让学生掌握相应的技能，以及解决问题的方法。专题报告也可以请生命中的勇士讲述他们的生命故事，给学生以生命的启迪与激励，激励他们珍爱生命，热爱生活，使生命充满积极上进的正能量，砥砺奋进。

2. 班团队活动：班团队活动是学生相对固定的活动，学校可以利用其中一部分班团队活动开展生命教育。以生命教育为主题，开展班会活动，举办生命朗读者、生命故事、生命演讲、生命情景剧、生命微电影、生命手抄报等多种形式的活动。少先队和共青团组织也要积极创造条件，为学生提供有意义的以生命为主题的集体活动，如在小学阶段结合“争章”活动，运用游戏和情景体验进行自我保护、网络安全、性别意识等教育。初中阶段运用自主活动和同伴教育的形式，帮助学生学会建设性地与他人沟通和交往。高中阶段结合生涯教育和高考选择，让学生学会规划自己的美好人生，树立正确的人生观、价值观和世界观。学校要鼓励学生以关爱生命为主题，建立各类学生社团，如动物保护、环保、心理健康、志愿服务等学生社团，通过学生社团的自主活动，体验生命，完善生命。

3. 节日、纪念日活动：一些节日也含有丰富的生命教育意义，可以利用节日开展生命教育活动。利用春节、元宵、清明、端午、中秋、重阳等中华传统节日开展生命教育。不同节日蕴含着不同的生命理念，在节日中感悟生命，体验生命。[①]利用二十四节气以及植树节、劳动节、青年节、儿童节等让学生感悟生命的成长；利用妇女节、教师节、烈士纪念日、国家公祭日等让学生珍爱生命、珍

① 黄有志：《传统节日与生命教育研究》，载《海南师范大学学报（社会科学版）》，2011（5）。

爱和平、学会感恩；利用国际地球日、环境日、健康日、国家安全教育日、禁毒日、航天日、航海日等主题日，设计开展相关主题生命教育活动。

4. 仪式教育：人生成长过程中，都要举行一些仪式，这些仪式具有庄严感，对生命的成长印象深刻，具有重要的影响。要精心组织各种仪式活动，在仪式中使学生了解自己的成长历程，激发对生命成长的自豪感，培养积极的生命价值观，唤起对未来生活的美好憧憬。这些仪式包括满月仪式、周岁仪式、生日以及参加亲戚朋友的结婚典礼，甚至亲人逝去的葬礼，等等，让学生感受生命的自然变化。参加学校举办的入学仪式（7岁）、成长仪式（10岁）、青春仪式（14岁）、成人仪式（18岁），入队、入团、入党仪式，颁奖典礼、毕业典礼等，感受生命的成长和生活的美好。

5. 社会实践活动：生命教育不只是学校能够完成的，它需要家庭和社会的合力完成。学校要充分利用各级各类青少年教育基地、公共文化设施开展生命教育活动，拓展学生的生活技能训练和体验。在动物园、植物园、自然博物馆、绿地和农村劳动中，让学生感受自然生态保护和休闲对促进个人身心健康的重要性；通过对与人的生老病死有关场所的了解，引导学生理解生与死的意义，热爱生活，关心他人；利用交通队、消防队、地震台等开展安全教育，使学生掌握交通、消防、地震、泥石流等自然灾害的逃生技能，保护生命；利用养老院、儿童福利机构、残疾人康复机构等社区机构开展关爱老人、孤儿、残疾人教育。开展学雷锋和社会志愿服务等活动，培养学生在遇到突发灾难时的人道主义救助精神。

（三）专设的生命教育课程

生命教育专设课程，是专门设立的生命教育课程。对于设立生命教育课程，存有争议，有人认为，生命教育可以通过其他课程的渗透和专题教育活动来完成，没有必要设立专门的课程，再说，设置专门的课程还会增加学生的负担。对此，笔者认为，即使学科可以渗透一定的生命教育，但这种渗透也是不全面、不系统的。生命教育有其不可替代的独特性，有其固定的内容，实有独立设置的必要。即便是增加了学生的课业负担，但这门学科关乎人的生命，关乎人的人生观、价值观等人生意义的问题，在一个功利时代“应试教育”的背景下，学科教育都偏重知识技能而疏于讨论生命意义的情况下，以专业系统的方式讨论这些“安身立命”的问题，也是非常值得和必要的。

生命教育课程是以生命为原点，以儿童生活为基础而组织的活动性综合课程。它具有如下基本特征：

1. 生活性

生活是生命的动态存在，生命在生活中成长，生活是生命的根基。所以，生命教育课程遵循儿童生活的逻辑，基于生活，在生活中，为了生活。基于生活，是指以儿童生活的需要和问题为出发点；在生活中，是指以儿童的现实生活为生命教育课程的主要源泉，在教师引导下体验生活，参与生活，创造生活；为了生活，是指以正确的价值观引导儿童在生活中发展，在发展中生活，最终使他们过一种幸福完整的教育生活。因此，生命教育课程是一种生活课程。

2. 综合性

生命教育课程以儿童生命发展为圆心，以儿童生活为基础，围绕儿童生命发展中的生活问题组织课程内容，具有综合性。课程基于人的自然生命、社会生命、精神生命发展的需要，涉及人与自我、人与人、人与社会、人与自然等多重关系，体现了健康与安全、养成与交往、生涯与信仰的内在整合，涉及安全教育、心理健康、禁毒教育、预防艾滋病教育、环境教育、可持续发展教育等多个主题，是一门多主题、跨学科的综合性课程。

3. 实践性

生命教育课程超越单一的学科知识的传授，其教与学的逻辑是实践性的，是一门以社会生活实践为主要形式的活动性课程。课程形态主要是在具体的生活场景中，通过组织学生参与各种活动或通过身临其境的体验，使学生掌握生命保护的技能，引导学生去思考、判断、体验他们自身的经验，或在影片欣赏、角色扮演之后，获得生命的体验和心灵的震撼。生命教育课程的目标就是要学生在活动中体验生命，在体验中感悟生命，在感悟中建构生命。

4. 生成性

生命不是预设的，是在生活中不断生成的。生命教育课程基于儿童的生命发展需要，以儿童生活为核心组织内容，因此，随着儿童生活和活动过程的变化和需要，组织和调整课程目标，课程内容也随着不同的生命发展阶段的需要，以及不同阶段所面临的生命问题组织相应的内容，使生命教育内容随着年龄阶段的发展呈现螺旋上升的形态。生成性还体现在课程实施上，教与学都是动态的，使教学充满生命的活力；课程是开放的，一切有利于生命成长、为生命提供滋养的内容，都可以列入生命教育的课程，或成为生命教育的课程资源。

5. 人文性

生命教育倡导尊重生命，快乐生活。因此，生命教育课程必须树立“生命为本”的理念，尊重生命的特性，满足生命发展的需要，创造充满关怀、激励、温暖的人文环境，让每一个人都能够更加真切和更为丰盈地感到生活的意义和美好，培养一种积极向上的人格，提升儿童的生命质量和幸福生活指数，让他们快乐学习、幸福生活。

二、生命教育课程的不同取向

生命教育已经引起了世界各国、各地区的重视，各国、各地区已经开始实施生命教育。各国、各地区实施生命教育的缘由各不相同，因此，导致它们对生命教育的要求也各不相同。尽管生命教育都是使人认识生命、保护生命、热爱生命、积极生活，活出生命的意义和价值，但各国、各地实施的侧重点或者切入的角度不同，这就构成了生命教育的不同取向，诸如健康取向、伦理取向、社会取向、宗教取向、生活取向、完整素质取向等。虽然是说某种取向，但不是完全单一的，而是以某种为主要倾向的。

（一）生命教育的健康取向

我们提到生命首先是指人的自然生命，自然生命要活着，要健康发展。所以，生命教育首先被理解为自然生命的教育，所谓保护生命就是保护人的自然生命，使人活着，而且健康地活着。在这个意义上，指向自然生命的健康取向就成了生命教育的首要取向。

健康取向的生命教育，教人认识生命，认识生命的结构、特点、发展规律，教人以增进健康、疾病预防、面对危机的技能以及保护环境的技能和能力。它主要围绕着生命安全、健康、成长等主题安排课程内容。

美国的生命教育系列*Health & Wellness*就是以健康取向编排的。该教材提出了生命教育的十大目标：(1) 获取有效的健康信息、产品和服务；(2) 健康行为的训练；(3) 管理压力；(4) 分析影响健康的因素；(5) 使用沟通技巧；(6) 使用抵制技巧；(7) 解决冲突；(8) 设置健康目标；(9) 做负责任的决定；(10) 做一个健康倡导者。围绕这十大目标，该教材设计了五大主题单元，分别是：A. 心理、情感、家庭和社会的健康；B. 成长与营养；C. 个人健康与安全；D. 药物和疾病预防；E. 社区和环境的健康。可以看出，美国的这套生命教育教材，是以健康为主题，围绕着生命与自我、生命与社会（他人、家庭）、生命与自然的关系而组织编写的。

兹将《健康与幸福》七年级的教材内容列举如下：

美国Macmillan/McGraw-Hill公司出版的生命教育教材（七年级）

单元	章	课
单元A 心理、情感、家庭和社会的健康	第一章 心理和情绪健康	第一课　为你的健康负责 第二课　发展良好的性格 第三课　做负责任的决定 第四课　培养健康的心理 第五课　管理压力和增强适应性
	第二章 家庭和社会的健康	第一课　交往 第二课　成为一名负责任的家庭成员 第三课　发展健康的关系 第四课　解决冲突 第五课　感情和控制

（续表）

单元	章	课
单元B 成长与营养	第三章 成长与发展	第一课　身体的支持与控制系统 第二课　身体的运输系统 第三课　关于青春期你都知道些什么 第四课　怀孕与分娩 第五课　健康的成长
	第四章 营　养	第一课　遵循膳食指南 第二课　改善你的饮食习惯 第三课　食物性疾病 第四课　保持一个合适的体重 第五课　认识饮食失衡
单元C 个人健康与安全	第五章 个人健康与身体活动	第一课　健康服务与资源 第二课　修饰与消费者的选择 第三课　身体活动的益处 第四课　发展身体健康 第五课　防止受伤
	第六章 暴力和伤害的预防	第一课　社会中的暴力 第二课　学校安全和暴力预防 第三课　防止意外伤害 第四课　严重的天气和自然灾害 第五课　实行急救

（续表）

单元	章	课
单元D 药物和疾病预防	第七章 酒精、烟草和其他药物	第一课　遵循药品使用的准则 第二课　抵制药品的错用和滥用 第三课　抵制烟草的使用 第四课　抵制酒精饮料 第五课　抵制违禁药物的使用
	第八章 传染性与慢性疾病	第一课　理解疾病 第二课　传染性疾病 第三课　性传播疾病与艾滋病病毒 第四课　非传染性疾病 第五课　慢性病健康条件
单元E 社区和环境的健康	第九章 消费和社区健康	第一课　评估健康信息 第二课　社区健康护理 第三课　成为一个明智的消费者 第四课　明智地花费时间与金钱 第五课　调查职业
	第十章 环境卫生	第一课　保护环境 第二课　保护空气 第三课　保护水体 第四课　保护土地 第五课　保护你的视觉和社会情感环境

（二）生命教育的死亡取向

生命教育最早源于西方兴起的死亡学和之后发展起来的死亡教育。生命教育中的死亡教育，不是教人去死亡，而是教人正确地认识死亡、面对死亡、认识生与死之间的关系。在死亡教育看来，生与死是一体两面的，生命摆脱不了死亡，死亡是生命的极限。正因为有死亡，才使在世的生命变得有限。因为生命有限，所以生命才珍贵，需要我们倍加珍惜。生死教育是通过对生与死的考量，建立起生与死的内在张力，揭示生命的意义，揭示死亡的意义，提升对生命意义的理解，提升生命和死亡的品质和尊严，从而使人珍爱生命，使有限的生命活出无限的意义。在这个意义上，生死教育是人生终极关怀的教育。

虽然没有任何一个国家的生命教育只讲死亡教育，但很多国家都把死亡教育列为生命教育的重要内容之一。死亡教育在认知上主要为学习者提供各种与死亡相关的信息，并通过帮助其了解这些信息，通过提供实例以及案例谈论，使学生对生命的死亡有个科学的认识。在情感层面，使学生学会如何面对死亡、濒死，学会如何正确处理自己的哀伤情绪。在行为层面，让人们知道什么样的反应是正常的，自己应该如何正确帮助别人控制哀伤的情绪，进行悲伤辅导、临终关怀等。当然，死亡教育还涉及一些重大的生命伦理问题，如自杀、安乐死、器官移植、自然灾害中的死亡，等等。

在美国、英国，死亡教育和“临终关怀与谘商”、“哀伤谘商”已愈见繁荣。美国从幼儿园到大学都逐步开设了这门课程，医院和社会服务机构也有相关座谈会、研习会。其内容包括帮助儿童正确认识死亡、探讨死亡的生理过程、死亡对人的心理影响、自杀的原因及其防止、死的权利、丧葬礼仪与开支、如何应对生活中的不幸事件等相关知识。[①]在英国小学的课堂上，殡葬业人员或护士会教授人死时发生的事，并让学生轮流通过角色替换的方式模拟一旦遇到如父母因车祸身亡等情形时的应对方式，体验一下突然成为孤儿的感觉。台湾把死亡教育归入“人生终极关怀”之中，探讨生死智慧问题。

在中国，受诸多因素的影响，死亡的话题是被国人忌讳的。可喜的是，2018年3月30日，“生命教育与死亡辅导”北京大学清明论坛举行。论坛从人本角度探讨死亡的本质与灵性，旨在为中国当代社会的生死教育、生死观念提供辅导与引领。论坛形成了各界共识：“美好生活不仅在于物质世界的丰富，更在于精神家园的丰赡；不仅在于生的精彩，也在于死的安详，生死两安，生死两悦。”

（三）生命教育的伦理取向

生命有自然生命，也有社会生命，社会生命指向人与人交往的社会性，在规

① 王定功、路日亮：《美国中小学生命教育探析及其启示》，载《中国教育学刊》，2011（1）。

范意义上，伦理是社会生命的灵魂。生命教育自然把伦理教育包括在内，没有伦理，人的生命就混同于动物。因此，一些国家和地区把生命教育与道德、伦理教育相结合，把生命教育作为道德教育的重要内容，如日本；或者把道德教育作为生命教育的重要内容，如我国台湾。

日本于1989年修改的新《教学大纲》中针对青少年自杀、欺侮、杀人、破坏环境、浪费等现象日益严重的现实，明确提出以尊重人的精神和对生命的敬畏之观念来定位道德教育的目标。近年日本流行的“余裕教育”也是生命教育的重要内容之一。“余裕教育”的口号就是“热爱生命，选择坚强”，目的是让青少年通过“余裕教育”认识到生命的美好和重要，使他们能面对并很好地承受挫折，更加热爱生命、珍惜生命。热爱生命是“余裕教育”的重要主题。日本教育专家认为，教育青少年热爱生命至关重要，它能帮助抵制邪教的诱惑，同时使人们在挫折面前变得坚强。

台湾的生命教育伦理取向明显。兴起于20世纪80年代的台湾的生命教育，重点解决的不是西方生命教育所面临的吸毒、艾滋病、暴力的问题，而是随着台湾经济腾飞、物质的富裕，而出现的伦理价值观念模糊、人的精神颓废、亲子关系冷漠、人际关系疏离、社会公平正义不彰，乃至于精神文明衰退等社会问题。在这样的背景下，台湾开始关注和提倡生命教育，希望通过生命教育帮助学生建立正确的人生观、价值观和自我身份认同，追求身心和谐发展与知情行统一的全人教育，进而促进整个社会的良性发展。

台湾最早由晓明女中的伦理学教师开发的生命教育课程带有明显的伦理倾向。（见下表）

台湾晓明女中“生命教育课”的内容

年级	课程主题	单元名称	简　　介
初一	敬畏生命	1. 生命的奥妙 2. 生命的历程 3. 生命的价值	1. 帮助学生认识生命，进而欣赏生命的丰富与可贵。 2. 让学生懂得珍惜生命与尊重生命。 3. 引导学生用爱心经营生命及思考生命的方向。
	做我真好	1. 我是谁 2. 我和你 3. 创造和谐的大我	1. 帮助学生认识自己的独特性，让他们努力去做自己。 2. 引导学生努力从各方面找出真实的自我。 3. 鼓励学生开发潜能，从而建立自尊与自信。
初二	生于忧患	1. 万花筒人生 2. 回首来的路 3. 点燃生命的光与热	1. 引导学生理解痛苦与困难是生命的一部分，且对人是有意义的。 2. 帮助学生明白天灾、人祸是可以避免及预防的。 3. 协助学生运用积极的方法去面对痛苦与失落。
	应变与生存	1. 生命的奇迹 2. 飞扬的青春 3. 海阔天空任翱翔	1. 帮助学生分辨变与不变的道理。 2. 介绍生存教育的内容，提高学生的生活品质。 3. 教育学生爱护生存环境。

（续表）

年级	课程主题	单元名称	简　　介
初三	敬业乐业	1. 乘着梦想的翅膀 2. 万丈高楼平地起 3. 快乐人生，尽在其我	1. 帮助学生在工作中获得人生的意义，使生命得到成长和圆满的发展。 2. 让学生懂得敬业、乐业的重要，并能谨慎择业。 3. 引导学生建立工作神圣的观念。
	信仰与人生	1. 挑战自然之谜 2. 探索信仰之路 3. 迎向开阔人生	1. 引导学生思考信仰与人生的问题。 2. 协助学生辨别信仰与迷信，及认识各大宗教信仰。 3. 帮助学生从信仰角度认识死亡，进而厘清自己的人生方向。
高一	良心的培养	1. 良心写真 2. 失去乐园之后 3. 良心进化的工程	1. 协助学生明白良心是人的特质之一，并清楚良心的来源。 2. 帮助学生认识良心的独立性与良心的功用。 3. 教导学生培养正确的自省方法。
	人活在关系中	1. 亲密一家人 2. 我们这一班 3. 与天地共舞	1. 教育学生认识人类存在的几种基本问题。 2. 帮助学生明白群我关系的重要，并重视人与自然界的关系。 3. 让学生知道要活得好，活得有意义，必须与人群和环境维持良好的关系。

（续表）

年级	课程主题	单元名称	简　　介
高二	能思会辨	1. 我思故我在 2. 伊甸园的迷思 3. 未来梦想家	1. 教导学生躲避思考谬误的隐阱，学习正确的思考。 2. 帮助学生懂得运用伦理中的推理与求证，避免常犯的错误。 3. 明白知识技巧与伦理的关系，并对伦理要素与伦理指南有所认识。
	生死尊严	1. 眺望生命的地平线 2. 走过死阴幽谷 3. 生命吞灭死亡	1. 教育学生懂得死亡的意义，明白器官移植手术与安乐死的争议。 2. 了解临终关怀的意义，进而澄清自己的生命观。 3. 决定自己的人生价值观，并学习充实生命内涵的方法。
高三	社会关怀与社会正义	1. 四海之内皆兄弟 2. 有爱无碍 3. 不信正义唤不回	1. 引导学生思考“小我”与“大我”的关系，并以“彼此获益”的原则来面对两者的冲突。 2. 协助学生找出社会关怀途径，并能具体拟定行动计划。 3. 帮助学生厘清社会正义的内涵，进而发扬人道精神、关心弱势族群。
	全球伦理与宗教	1. 天涯若比邻 2. 把爱还诸天地 3. 从刹那到永恒	1. 引导学生从宗教乱象中了解人的需求与困惑，进而建立正确的信仰态度。 2. 协助学生认识全球伦理，并清楚全球伦理宣言的内容。 3. 帮助学生建立四海一家的观念，能关心每一个地球人。

（四）生命教育的精神取向

台湾的生命教育有一个发展过程。1997年最初提出生命教育，主要是针对物质富裕中的道德沦丧问题，因此，生命教育以伦理道德为取向。21世纪初，台湾由专家全面规划生命教育。台湾大学哲学系孙效智提出的“人生三问”成为设计生命教育的哲学基础。这三问是：人为什么活着？人该怎样活着？人又如何能活出该活出的生命？第一个问题——人为什么活着，探讨的不是事实问题，而是人活着的价值问题，人活着的终极追求和目的是什么？第二个问题——人该怎样活着，探讨的不是生存手段问题，而是人生的道路选择和做人的道理、原则。第三问——人又如何能活出该活出的生命，则是要发掘如何提升灵性，以达知行合一之道。人生三问是每个生命最根本的问题，也是生命教育需要回答的根本问题。依据人生三问，对应形成了生命教育的三大领域：终极关怀与实践、伦理思考与抉择、人格统整与灵性发展，其中，终极关怀与实践领域包括“哲学与人生”“宗教与人生”“生死关怀”三个主题；伦理思考与抉择领域包括“道德思考与抉择”“性爱与婚姻伦理”“生命与科技伦理”三个主题；人格统整与灵性发展领域包括“人格统整与灵性发展”主题。这样，围绕着人生三问，设计了三大领域，七大主题。依据七大主题，2004年，台湾教育行政部门颁布了《普通高级中学生命教育类选修课课程纲要》，规定了高中实施生命教育类选修课的目标、内容等。2006年，台湾将生命教育正式列入高中正式课程中，生命教育概论为必修，哲学与人生、宗教与人生、生死关怀、道德思考与抉择、性爱与婚姻伦理、生命与科技伦理、人格统整与灵性发展等为选修课程。2009年，《普通高级中学生命教育类科课程纲要补充说明》再次阐述高中生命教育的内容。兹将高中生命教育的内容整理如下：

2009年台湾高级中学生命教育内容

科目	主题单元	具体
生命教育概论	了解生命教育的意义、目的与内涵	1. 生命教育兴起的社会背景及在台湾的发展。 2. 探索生命之根本课题并引领学生在生命实践上达到知行合一。内容包括人生观的深化、价值观的内化、知情意行的人格统整与发展。 3. 生命教育探索三个主题：人为什么活着？人该怎样活着？人又如何能活出该活出的生命。 4. 生命教育包含三个向度：终极关怀与实践、伦理思考与抉择、人格统整与灵性发展。

（续表）

科目	主题单元	具体
哲学与人生	哲学的意蕴与功能	1. 说明哲学的字源与定义。 2. 哲学的功能。 3. 哲学探究的范围与方法。
	人生根本的议题	1. 有关人生意义、价值与目的的探求。 2. 有关真理、美善及神圣的向往。 3. 有关人性限度、潜能与修养的课题。
宗教与人生	宗教的缘起	1. 从微观角度探索宗教的个人缘起。 2. 从宏观角度探索宗教的社会缘起。 3. 思考及探索宗教是否超越社会及个人需要的缘起。
	宗教的人文关怀与哲学向度	1. 终极关怀的向度。 2. 终极真实的向度。 3. 终极目标的向度。 4. 终极承诺的向度。
	宗教信仰在个人生命所展现出的价值与意义	思考、探讨与分析宗教信仰在个人生命中的价值与意义。
	科学与迷信的宗教态度	1. 探讨评析宗教信念恰当性的方法。 2. 如何分辨科学与迷信的宗教态度。

（续表）

科目	主题单元	具体
生死关怀	生与死的关系	1. 说明死亡特征。 2. 探讨生与死的相互影响。
	生死关怀的理念与实践	探讨临终关怀的课题。
道德思考与抉择	道德判断的意义与种类	1. 解释何谓道德判断。 2. 探讨道德判断的几种分类方式。
	判断意志与行为的道德善恶时应思考的因素	1. 意志需具备心智成熟度、心智健全度、意志自由度才能成为道德判断的对象。 2. 判断行为的对错。
	道德规范与道德判断的关系	1. 了解人面对道德规范的双重责任：建构与批判。 2. 探讨在一般情形下，道德规范如何指引或辅助道德判断。 3. 探讨道德判断与规范之间能有哪些冲突。 4. 探讨当上述各种冲突发生时，道德主体应如何进行判断。
性爱与婚姻伦理	人性与性的意义	1. 人是身心合一且处在关系中的存有者。 2. 性的意义涉及每个人的具体存在方式，彼此的对待也关联到人类生命的延续。
	性爱的基本原则	人对自己的责任。人对别人的责任。性与爱的关系。
	婚姻的目的及伦理意义	婚姻的目的和意义。

（续表）

科目	主题单元	具体
生命与科技伦理	生命伦理及科技伦理的意义及其重要性	1. 什么是生命及科技伦理学。 2. 探讨生命与科技伦理及其重要性何在。
	生命与科技伦理的基本原则	1. 生命伦理的主要典范。 2. 科技伦理的基本原则。
	探讨人的生命尊严与道德地位	1. 什么是人。 2. 人的生命尊严及其根本的道德地位。
人格统整与灵性发展	人格统整的内涵	1. 说明人格统整的意义。 2. 探索人格不统整的原因。
	灵性发展的内涵	1. 灵性发展的内涵。 2. 灵性发展的重要性。 3. 灵性发展与人格统整交互作用。
	迈向知行合一与灵性发展的途径	1. 说明与探讨灵性发展中炼净、明悟与合一之道。 2. 慈悲与智慧的提升。

资料来源：张璐璐：《台湾中小学生命教育的探析及其启示》，载《现代教育科学·普教研究》，2015（2）。

虽然台湾生命教育倡导的是“具全人之周延性”，但从其三大领域和七个科目看，涵盖哲学、伦理、生死、宗教与人格统整等议题，生命教育主要由品格教育、伦理教育和灵性教育构成，品格教育关注人生观和价值观；伦理教育关注真善美以及如何追求真善美；灵性教育关注生命存在的意义，寻求生命的终极价值。台湾生命教育致力于培养学生的灵性、道德、社会和文化的发展。因此，台湾现阶段的生命教育属于精神取向的生命教育。

（五）生命教育的社会取向（公民取向）

社会生命是生命的重要一维。马克思把人的本质定位为社会关系的总和，可见，社会在人的生命中的重要地位。人是社会关系的总和，人在社会关系中，就是要处理好个人与他人的关系，个人与社会的关系。在个人与他人的关系中，主要是学会交往，学会处理人际关系，避免人际冲突。人与社会的关系，包括人与集体、国家、民族的关系等，处理人与社会的关系，就是要使个体适应和认同社会，成为社会的一员、国家的合格公民。

生命教育的社会取向，在个人的层面表现为学会交往，学会处理人际关系，学会共同生活；在社会层面上就是培养成为国家的公民。英国的生命教育，其公民教育的取向比较明显。英国的生命教育突出全人培养与全人关怀，以发展学生的灵性、道德、文化和社会责任感为目标，在推进过程中，英国生命教育形成了主辅结合的课程体系，即以公民教育课程为核心，并辅以个人、社会和健康教育课程。[①]公民教育是英国生命教育的主体，个人、社会与健康教育是有益补充。生命教育把个人、社会和健康教育与公民教育相结合，使个体生命不只停留在健康层面，而是以促进学生个体生命和社会品质的完善发展为目的。

这里以英国Collins公司出版的《Your Life教师手册》为例，该手册把生命教育分为“了解自己”“保持健康”“人际关系的发展”“发展成为一个公民”四个单元。

英国Collins出版社的生命教育课程（7—9年级）单元主题内容

个人/社会和健康教育——公民教育					
	了解自己	保持健康	人际关系的发展		发展成为一个公民
Your Life 1	1.你和你的感受：焦虑不安； 2.你和你的时间：管理你的时间； 3.你和你的金钱：零用钱、预算与储蓄； 4.你和你的成绩：检视你的进度。	1.你和你的身体：成长与变化； 2.你和你的身体：吸烟； 3.你和你的身体：饮食与运动； 4.你和你的身体：毒品与吸毒。	1.你和你的家庭：家庭相处之道； 2.你和他人：欺凌； 3.你和你的责任：信仰、风俗习惯与节日； 4.你和他人：残障朋友。	1.你和法律：儿童权利； 2.你和社区：敦亲睦邻； 3.身为英国政府公民的你； 4.你和媒体：电视的影响力。	1.你和你的意见：如何表达你的观点； 2.你和你的价值观：对与错； 3.你和全球议题：资源浪费与回收； 4.你和社区：为慈善募捐行动。

① 王定功：《英国青少年生命教育探析及启示》，载《中国教育学刊》，2013（9）。

个人/社会和健康教育——公民教育					
Your Life 2	1.你和你的感受：你的自尊； 2.你和你的时间：善用休闲时间； 3.你和你的金钱：赌博； 4.你和你的成绩：检视你的进度。	1.你和你的身体：喝酒； 2.你和你的身体：避孕与安全性行为； 3.你和你的安全：居家与街头巷尾； 4.你和你的身体：毒品与吸毒。	1.你和你的家庭：家庭关系破裂； 2.你和他人：朋友与相处之道； 3.你和你的责任：不同的文化与生活形态； 4.你和他人：老年关怀。	1.你和法律：警察； 2.你和社区：学校即社区； 3.身为欧盟公民的你； 4.你和媒体：广告的影响力。	1.你和你的意见：说出你的想法； 2.你和你的价值观：你的观点为何? 3.你和全球议题：食物与水； 4.你和社区：为地方环境行动。
Your Life 3	1.你和你的感受：面对失落感； 2.你和你的决定：如何做决定； 3.你和你的金钱：银行业务与储蓄； 4.你和你的成绩：检视你的进度。	1.你和你的身体：青春期； 2.你和你的身体：安全性行为与艾滋病； 3.你和你的身体：不当饮食； 4.你和你的身体：毒品与吸毒。	1.你和你的家庭：成为成年人； 2.你和他人：自我肯定的态度； 3.你和你的责任：容忍、偏见与种族歧视； 4.你和他人：精神疾病患者。	1.你和法律：犯罪与刑罚； 2.你和社区：地方政府与地方组织； 3.身为全球公民的你； 4.你和媒体：舆论的影响力。	1.你和你的意见：你支持哪个政党? 2.你和你的价值观：人权议题； 3.你和全球议题：贫穷； 4.你和社区：压力团体与阵营。

三、生命教育课程的完整取向

生命教育的不同取向，多是因为不同时期生命发展面临的问题而出现，是为了矫正、治疗生命问题，推动生命的健康发展。这样的生命教育，适合一部分人，适合一时的问题，也是一时的教育。因为并不是所有人的生命都有问题，也并非任何时候生命的发展都有同样的问题。生命教育要面向每一个人，成为人生持续发展的教育，即就需要由强调某个方面转变为强调生命的全面发展。生命教育的完整，是从人的生命发展需要出发，从对人生的思考出发，整体设计生命教育，生命教育成为全人、全人生的教育。

生命教育的完整取向，也有不同的理解。这里结合课程开发介绍几种取向及其不同的课程内容。

（一）“四大关系”的生命教育课程

从生命关系入手，设计完整的生命教育课程，是台湾生命教育的一种取向，也得到了大陆的较大认同。台湾学者认为，人活在天、人、物、我的关系中。生命教育就个体本身而言，是关乎全人的教育，目的在于促进个人生理、心理、社会、灵性全面均衡的发展。就个体与外界的关系而言，是关乎与他人、与自然万物、与天（宇宙）之间如何相处互动。[①]生命教育以个体的生命为着眼点，由己推人，由人推自然界，实现人与人、人与社会、人与自然的和谐发展。

围绕着促进个体的生理、心理、社会和灵性发展，从个体生命的关系入手，生命教育确立了四个方面的内容：

1. 生命与自我关系的教育，即知己的教育。了解生命的起源和个体生命的孕育以及生命中的各种生理和心理现象；认识生命的特性和发展规律；认识两性差异；学会自我情绪的表达与调控；了解个体身心发展的规律，掌握促进身心健康的方法；掌握日常生活中的技能，学会保护自己，形成良好的生活方式和行为习惯，并能规划自己的人生，实现自己的人生价值。

2. 人与他人、社会的关系，即知人的教育。充分认识个体生命的共在性和社会性，学会人与人之间要和谐相处，学会关心、学会合作、学会尊重、学会沟通；同情弱小，积极面对人际冲突，树立宽容意识；尊重人与人之间的差异，发展健康的人际关系；学会处理个人与集体的关系，遵守所在群体、社会的制度和规范，具有社会公德和社会正义感，做一个有爱心、负责任的家庭成员、社区居民、国家公民和人类的一员。

---

① 吴庶深：《心灵教育：生命教育的核心概念》，香港教育学院宗教教育与心灵教育中心，2008，第6页。

3. 人与自然的关系，即知物的教育。了解人与自然的关系以及人的自然性一面；引导学生认识到每个生命体都有存在的权利，尊重生命的多样性；爱护环境，善待自然，建立生命共同体；维持自然生态平衡，形成健康的消费观念和绿色的生活方式。

4. 人与宇宙的关系，即知天的教育。让学生了解世界的伦理，关心人类的生存危机，树立地球村的观念，实现全方位生命的意义。探索人类存在的意义和价值，思考死亡的意义，关心人类面临的危机，促进万物和谐发展，达到天人合一的境界。

从生命教育的四个关系入手构建生命教育的内容体系，为国内较为广泛地采用。一些省市出台的生命教育的指导文件，大部分采用了这一逻辑。如《上海市生命教育指导纲要（试行）》就规定生命教育的目标是：着眼于全体学生的身心和谐发展，为学生的终身幸福奠定基础；着眼于学生个性的健康发展，为提升学生的生存能力和生命质量奠定基础；着眼于增强学生在自然和社会中的实践体验，为营造健康和谐的生命环境奠定基础。引导学生热爱生命，建立生命与自我、生命与自然、生命与社会的和谐关系，学会关心自我、关心他人、关心自然、关心社会，提高生命质量，理解生命的意义和价值。其中，明确提出生命教育要处理的四种和谐关系：生命与自我、生命与他人、生命与社会、生命与自然。提出了生命教育的四大主题：（1）生命安全：身体安全、性安全、环境安全；（2）生命健康：身体健康、心理健康、性健康、生活方式健康；（3）生命情感与态度：生命唯一性、珍惜自己生命、关爱他人、热爱自然、对生命的敬畏感；（4）生命价值与意义：积极的人生态度、规划美好人生、生死观。

中国青年出版社出版了大陆地区第一套《生命教育》系列教材，教材共分9册，授课对象为小学一年级至初中三年级学生，分为“人与自己”“人与他人”“人与环境”“人与宇宙”四大模块，体现了生命教育的核心内容。

（二）“三生教育”的课程

“三生教育”是云南省提出的生命教育理念，分别指生命教育、生存教育和生活教育。云南省在《关于实施生命教育 生存教育 生活教育的决定》中指出，“三生教育”就是要通过教育的力量，使受教育者树立正确的生命观、生存观、生活观。其中，生命教育是帮助学生认识生命、尊重生命、珍爱生命，促进学生主动、积极、健康地发展生命，提升生命质量，实现生命的意义和价值的教育；生存教育是帮助学生学习生存知识，掌握生存技能，保护生存环境，强化生存意志，把握生存规律，提高生存的适应能力和创造能力，树立正确生存观念的教育；生活教育是帮助学生了解生活常识，掌握生活技能，实践生活过程，获得生活体验，树立正确生活观念，确立正确的生活目标，养成良好生活习惯，追求个人、家庭、团体、民族和人类幸福生活的教育。上述目标可以概括为三句话：珍爱生命、学会生存和热爱生活。

三生教育，同样解决的是人生三问：人为什么活着（想活）？人怎样才能活着（能活）？人该如何活出生命的意义（活得有价值）。这三个问题各自有其独立的内涵，却也彼此环环相扣，共同构成了完整的人生思考。

生命教育的主要内容是认识生命、尊重生命、珍爱生命和发展生命。认识生命是前提，尊重生命是基础，珍爱生命是关键，发展生命是目的。要让学生认识人类自然生命、精神生命和社会生命的存在和发展规律，认识个体的自我生命和他人的生命，认识生命的生老病死过程，认识自然界其他物种的生命存在和发展规律，最终树立正确的生命观，领悟生命的价值和意义。要以个体的生命为着眼点，在与自我、他人、自然建立和谐关系的过程中，促进生命的和谐发展。

生存教育的主要内容是使学生认识生存及提高生存能力的意义，把握生存规律，提升生存适应能力和创造能力，强化生存意志，树立人与自然、社会和谐发展的正确生存观。通过生存教育，要帮助学生学习生存的有效知识和技能，学会判断和选择正确的生存方式，学会应对生存危机和摆脱生存困境，善待生存挫折，形成一定的劳动能力，能够合法、高效和较好地解决安身立命的问题。

生活教育的主要内容是使学生认识生活的意义，热爱生活，幸福生活，树立正确的生活观。要使学生理解生命的终极意义就是追求幸福生活。要帮助学生树立为个人、家庭、国家和人类的幸福生活而努力奋斗的理想。要让学生理解生活是由物质生活和精神生活、个人生活和社会生活、职业生活和公共生活等组成的复合体。要让学生了解生活常识，学习生活技能，提高生活能力。要培养学生的良好品德和行为习惯，培养学生的爱心和感恩之心，培养学生的社会责任感。要帮助学生形成立足现实、着眼未来的生活追求。要教育学生学会正确的生活比较和生活选择，理解生活的真谛，能够处理好收入与消费、学习与休闲、工作与生活的关系。

生命教育是定向的教育，引导学生思考“人为何而生”；生存教育是“成器”的教育，给学生“何以为生”的本领；生活教育是境界的教育，引导学生活出生命的意义和风采。生命教育、生存教育、生活教育三者之间互为条件、密不可分、相辅相成。生命教育是前提、是根本，生存教育是基础、是关键，生活教育是方向、是目标，它们共同完成了对全人生的指导。在这个意义上，“三生教育”是一种全人的教育。

（三）“新生命教育”课程

新生命教育是朱永新领导的新教育实验的组成部分，是新教育视野下的生命教育，它以“过一种幸福完整的教育生活”为核心理念，围绕人的自然生命、社会生命和精神生命展开，旨在引导学生珍爱生命，积极生活，幸福人生，拓展生命的长度、宽度和高度，从而让每个生命成为最好的自己。

新生命教育课程由新教育研究院新生命教育研究所朱永新、冯建军、袁卫星、卢锋等研发。新生命教育课程基于完整生命发展的需要，以引导学生珍爱生命、积极生活和成就人生为目标，以儿童的生活为基础，按照“生命—目标—领域—专题”组建课程体系。

三重生命是：自然生命、社会生命、精神生命

三重目标是：珍爱生命、积极生活、成就人生

六个领域是：

自然生命（珍爱生命）

生命与安全

生命与健康

社会生命（积极生活）

生命与养成

生命与交往

精神生命（成就人生）

生命与生涯

生命与信仰

各领域包括的具体内容是：

1.“安全与健康”领域

“安全与健康”领域，主要包括居家安全、校园安全、社会安全、身体健康、心理健康、两性健康6个模块。

居家安全方面，应让学生在了解居家安全常识外，重点掌握居家如何防电防火、防盗防抢，以及应对突发事件及确保上网安全。

校园安全方面，应让学生在了解校园安全常识外，重点掌握在校如何确保游戏和运动安全，防止和应对校园暴力、疾病传染及其他意外。

社会安全方面，应让学生在了解社会安全常识外，重点掌握交通安全、野外安全，学会应对自然灾害、暴力恐怖。

身体健康方面，应让学生在了解身体器官、生长发育、疾病危害等基础上，重点掌握营养、运动、治疗等对健康的作用。

心理健康方面，应让学生在了解情绪、性格、压力等基础上，重点掌握情绪管理、环境适应、压力缓解等方法。

两性健康方面，应让学生在了解生命孕育、两性区别、青春发育等基础上，重点掌握正常异性交往、应对异性骚扰、防止两性行为等方法。

2.“养成与交往”领域

“养成与交往”领域，主要包括习惯养成、社会交往、与自然相处3个模块。

习惯养成涉及学习、生活和文明习惯。学习习惯方面，应让学生在尊重教师、认真学习的基础上，学会独立思考、合作探究。生活习惯方面，应让学生养成卫生习惯、锻炼习惯、劳动习惯，并学会自我管理。文明习惯方面，应让学生在认识文明行为的基础上，学会礼貌用语、社交礼仪。

社会交往涉及与父母的沟通、结交朋友和社会公共交往等。与父母沟通方面，应让学生在了解生命诞生、父母养育的基础上，学会理解尊重，懂得孝敬父母，承担家庭责任。结交朋友方面，应让学生在了解集体生活、社区生活、公共生活的基础上，掌握选择良师益友、应对同辈压力、避免人际冲突、提升社交能力的方法。社会交往方面，让学生在了解集体生活、社区生活、公共生活的基础上，积极参与公共生活，遵守公共规则，关心他人，热爱公益事业。

在与自然相处方面，应让学生在了解生命现象、认识自然的基础上，不破坏自然环境，保护生态环境，学会绿色生活，节约能源，与大自然和谐相处，实现天人合一。

3.“生涯与信仰”领域

“生涯与信仰”领域包括生涯规划、价值信仰、生死智慧”3个模块。

生涯规划方面，应让学生在培养兴趣爱好、发展兴趣特长的基础上，培养职业素养，提升职业能力，做好生涯规划；应让学生发挥自我的潜能和积极因素，弥补短处和不足，选择最有效的成长途径，各得其所地获得最大限度的个体发展。

价值信仰方面，应让学生在追求真善美的基础上，学会做出负责任的决定；让学生拥有一个崇高的精神生活空间，为他勇敢地生活下去提供勇气，提供必需的精神支柱和行动指南。

生死智慧方面，应让学生在了解生命由来、生命成长、生命归宿的基础上，了解死亡现象，懂得临终关怀，学会向死而生，并在理解生命的意义与价值的基础上，成就人生。

六大领域、12个模块构成新生命教育课程的基本架构，在这样一个基本架构中，结合不同年龄阶段（小学低年段、高年段，初中和高中）学生生命发展的特点，根据该阶段学生生命发展的需要和生命成长中面临的问题，设计不同阶段生命教育的主题。生命教育主题整体上呈现螺旋上升的趋势，满足不同学段学生的生命发展的需求，并形成相互联系、循环递进的螺旋系统。

新生命教育具体主题分年段呈现如下：

“安全与健康”领域

年段			居家安全	校园安全	社会安全	身体健康	心理健康	两性健康
小学	低年段	一	我有火眼金睛	会说话的标识	交通安全我最棒	了不起的身体	我是班级小主人	男生女生有不同
		二	宠物有时也伤人	课间活动不打闹	出门在外防走丢	爱护我的身体	我有好多角色	男生女生握个手
		三	使用电器莫大意	游戏好玩需谨慎	乘车出行讲安全	吃出营养来	我有两个“自己”	不要随便碰我
	高年段	四	当陌生人来敲门	防范校园踩踏	会“吃人”的水	吃出健康来	我能控制我自己	男生女生都精彩
		五	我要吃得更安全	学会运动保护	我能安全乘电梯	学会预防疾病	懂得悦纳自我	了解青春发育
		六	远离家庭暴力	防范校园欺凌	求助他人我能行	学会安全用药	解决情绪问题	我有异性好友
初中		一	学会火灾逃生	避免运动伤害	畅游网络世界	科学锻炼身体	学会适应环境	克服青春烦恼
		二	防盗防骗记心间	应对疾病传染	拒绝不良诱惑	拒绝烟酒危害	直面困难挫折	正确两性交往
		三	应对地震来袭	注意实验安全	学会见义智为	远离毒品诱惑	培养独立能力	构筑青春防线
高中		一	——	确保住宿安全	学会紧急避险 学会应急救护	制订健康计划	认识自我性格	认识纯真爱情
		二	——	保护财物安全	防范野外危险 学会野外生存	学会健康生活	自信自爱自尊	呵护美丽青春
		三	——	关注舆论安全	远离非法组织 应对暴力恐怖	走出美丽误区	学会压力管理	理解婚姻家庭

“养成与交往”领域

年段			习惯养成	社会交往	与自然相处
小学	低年段	一	我的学习好伙伴	把爱说出来	我和动物做朋友
		二	我有卫生好习惯	我为别人点个赞	我和植物做邻居
		三	学会礼貌用语	说声“对不起”	自然奥秘无极限
	高年段	四	我爱运动	众人划桨开大船	我为垃圾找个“家”
		五	学会自主学习	做一名志愿者	绿色地球是我家
		六	养成文明举止	学会团结协作	懂得敬畏自然
初中		一	优化学习方法	善为家庭分担	享受山水之美
		二	乐享闲暇时光	学会同龄相伴	让城市更美好
		三	学会艺术生活	关爱弱势群体	参与环保维权
高中		一	发展思维能力	承担家庭责任	珍惜自然遗产
		二	学会科学理财	参与社团活动	人类只有一个地球
		三	提升审美情趣	热心公益活动	追求天人合一

“生涯与信仰”领域

年段			生涯规划	价值信仰	生死智慧
小学	低年段	一	我为自己点个赞	我有一颗善良的心	我从哪里来
		二	兴趣爱好伴成长	我与诚信同行	人生四季都精彩
		三	学习身边好榜样	困难我不怕	生老病死是规律
	高年段	四	多彩的职业世界	我有美丽心灵	独一无二的我
		五	我的潜能无限大	正确认识财富	了解生命基因
		六	了解我们的性格	肯定自我价值	挫折助我成长

（续表）

年段		生涯规划	价值信仰	生死智慧
初中	一	认识七彩人生	拥有友善之举	懂得敬畏生命
	二	参加职业体验	明辨是非善恶	懂得悦纳生命
	三	我会管理自己	追寻价值人生	学会临终关怀
高中	一	我的职业兴趣	学会团队合作	懂得生命权利
	二	了解大学专业	启发道德思考	活出生命精彩
	三	规划美好人生	走向知行合一	懂得向死而生

根据上述生命教育的六大领域，朱永新、冯建军、袁卫星、卢锋等带领团队制定了《新生命教育指导纲要》，开发了小学到高中22册《新生命教育》教材。

当然，生命教育不只是专设课程一种形式，还可以设计专题课程，诸如生命叙事课程、生死课程、生日课程、生命影视课程等，也可以将生命教育渗透在中小学的其他学科课程之中，还可以开展主题活动，诸如健康教育、安全教育、艾滋病预防与红十字教育、欺凌与暴力预防等，以此使新生命教育课程更为丰富完整。

第六章

生命教育的教学与评价

生命教育作为一门专设课程，必须通过教学来实施，本章探索生命教育课程的教学与评价方法。

一、生命教育的教学方法

生命教育是一种动态的、开放的、生成性的教育。我们在进行生命教育时，必然要通过一定的方法才能实现，离开了方法，任何设计完美的生命教育课程都无从谈起。可以说，生命教育课程的成效、质量直接取决于生命教育教学方法是否得当。所以，教师在教学中必须要秉持“理性兼感性，理论结合经验”的理念，采用较生动活泼的教学方法，使学生在愉快的气氛中接受生命教育。这里，我们重点介绍以下几种生命教育常用的教学方法。

（一）讲述法

讲述法，顾名思义，是以教师的教授活动为主的教学方法，指教师通过简明、生动的口头语言向学生叙述事实材料，或描绘所讲对象。运用于生命教育中，则主要适用于与生命相关的基础知识的传授，如人类的起源、生命的诞生、男女性别等知识性生命教育话题。一般而言，讲述法属于较传统的教学法，其优点是在理论的阐述中可以让学生对所学知识有系统的认知。但讲述法的主要缺点是仅教师向学生讲述，以单向沟通的形式呈现，如果运用不好，学生学习的主动性、积极性不高，往往出现教师满堂灌、学生被动接受的局面。所以，教师采用讲述法进行生命教育教学时，为提升学生的学习兴趣及效率，教师可配合教学媒体进行教学，如使用投影仪、幻灯片及影片等，并配合问答、讨论等方式提高学生的参与以及增加师生彼此之间的互动。另外，教师也可利用日常储备的生活经典案例或动人故事，并结合理论进行讲述，尤其是教师可以结合自己的生活经验进行讲述，这样不但显得贴切生动，而且更能发挥言传身教的作用。在当代生命教学中，绘本教学的运用，也可以被看成是一种有趣的讲述法。

运用讲述法的基本要求有：

1. 讲述的知识内容要具有科学性、系统性、思想性，既要突出重点、难点，也要系统、全面。

2. 讲述要具有启发性。根据生命教育课程内容，创设一定的教学情境，引导学生分析和思考问题，使他们能够自觉地领悟知识。

3. 要讲究语言艺术。语言不仅要生动、形象、富有感染力，而且要清晰、准确、简练、条理清楚、通俗易懂，音量、语速都要适度，语调要抑扬顿挫。

（二）讨论法

讨论法属于多向沟通教学，是指在教师的指导下，学生以全班或小组为单位，就某一主题或日常生活中所发生的事情进行讨论或辩论，各抒己见，获得新知识或巩固旧知识的一种教学方法。我国《学记》就曾指出“独学而无友，则孤陋而寡闻”，所以，讨论法有助于培养学生的合作精神，有助于加深学生对学习内容的理解、激发学习兴趣、提高学习情绪。例如“人应该如何生活”的讨论、“人是否有自杀的权利”的讨论，等等；另外，也可以请学生事先进行阅读书本或观赏影片等准备工作，然后以小组方式进行讨论，再在课堂上报告及讨论，如观赏《泰坦尼克号》，就生命、爱情等话题进行讨论。目前，讨论法已成为生命教育课堂中常见的方法之一。

运用讨论法的基本要求有：

1. 讨论的问题要有吸引力。讨论前教师要列出讨论题目，提出讨论要求。

2. 讨论时，教师要善于引导启发学生自由发表意见。保证每位同学都有发言的机会；鼓励学生坚持自己观点的同时，也不能固守己见，要善于接受别人的见解；教师也要阻止学生在讨论过程中形成错误的认知。

3. 讨论结束时，教师要做好总结工作，概括讨论的情况，进一步提出需要研究或思考的问题，鼓励学生进行自主探究。

附：讨论法教学案例：

该不该搭鸟窝？

“冬天来了，天气渐渐变冷了，有人都已经换上了冬装。兔子、小猫、家里的小鸟都有自己温暖的窝，外面的小鸟有自己的窝吗？我们学校的鸟儿很少，要是鸟儿能在我们学校安家，我们天天能听到小鸟的叫声，那该多好啊！”三（1）班胖乎乎的詹田想。一天中午，她看见赵笛、刁姝尹，就约她们一起到学校围墙边的一棵倾斜的树上搭一个鸟窝。赵笛、刁姝尹找来干草，詹田找来有黏性的泥，不一会儿，一个温暖的鸟窝搭好了。

星期五下午，我照常去三（1）班上品德与社会课。起立之后，我正准备导入新课——《邻里之间》，突然，蔡宁宁同学走到讲台旁，打断了我的导入，涨红着脸说：“刚才我们班有同学捅鸟窝……”我想，蔡宁宁很有环保意识，就问全班同学：“是谁捅鸟窝？”“是林润龙。”于是，同学们纷纷谴责林润龙。同学们迫不及待地介绍说：“詹田和赵笛在学校快乐体育园的旁边搭了一个鸟窝。”这时，我才注意到，詹田和赵笛不在教室。同学们马上告诉我，她俩去搭鸟窝了。按照常理，搭鸟窝而不来上课，应该批评，但我转念一想：她们能在冬天为鸟儿着想，真了不起。正在这时，两人搭完鸟窝回到了教室。我又当着全班同学的面表扬了她们，教室里响起了热烈的掌声。

然而，这时，朱天宇同学把手举得笔直，看得出他有重要事情要说。我给了他这个表达的机会，没想到他十分认真地说：“鸟儿是不需要我们给它搭窝的。如果人类给鸟搭窝，鸟就会变懒，慢慢地就会失去生存的本领……”听了他的意见，我睁大了眼睛，然后又觉得很有道理。可是，那些主张搭鸟窝的同学又不服气：“应该搭鸟窝，搭鸟窝是爱护鸟类，保护环境！”三（1）班的同学向来思维敏捷，看来，一场争辩在所难免。

这时，我想，学生搭鸟窝，这不是宝贵的课程资源吗？如果让学生辩论该不该搭鸟窝，可以趁热打铁，对学生进行生态教育，明辨是非。于是，我决定把品德与社会课改成以“该不该搭鸟窝”为主题的辩论课。我让全班学生自愿分成“主张搭鸟窝”的正方和“反对搭鸟窝”的反方，并让双方各出五名主辩手上台辩论，其他同学可以在台下发表意见。

首先，赵笛代表正方发表观点：“冬天来了，我们都有温暖的家，连虫子都有一个温暖的小窝。可是鸟儿没有温暖的家。没有窝的话，小鸟会冻死的。再说，搭个鸟窝可以让鸟儿在窝里收藏食物，免得在冬天挨饿。一天早上，我发现鸟儿在树上乱跳，我想它们应该是冷了吧！”

可是，反方同学却不以为然，罗宇轩说：“我认为不应该搭鸟窝，因为小鸟有一定的生存能力，冬天之前它们已经搭好鸟窝了。再说，小鸟又不是神仙，它们怎么知道，今天它们不用搭窝，赵笛、詹田给它们搭好了。”

姚诗韵振振有词地反驳说：“赵笛不是发现小鸟在树上乱跳了吗？很有可能说明它们没有搭好窝，没有窝小鸟就会冻死的。假如说小鸟有窝，万一鸟窝被大风吹走或被我班林润龙这样的顽皮孩子捅破了，怎么办？假如有的鸟要生孩子了，但一下子找不到窝，怎么办？”

这时，捅鸟窝的林润龙抢过麦克风说：“我觉得鸟应该在春天、夏天，最迟秋天就把窝搭好了。这样，到冬天天气冷的时候，它就可以舒舒服服地在窝里过冬了。所以，我觉得好玩，就去捅赵笛她们建好的鸟窝了。”

詹田急不可待地说：“不是这样的。我们把鸟窝搭好以后，明明看到小鸟从我们给它们搭的窝里飞起来。说明小鸟真的是在我们给它们搭的窝里住过，说明鸟儿需要我们给它们搭窝的！”

朱天宇非常认真地说：“鸟天生具有搭窝的本领，这是它们的生存能力。再说天空这么广阔，鸟怎么知道有人在我们学校的围墙边的树上为它搭好了窝，它又没有千里眼。”

徐鹤鸣不急不忙地说：“我倒觉得她们不应该在围墙边的小榕树上搭鸟窝。因为围墙外有许多建筑工人在盖楼房，噪声大，灰尘多，鸟儿感觉不安全。再说她们把鸟窝搭在低矮的小榕树上，小孩子很容易爬上围墙把鸟窝打下去。”

时间过得很快，眼看到了下课时间。那么，到底该不该搭鸟窝呢？我没有做出结论，只是表扬了开动脑筋参加辩论的同学。我说：“请同学们回家通过各种方法继续研究这个问题，好吗?”“好!”同学们带着问题下了课。

案例分析：面对“意外”，刘老师敏锐地抓住了教育契机，临时改变原定教学计划，引导学生就“该不该搭鸟窝”进行辩论。从刘老师的讲述中我们能够感受到，在辩论的过程中，学生的思维发生了碰撞，对人与自然的认知进一步得到了升华，体现了生命教育的价值与意义。

（三）体验教学法

“体验，是人的生存方式，也是人追求生命意义的方式”。[①]所谓体验教学法主要是指，在生命教育过程中，教师指导学生通过亲身体验的方式对某一事物所进行的主观感受的一种方法。如用嘴或用脚画画，让学生有亲身体验的经验，才能感同身受，领悟残障人士生活的不便与艰辛。

角色扮演是体验教学法常用的方式之一。角色扮演主要是为了让学生有不同的角色体验，能设身处地为别人着想。例如跛脚和盲人的走路、怀孕妈妈的辛苦、顾客的纠纷处理、病情告知的难题等。其实，采用体验教学法，主要是为了学生能够真实地感受扮演角色，突破简单的认知层面，学会换位思考，尤其是培养学生的同情心及着眼于他人、关心他人的情感，达到知、情、意、行合一。

附：体验教学法案例

善待不完美

湖北潜江市总口中学的柯爱红老师曾对五年级的学生设计了“善待不完美”的生命教育课。

第一步是“体验艰辛，懂得善待”。她把学生分为四个小组，让他们分别去社区、残联、网上、特殊学校里观察及调查，然后每一个小组都进行汇报，分享所见所闻。随后进行角色体验，让学生想象或模拟自己是一个残疾人该怎么办。比如：讲台前放四桶水，让四位同学假设没有手考虑如何去把水桶提起来；也可以让学生体验双目失明的滋味，等等。最后，老师总结道：“课外到课内的体验让我深深感受到了残疾人生活的困难与艰辛，这是我们要理解的。”

① 朱小蔓著:《情感教育论纲》，南京出版社，1993，第150页。

第二步是“赞美顽强，学会欣赏”。在教室内用多媒体播放残疾人自强不息的画面，如霍金、海伦·凯勒、贝多芬、张海迪等，然后让学生举一反三，列出自己生活中所观察到的自强不息的残疾人的故事，并互相交换看法。最后播放《千手观音》，学生们由衷地赞叹道：“他们身体残疾，却用自强不息的精神、坚持不懈的努力，创造了不可思议的奇迹。虽然他们身体不完美，但他们创造了完美。”

第三步是“拓展延伸，情感升华”。多媒体展示社会对残疾人的关心和爱护的种种举动，如设立残疾人学校，开通无障碍通道，完善残奥会、特奥会设施，等等。老师讲授：“善待不完美，不仅是我们这堂课的主题，也是全世界永恒的‘爱’的主题。”同时播放歌曲《让世界充满爱》，学生们则手拉手齐唱。

老师最后总结：“同学们，不完美的生命需要我们善待，我们的生命更需要我们珍爱。让我们敬重生命，让我们共同享受生命的精彩。”

案例分析：柯爱红老师的这堂“善待不完美”的生命教育实践课有效地实现了这堂课的两个教学目标：一是引导学生体谅、尊重、关爱生命的不完美；二是欣赏残疾人用顽强毅力做出的惊人创举，激发学生敬重生命的情感，提升学生的生命品质。在本次授课过程中，柯老师首先运用了体验教学法，激发了学生的情感共鸣，为之后的两步教学奠定了坚实的基础，进而取得了良好效果，学生获得了爱惜生命、敬重生命的认识和情感。

（四）实作教学法

所谓实作教学法，也被称为实践教学法，是指就某一问题，教师指导学生实地去做的一种教学方法。在现行三维目标（知识与技能、过程与方法、情感态度与价值观）中，技能部分常以实作教学法来落实。在生命教育课程中，掌握生命安全、生存和生活的技能等都需要运用实作教学法。这种教学方法与前面提到的体验教学法都属于实践，但两者是有区别的，例如：用脚夹笔画画，并不是为了培养某项技能，而是鼓励学生去体验用脚画画的感受，并进一步去体验健康身体的重要性和肢残人士生活的艰辛等。而像腹式呼吸练习这种教学活动则属于实作教学法，在知识层面教师要告诉学生腹式呼吸的好处、如何做，在实践层面上，教师要真正带领学生做，并从旁纠正，学生做好腹式呼吸的同时，也能体验其功效。

附：实作教学法案例

预立遗嘱

“如果生命只剩三个月，你最想对爱你的人、你爱的人说些什么呢？你的身后事应该如何处理呢？你心爱的那些东西该怎么办呢？”围绕这一话题，台湾一位生死教育学课程教师鼓励学生独立完成“预立遗嘱”学习任务，在期末时上交一份有亲属签名，并用信封装好的“遗书”。

下面是这位教师“预立遗嘱”的教学过程。

一、前期准备：在要求学生正式开始“写遗嘱”前，教师先进行“为何及如何预立遗嘱”的讲解，内容主要涉及善生善终的理念、预立遗嘱与遗嘱的区别、预立遗嘱的类别等。

二、实作教学：在做好相应准备后，教师建议学生在一个安静的早上，找一个安静的可以独处的地方，好好地完成一份“遗嘱”，并建议学生不要在晚上写，因为通常预立遗嘱时，情绪会有所波动，会影响学生睡眠。

三、学生心得分享：在学生上交预立遗嘱之后，教师鼓励学生将预立遗嘱拿给父母看，并向大家描述父母阅读之后的反应。随后，教师组织学生就本次预立遗嘱学习进行了心得分享。

下面是这位教师的教学分享：

1．刚开始有些学生对此项学习任务有些害怕，但随着上课次数的增加，对生死问题的深入讨论，大多数学生已能坦然接受。其间，有位学生说：“实在写不出来”，这时我允许这位学生以读书报告代替，没想到期末时这位学生竟然写了满满5大张“遗嘱”，并说：“老师，我是一边流眼泪，一边写的。”据统计，班上85%的学生预立遗嘱时都流过眼泪，可见，学生们是真正在写遗嘱。如果写遗嘱时没有眼泪，那么这位学生只是在写作业。

2．学生的遗嘱，有的规规矩矩地装在信封中；有的是用毛笔写在宣纸上，用棉纸包好，再用红缎带系上；有的装在锦盒中或玻璃瓶中；有的将之刻成光碟，还附上许多照片……真的是五花八门，颇富巧思，赏心悦目。

3．告诉学生，如果敢将预立遗嘱拿给父母看的，将获得一份神秘小礼物，但不必勉强。这也很意外地收到了许多意想不到的效果：

A：“老师，都是你啦，我给爸爸看预立遗嘱，爸爸把它撕掉了，还骂了我一顿。”

B：“老师，妈妈说预立遗嘱是个很不错的想法，但是别人可以写，我不可以写。”

C：“爸、妈，我给你们看一样东西，但先说好，不准生气。”

“你是不是哪一科挂掉了，要签名?”爸爸问道。

但爸爸看完后，眼角有泪，妈妈则一言不发地走了出去，不一会儿拿了一张纸进来，原来这是妈妈的预立遗嘱，这时爸爸也去书房拿了一张纸进来。原来我们一家三口都预立了遗嘱，只是没有沟通。大家交互阅读，泪眼相望，一家人的感情更加凝聚了！

4．有关学生预立遗嘱的心得分享如下：

学生一：老师让我们预立遗嘱，在写的过程中，我回忆了许多事，也对“生命”这一话题进行了深入思考，写完后，我发现自己更爱我的家人，更懂得珍惜他们了，在不知不觉中，我也发现家庭气氛变好了，每个人都会用自己的方式表达爱了。

学生二：第一次写遗嘱，感觉真的很奇妙，感觉自己真的好像就要死了的样子，才发现自己还有很多事情没有做……有那么多人要感谢……那么多的事情值得回味！这真的是一个很棒的体验。

学生三：学了这节课，让我真正地了解了自己存在的价值，而这也是我生平第一次预立遗嘱，在写遗嘱的过程中，第一次发现原来自己心中有这么多深层的地方未曾探视过。我还发现，原来我对某些事情的看法可以有这么多变化。

学生四：我想，写遗嘱最大的收获是让我知道了原来我是这么爱我的家人，我是如此舍不得他们，这份遗嘱里面总是对他们说“谢谢、对不起”。我真的非常感谢老师给我们创造了这样一个机会。在写遗嘱的过程中，总算也能把对父母、对自己身边的人的想法写出来，真的是一件很有意义的事情。

学生五：预立遗嘱，让我重新去面对了另一个我。一直以来，我心里都埋藏了很多的事情不想让其他人知道，这也是我第一次写出来另一个我，在外表活泼的背后隐藏着另一个我。记得写完遗嘱后，自己又重新看了好多次，心想：“原来这才是真正的我”，写完之后，我对生命有了一层更深的体悟，看到了自己的缺点，这都是以前不敢面对的。

学生六：写遗嘱时，内心实在是有着许许多多的感受，脑海中浮现的是跟家人生活的点点滴滴，有喜、有怒、有哀、有乐，对父母亲的关爱及担心他们现在的身体健康，对兄长小时候的欺负及长大之后的照顾，和姐姐生活在一起的点点滴滴……真的是令人无限的感慨啊！

学生七：写遗嘱时，觉得很伤心，想到自己就要离开这个世界，写着写着就更加珍惜自己现在所拥有的。家人看过我的遗嘱后，觉得这个非常好，也很乐意帮我签名。我觉着自己有着思想开放的家人真好！

学生八：刚写遗嘱的时候，说真的，心情真的有一点沉重，但写到后面居然越写越快乐，并且回想起许多以前的事情。我想我是在以很认真的态度写遗嘱，所以才会有这种感觉吧！从今以后，我一定会更加珍惜时间，把握当下，绝不会让自己再虚度光阴。

案例分析：很明显，在本次教学活动中，教师采用了实作教学法，鼓励学生自己独立完成预立遗嘱的学习任务。其实，也正是在自我实践的过程中，学生越发地感觉到了生命的短暂，感受到了亲情的伟大，感觉到了人生的美好，懂得了生命的意义。在生命教育教学中，教师要善于运用实作教学法，鼓励学生在实践中获取对生命的深刻认知。

（五）探索教学法

生命教育在于拓展学生生命的长宽高，涉及自然生命、社会生命、精神生命三个维度，而学生的探究能力是影响学生认识生命、感知生命、尊重生命、珍惜生命的重要因素，这就使得探索教学法在生命教育中得到了广泛应用。所谓探索教学法，主要在于鼓励学生进行自主探究活动，培养学生学习如何去学习，并找到所要探索的答案，其中包括逻辑推理、资料搜集分析等，甚至可以结合合作学习法，以小组讨论的方式来探索研究问题。探索教学法主要在于培养学生独立解决问题的能力。在生命教育教学中探索教学法非常适用于“生命意义的探索、自杀后的去处的讨论”等话题。

附：探索教学法案例

寻找有生命的物体

《寻找有生命的物体》是苏教版小学《科学》教材三年级上册《我眼里的生命世界》单元中的第一课。某位教师根据学生的年龄和心理特征，在把握好课程标准和教学目标的基础上，给学生上了一堂生命教育课，其教学过程如下：

一、感悟生命

教师拿出事先备好的岩石标本及自制蝴蝶标本，让学生思考：它们有生命吗？学生从它们不能动了，它们不能生长了，它们不能呼吸等方面来谈，说明它们没有生命。同时让学生交流：你还知道哪些有生命的物体？学生充分发言，教师简单小结。

二、认识生命

先提出问题让学生交流：想到哪儿去找生命？出去活动应注意什么？关于到哪儿去找，教师帮助学生明确地点与范围。教师发放铲子等工具给要到土里寻找的学生，并向学生提出了安全问题、纪律问题，包括爱护花木、善待小动物等。在此基础上强调：①要仔细地观察，动物、植物都要观察，并及时做好记录。②要仔细地研究一下自己最感兴趣的一种生命体，活动后准备介绍。③小组间展开竞赛，看哪组的发现多，能发现别人没有发现的。

此时学生早已按捺不住激动的心情，分散到校园各处。升旗广场上、草丛中、树根下、小水坑旁，到处都有孩子们的身影。有的在挖土翻找，有的小心翼翼地搬开石块找，有的忙着用瓶装蝗虫、土田鸡，有的在采集不同的野草叶，有的在画花的形状。一个小男孩不小心捏死了一只蚱蜢，立刻有小朋友来告状。被铲子铲断成两截的蚯蚓居然还能翻身滚动，立刻吸引了学生的注意，大声地招呼老师来看稀奇……

三、关爱生命

①你找到了哪些有生命的物体？②为什么说它们是有生命的？③说说你最感

兴趣的生命体。交流中学生有的拿着记录单、图画，有的拿着实物。针对学生再次提到的捏死蚱蜢的事件，让学生自己评说：这样做好吗？为什么？有的说不好，它是有生命的，有的说它和我们小朋友一样有生命，把有生命的东西弄死，太残忍了，还有的小朋友说，它是益虫，应该保护。关于它是否是益虫在学生中引起了争论。教师及时引导：如果是益虫应该怎样做？如果是害虫呢？如果就是一般的小动物呢？在老师的引导下，学生都明白了成长着的动物都是有生命的，对有益的动植物我们都要保护它们，对一般的动植物也不要伤害它们。有位同学还主动提出，对捉来的动物研究后要放回它原来的家。最后教师简单小结，对生物体进行分类。

案例分析：在本次教学中，教师引导学生对有生命的物体进行了探索。在处理怎样对待生命体的问题时，先要求学生自己讨论交流，在形成基本共识的基础上，教师再加以引导，鼓励学生积极探索有生命的物体的特征，并且就学生在课堂上捏死蚱蜢进行了及时讨论，让学生感悟到生命成长的不易，要善待有益的生命体。

（六）批判思考与价值澄清

所谓批判思考与价值澄清教学法实则包括两个方面的内容，第一是批判思考，第二是价值澄清。在生命教育教学中，批判思考是为了培养学生的批判思维能力，而价值澄清则是为了帮助学生形成正确的生命观、价值观、人生观。鉴于两者所产生作用的互补性，在生命教育教学过程中，往往将这两种方式结合使用，也就是我们所说的批判思考与价值澄清教学法。在具体生命教学活动中，就道德、两难、伦理等话题，教师可采用批判思考与价值澄清教学法，如安乐死、死刑存废等主题。在教授过程中，教师可组织班级小组进行辩论，激发学生针对该两难议题的批判思考能力，并借助学生的论辩、批判，教师可进行价值澄清，帮助学生厘清观念，树立正确的生命价值观。

附：批判思考与价值澄清教学法案例

打死老虎还是被老虎吃掉

在教学《我们的动物朋友》一课时，冯文通老师遇到了这样一个片段：

当我给学生介绍完我们国家的一些动物时，我发现一名学生举手了，看样子是有疑问，我点了他的名，他问道："冯老师，你刚才说过我们不能随便杀动物，特别是一些国家重点保护的动物，那我想问你，如果是一只老虎，它想吃你，你会怎么办？"我一下子给蒙了，在我的备课里，我没有准备这方面的材料。为了应对他，我回答说："我会跑。"孩子们显然对我的回答不满意，他继续问道："你怎么可能跑得过老虎呀。"这个时候，我知道让我自己来解决这个问题已经没有用了，所以我就让学生们自己来讨论。学生一下子就讨论开了。各种意见都有。我在听取各种意见时，猛然间，我想起了"生命教育"。珍爱生命，难道单单只是关爱他人的生命吗？自己的生命要不要关心？想到这里，我的心里有了底。于是我在总结意见的时候说："如果你在各方面求助都无用的情况下，那么请你保护自己的生命吧。因为在这种情况下，大家都知道你不是刻意去杀那只老虎的。"

讨论到此，我觉得还有深入的必要。我继续问学生："如果你看到一处地方着火了，你会怎么办？"有学生一下子就说出来了，学习奋不顾身扑火的小英雄赖宁，也有的提出先跑开，然后打电话报火警。结果赞成报警的同学被说成胆小鬼。这里我就问那些选择自己救火的学生："有火灾的时候，火势很快就会蔓延开来，可能那火比你们还要高，你现在连提一桶水的力气都没有，而且救火单靠一桶水是远远不够的，试问，你能救得了火吗？"那部分学生一下子沉默了。也许在他们心里，当"英雄"比当"胆小鬼"要好多了吧。我继续问他们："你们平时看电视的时候，有没有注意到救火的都是哪些人啊？"学生回答："消防员。""不错，想想看，只有消防员才有那些救火的工具，那么大的消防车，一下子就会把火给灭了，比起你们来，哪个安全，哪个快啊？""当然是消防员快啦，他们有那些防火的衣服，比我们安全。""那同学们知不知道，怎样才能叫消防员叔叔来灭火呀？""119。"学生回答到这儿，我知道自己想要达到的目的已经达到了。

案例分析：生命教育必须要关注和培养学生的生命自我保护意识。因为课堂上学生的一个问题，引发了一场关于生命自我保护的讨论，培养了学生可贵的生命自我保护意识。冯老师的这节生命教育课，纯属偶然，但也是必然。显然，这节课的主旨在于保护稀有动物，但面对稀有动物可能会对人类造成伤害时，我们又该如何呢？这时教师就要注重培养学生的批判思维能力，组织大家进行讨论辩论，之后进行价值澄清，引导大家对这堂课的主旨进行了更深层次的思考，让学生学会辩证对待生命。

（七）合作学习法

合作学习法可以说是一种团体合作的学习方式，也是我们常见的一种教学方法，运用于生命教育中，主要是指学生根据教师或同伴事前所设计的生命教育相关主题，通过合作的学习方式实现学习目标的一种方法，这种方法往往具有很强的互动性、交往性、分享性，目的在于激发学生的群体意识、培养互相包容的学习态度，并能集中大家的智慧与力量帮助别人。在具体教学活动中表现为学生结合自我优点或便利条件，合理分配学习任务，分头搜集资料，集中讨论、演练，不断修正、创新，提升自我认知等。

附：合作学习法教学案例

老师，鸽子怎么了？

这是台湾顶番国小的一位老师分享的生命教育案例，具体教学过程如下：

一天下午下课时，小学三年级学生急匆匆地跑到办公室找老师：

“老师，你快来看。”

老师随着学生跑到校园，原来地上躺着一只鸽子，老师说：

“我们来看看它怎么了。”大胆的学生上前开始摸鸽子。

“老师，它的身体是硬的。”

“老师，它的眼睛是闭着的。”

“老师，它的身体冷冰冰的。”

“老师，它的心脏没有跳动了。”

“它怎么了?”老师问。

“死了。”学生齐声回答道。

“那我们要怎么做呢?”老师又问。

“老师，我们可以将鸽子制成标本。”一位脑筋动得很快的同学抢着回答。

“嗯，这个主意不错，但是我们一般很少看到鸽子的标本，你们知道为什么吗?”老师问道。

“老师，制作标本的费用太贵了。”一个学生回答道。

“还有呢?”老师继续问道。

“老师，通常是稀有动物不小心死了，才制成标本让大家认识，鸽子是我们常看到的，所以不需要制成标本。”一位很有智慧的学生回答。

“那么我们还可以为这只鸽子做什么呢?”老师紧接着问道。

“老师，我们应该将鸽子埋起来。”一个学生提议说。

“那要怎么做呢?”老师问道。

“老师，我去学校找一块地。”

“老师，我去找一个盒子当棺材。”

“老师，我去找朵花。”

“老师，我们F4来抬棺。”

“还有呢?”老师继续问道。

“啊，老师，我爸爸是牧师，我来为鸽子准备葬礼。”

“还有吗？再想想。”老师继续进行提问。

“啊，老师，我们要为鸽子做一个墓碑。”

“答对了，你做好吗?”老师赞许并提出要求。

“好啊，但上面要写什么呢？鸽子又没有名字。”

“来，大家一起想想。”老师再次鼓动大家开始动脑筋。

“对了，可以叫小白鸽之墓。”

“不要，太俗气了。”意见遭到否定。

“叫飞行英雄之墓，好吗？鸽子最擅长飞行，还常常飞鸽传书。”大家拍手叫好。

“我想叫‘顶番之鸟’，好吗?”（因为他们是顶番国小的学生）

大家觉得两个名字都不错，最后由全班同学投票表决，定下了“顶番之鸟”墓碑，随即展开了一场别开生面的葬礼。

案例分析：从这一案例中，我们可以看出，在本次教学中，这位老师自始至终都没有出主意，只是循循善诱。其实学生具有很强的想象力，往往要看教师如何引领。真正让人佩服的是这位教师的教学智慧，不仅把握了体验生命教育的最好机会，而且也选择了合理、高效的教学方式。从这次学习过程中，学生所学到的不只是埋葬小鸽子，也培养了他们合作、团结的精神，更重要的是养成了如何面对死亡的态度。在学生今后的成长过程中肯定还会碰到很多死亡事件，但相信这些学生一定会正确面对死亡。

（八）欣赏教学法

荀子说过：“不闻不若闻之，闻之不若见之”，意思是说听到了总比没听到好，见过总比没见过好。学生对实物的经验感知是生命教育的关键，而这就需要让学生欣赏或接触生命实物。所谓欣赏教学法，简言之，即将实物形象生动地展示于学生。如绘本的阅读、视频媒体的运用、戏剧的观赏或表演，等等，均属于欣赏教学法。目前台湾地区有许多生命教育的绘本和视频，都已普遍运用于生命教育教学活动中，而且教学效果非常好。

运用欣赏教学法的基本要求：

1. 做好前期准备工作。教师要结合儿童成长规律，选取恰当实物材料，激发学生学习欲望，避免所选实物图片、视频等过于简单或过于复杂。

2. 教学活动开始时，教师要不断关注学生的学习注意力，密切注视学生神情变化。

3. 教师要做好总结工作，鼓励学生大胆说出在欣赏图片、视频过程中对生命的深刻体会。

附：欣赏教学法案例

我从哪里来

活动一：欣赏动画　激趣引思进入话题

1．看一看：小朋友，你们喜欢看动画片吗？今天老师给大家带来了一段有趣的动画，我们一起看。（播放视频动画片：母鸡孵小鸡）

2．问一问：小朋友，刚才你们从动画片中看到了什么？（是啊，在鸡妈妈温暖的身体呵护下，小鸡宝宝从蛋壳里探出了小脑袋，一个小小的生命就这样诞生了。）你还了解其他小动物诞生的故事吗？

3．猜一猜：小朋友，请大家猜一猜，我们是从哪里来的？

4．揭示课题：这节课，我们就一起来探究一个很有意思的话题：我从哪里来？

活动二：了解常识　感受生命的神奇美丽

1．电子白板展示：爸爸妈妈的结婚照、妈妈怀孕的照片。老师讲述：爸爸妈妈结了婚就成为夫妻，妈妈怀孕了，就有了你们。

2．观看视频：胎儿发育的过程。（配乐）

3．了解常识：PPT逐一出示胎儿的图片，配音：在妈妈的身体里有一座很美的宫殿，爸爸在那里种下了许多种子，其中有一粒种子最强壮，住在了这座宫殿里，就变成了你们，你们在妈妈的肚子里吸收着营养，慢慢地长大了。

随图了解：

一个月，脐带发育，小生命还没有一粒豌豆大呢，这时妈妈和小宝宝有一条脐带相连，它把妈妈身体里的营养和氧气送给小宝宝。两个月，宝宝的心脏开始跳动了，小生命的头、眼睛、鼻子、嘴巴、小手逐步形成。三个月，发育加快，成为胎儿，已经像个宝宝了，身长约6—9厘米，体重约26克左右。四个月，已能辨认，长出指甲，宝宝可以动来动去了。五个月能有力运动，眉毛也长出了，这时候小宝宝能把手指放在嘴里吮吸了。六个月，小宝宝身上长了绒毛，长出了耳朵，妈妈可在肚皮上给小宝宝放音乐进行胎教了。七个月，发育较成熟，小宝宝眼睛能睁开，可以看到妈妈肚子里的世界了，有时宝宝还能用力地蹬腿。八个月，已接近成熟，听觉系统发育完成，小宝宝能尝出东西的滋味了！九个月，小宝宝具有呼吸能力，娩出可在暖箱中成长，准备好离开妈妈的肚子了。十个月，完全成熟。在医生、护士的帮助下，小宝宝顺利诞生了，就这样，小宝宝离开了居住九个多月的温暖小屋——妈妈的子宫。

4．说一说：小朋友，学到这里你有哪些收获？

活动三：互动体验　感悟生命的来之不易

1．导语：宝宝在妈妈的肚子里一天天地长大，（PPT展示怀孕妈妈的照片）妈妈的肚子也越来越大。小朋友一定很想知道，这时候的妈妈会有哪些感觉呢？今天，我们请来了一位嘉宾——张老师，她的肚子里就怀了一个小宝宝，小朋友有什么问题，可以问问张老师。

2．与怀孕妈妈（张老师）对话。（也可视频进行）

3．分享体会：星期天，小朋友在家里也当了一回怀孕的妈妈，那你们都干了些什么呢？有什么感受啊？

4．游戏体验：是呀，当妈妈是很辛苦的。今天我们再来当一回妈妈，好吗？请孩子们试着把书包背在胸前，哦，我们都怀上小宝宝了。

描述互动：太阳出来了，妈妈起床了，挺挺小肚子，伸伸手，弯弯腰，新的一天开始了。妈妈带着宝宝去小花园晒晒太阳，小心一点，上下楼梯慢慢走；开始打扫卫生了，擦擦桌子，拖拖地板，站起来，捶捶腰，真累啊，坐下来，让宝宝听听音乐吧。

5．观看视频：我们当了一天的妈妈，很辛苦，妈妈怀了小宝宝以后，要经过280多天呢！想着小宝宝一天天长大了，爸爸妈妈心里可高兴了，盼望着小宝宝的出生。终于有一天，妈妈觉得肚子开始疼了，啊！小宝宝要出生了。你们看：

播放分娩视频。

6．说一说：小朋友，看了视频你又有什么话想要说呢？

案例分析：纵观全课教学，最大的亮点就在于教师选用了欣赏教学法，巧妙地运用媒体资源形象、直观、生动，声、光、色、形兼备，静动结合等优势，有

效分解了本课的教学重点，突破了教学难点，让整个课堂充满了“儿童的味道”“生命的味道”“生活的味道”“成长的味道”。让学生感悟到了生命的来之不易，“热爱父母，珍爱生命”的情感种子在孩子们的心田慢慢地生根、发芽。

（九）活动学习法

活动学习法，也可以说是参观教学法，是指教师根据教学任务的要求，利用一定的社会资源，组织学生对生命现象进行观察学习的一种教学方法。如病房、礼仪社、墓园或宗教活动的追思礼拜或临终助念、追悼会等场所，教师都可以带领学生前往参观学习。但需要注意的是，在校外参观活动前教师必须要向学生解说清楚，并妥善安排相关参观事宜，参观后应组织学生进行讨论及心得分享。另外，清明扫墓、重阳祭祖等活动也可列入教学活动中，班上如有同学或同学家人去世，教师应带领学生作关怀及实际帮助的活动，例如在班上默哀三分钟、派代表前往致哀、以全班名义赠送花篮、奠仪及参加告别式等，并能安排同学负责丧亲同学丧假期间的功课辅导，这也是贴切的关怀。而同学的双亲或祖父母去世，应有亲疏不同的表达，这些都可以在班上进行讨论。

运用活动学习法的基本要求：

1. 做好活动前的准备工作。根据教学任务，确定活动地点、时间，提出参观的要求。

2. 制订好详细可行的活动计划，指导学生参观，鼓励学生用心去感受、体验生命。

3. 活动结束后进行总结，组织学生交流讨论参观学习心得和感受。

荀子曰：“师术有四，而博习不与焉。尊严而惮，可以为师；耆艾而信，可以为师；诵说而不陵不犯，可以为师；知微而论，可以为师。”而“教亦多术矣，运用在乎人”。教学方法的选用，往往要求教师既要做到“教必有法”，而且同时也要做到“教无定法”。“教必有法”在于强调教学的原则性，“教无定法”则在于强调教学的灵活性，生命教育教学方法的选用亦是如此。需要注意的是，一节教学效果良好的生命教育课堂所采用的方法往往并非单一的，而是多样化的。

二、生命教育的教学设计

《现代汉语词典（第7版）》将“设计”一词解释为：“在正式做某项工作之前，根据一定的目的要求，预先制定方法、图样等。”教学设计可以理解为教师根据教学理论、教学内容、教学环境、教学资源以及学生发展特点，制订教学目标，确定教学方法、教学过程的活动。

生命教育的教学设计是指教师以学习理论、传播理论、视听理论、认识理论等现代教学理论为基础，运用系统的方法和观点，分析生命教育课程中的内容和问题，确定教学目标，制订教学方案的活动过程。生命教育教学设计既是一门技术，也是一门艺术。好的生命教育教学设计有利于调控教学过程，提升生命教育课堂教学效率，有利于生命教育理论与教学实践的高度结合。

（一）生命教育教学设计程序

生命教育教学设计程序主要包括以下几方面：

1. 分析学生的现实需要。“教育即生活”，生命教育理应与学生实际生活需求紧密结合。因此，教师在进行教学设计时，首先要思考的便是“学生到底需要什么样的生命教育”，也就是说，教师要根据学生生命发展的需要确定学习内容。

2. 学情分析。对学生学情的分析是教学设计的关键环节，离开了对学生学情分析的教学设计将是难以推进的，也是不科学的。掌握学生的成长规律，结合学生学习的现有水平，明晰学生学习方式的差异性，在最近发展区内设置生命教育内容，有利于教学效果的实现。

3. 确定教学目标。生命教育课程标准确定了课程的总目标和分目标，但是这些目标在具体教学活动中还需要被再次进行分化为具体的、可操作的目标，以便教学活动的顺利展开。

4. 建构教学策略。激发学生学习兴趣、实现教学目标，这些都需要教师采取适宜的教学策略。设置情境、引导讨论、呈现教学材料、进行提问、组织讨论等等，都需要灵活的教学思维和教学技能，所以，教学设计绝对不能忽略这些细节。

5. 开发教学资源。教学绝对不能满足于教材，生命教育具有非常丰富的自然教学资源、社会资源，如大自然、医院、消防队、殡仪馆、墓园等等。但是，不论是校内的还是校外的生命教育资源的使用都需要教师自己去开发，为教学服务。

6. 做好教学准备。这里的教学准备主要是教学材料的准备，如教师采取欣赏教学法进行生命教育教学时，在上课之前一定要准备好与主题相关的教学材料（媒体课件、DVD等），并检查这些材料是否齐全，甚至材料的适用性也需要考虑。

7. 预设教学步骤。学期教学和单元教学的教学设计需要有教学时间安排表，课时教学设计同样也需要有一个合理的基本安排。教学的安排要有计划性，先做什么后做什么以及如何处理突发事件，教师在教学设计过程中都要有所考虑。教学要有设计，避免盲目性，但设计不能过于刻板和固定，必须具有一定的灵活性和生成性。

8. 总结反思。一般而言，在教学活动结束之后，教师要对教学进行总结反思。但教学设计同样也需要教师提前进行总结反思，反思其设计中的不足，总结其可能产生的影响。总结反思的作用在于进一步修改教学设计，以形成成熟、完美的教学设计。

（二）生命教育教学设计原则

1. 人文性原则。生命教育是关于生命的教育，“人”是生命教育的出发点与落脚点，生命教育教学设计必须要以人为中心，指向人的身心发展。从一定的哲学高度审视生活问题，理解现实生活与未来生活的关系，选取适当的且满足学生实际生活的教学内容进行教学设计。

2. 互动性原则。任何时候任何学科教学都是一种师生互动活动，生命教育教学设计要综合看待教学的互动性，设计适中的教学活动，调动师生之间、生生之间的交流互动，提升教学效率。

3. 探究性原则。学生探究能力的培养在生命教育课程标准中占有非常重要的地位，教学设计需要多方面地鼓励学生探究能力的发展。具体地说，要设置疑难情境，导致认知冲突，激发探究欲望。

4. 体验性原则。生命教育的目标不在于掌握关于生命的知识，而在于形成生命的意识，从而热爱生命，具有发展生命的动力。因此，生命教育的核心不是生命知识教育，而是生命意识、态度、情感的教育。对于意识、情感、态度的教育，不是认知，而是体验。生命教育就是要创造各种生命成长的环境，使学生在生活中有各种生命的体验，从而感悟生命，建构生命。

三、生命教育的教学评价

（一）生命教育教学评价的内涵

评价在教学中占有非常重要的地位，评价往往用于了解教学目标是否实现，教学活动是否科学，教学效果是否良好等，具有鉴定功能、诊断功能、导向功能、调节功能。生命教育教学评价是指评价主体依据一定的标准，对生命教育教学过程或活动以及教学效果进行评价的活动。在这里，评价有两方面的含义，一方面是指相关人员对教与学方面活动或过程的评价；另一方面指落实在教学过程中的评价，是对学生学习结果、发展状态的评价。

1. 对生命教育教学过程的评价。评价者要对生命教育教学目标的设定、内容的选择、资源的开发、手段和方法的运用、活动的设计等情况进行全面的评价。可以参照以下的标准：教学目标的完整性；将新生命教育的内容与学生的生活联系起来；引导学生通过多种途径，运用多种资源了解生命问题，并通过图书、报刊、网络等获取有关生命教育的信息；根据教学内容和学生情况，灵活选用多种教学方法；鼓励学生与同学、教师、心理辅导专家、生命研究专家等相关人士就生命问题相互沟通，并为解决生命问题互相协商合作。

2. 对学生生命发展状态的评价。以综合性、形成性和定性评价为主，采用观察、谈话、描述性评语、成长记录袋、情境测验等评价方法。评价者要在生命教育活动中观察学生的参与情况，在日常生活中考察其对生命问题的关注程度，通过各种形式的讨论和交流活动让学生陈述其有关生命的观点并阐述理由。评价者还要鼓励学生通过成长记录袋等方式搜集和整理自己在生命教育中的作业或其他学习作品，反思自己的学习过程，并对自己和其他同学的生命意识、态度和情感进行评议和反思。评价者可指导学生在生命教育活动中记录各自的参与状况、感受与收获，使之成为一项评价依据；还可以采取情境测验方式，让学生对虚拟的生命问题提出解决方案和行动计划。

（二）生命教育教学评价的原则与要求

依据生命教育的特性，确立生命教育教学的评价原则：

1. 单项评价与综合评价相结合，以综合评价为主

生命教育教学评价包括对学生与生命有关的学习方式、知识与技能、情感态度以及行为表现的评价，对教师生命教育教学设计、组织和实施的评价。这些不同方面的评价分别包含若干具体的评价指标，评价者可以通过对生命教育的不同方面、环节进行单项评价，实现评价指标的多元化，提高评价结果的针对性；但由于生命发展的整体性，生命教育评价也具有整体性，任何隔离开来的单方面的评价都不足以说明生命发展的状况和生命教育的成效，因此，评价者需要对学校生命教育进行全面考察和综合评价。

2. 形成性评价和终结性评价相结合，以形成性评价为主

生命教育评价的作用主要在于调节和改进学校生命教育的实施状况。评价必须在各种生命教育活动的过程中进行，以教师和学生在生命教育活动中的实际表现为主要的评价内容；评价要充分考虑各个学校、教师或学生的具体情况，力求为改善学校新生命教育实施状况提供依据。各学习阶段的终结性的评价结果要成为下一阶段新生命教育计划的起点。

3. 定量评价与定性评价相结合，以定性评价为主

为了对生命教育的实施过程和实际成效作出全面而科学的评价，必须综合运用多种评价方式，既要有定量的评价，也要有定性的评价。但是，生命教育教学评价更要关注教学的整体实施情况和学生生命发展的整体质量，关注学生在生命教育教学活动中的情感体验、思想反省，及其认识、分析和解决生命问题的意识和能力的发展，所以，生命教育教学评价更重视运用描述、评析和指导等方法对课程实施的整体状况和学生生命发展的综合水平作出定性的评价。

依据生命教育教学的特性和生命教育评价的原则，对生命教育教学的评价要做到：

1. 评价主体的多元化

现代教学过程中，我们越来越能感受到：教师在教学评价中虽然发挥着重要的作用，但这并不意味着教师是唯一的评价者，学生也理应要积极参与教学评价，反思自己的学习状况，并对教师的教学状况提出自己的看法；同时，学生家长、教育管理部门相关人员以及社区有关组织和人士也应该被邀请参与对生命教育课程的组织、实施、办法和效率的评价。

2. 评价内容的全面化

教学评价要依据生命教育课程标准进行，并涵盖到各个方面，既要考查学生对自然生命、社会生命的理解，又要评价学生精神生命的养成，全方位、多领域对学生的生命意识、生命态度、生命行为进行评价。

3. 评价方法的多样化

长期以来，对学生的学与教师的教往往以书面考试的形式进行评价，但单纯的书面测验和考试并不适合生命教育课程的发展，生命教育课程的教师需要运用多种方法对不同的目标、不同的内容进行评价。同时，教师、学生和其他有关人员也都要积极探索多样化的评价方法。

4. 评价时机的全程性

生命教育课程的教学评价主要是为了拓展学生生命的长宽高，培养学生对自然生命、社会生命、精神生命的理解与认知，因此评价就不能仅限于学习过程结束之后进行，而必须伴随在教学活动的整个过程中。这就需要教师随时关注学生在课堂上的表现与反应，及时给予必要的、适当的鼓励性与指导性评价。

（三）生命教育教学评价的类型

生命教育评价依据不同的标准可以有多种类型。

1. 以评价过程分类

（1）诊断性评价。诊断性评价也被称为预备性评价，它指为查明学生的学习准备状况及影响学习的因素而实施的测定以及依据测验结果所作出的一系列价值判断。诊断性评价的主要作用有：检查学生的学习准备程度；辨别造成学生学习困难的原因；对学生学习上的个别差异有较深入的了解，在此基础上调整教学目标、内容和方法，从而使教学更好地满足学生的多样化学习需要。

（2）形成性评价。形成性评价主要指在教学中为改进和完善教学而进行的对学生学习过程与结果的检测，以及在此基础上进行的价值判断活动。形成性评价以获取反馈信息、改进教学为主要目的，测验比较频繁。单元测验具有典型的形成性特点。要使形成性评价在改进教学方面发挥作用，教师应注意做到：仔细分析测试结果，逐项鉴别学生对每个试题的回答情况；把测验结果与日常观察结合起来，对教学情况作出判断；把测验结果尽快告诉学生，或者让学生自己评定测试结果，让学生获得及时的反馈信息；对测验中出现的问题采取矫正措施。生命教育在教学中除了要求最终效果外，更重要的是在学生学习中，以教师的用心来关怀学生学习成效，如多次评量、多次晤谈等，以形成潜移默化之功效，所以形成性评价的运用非常重要。

（3）总结性评价。总结性评价指较长教学时间后的考试及其价值判断活动。它的主要目的是判断学生对学期或学年教学目标的实现程度，为确定学生在后继学习中的学习起点、预估学生在后继学习中的困难程度以及制订新的学习目标提供依据。总结性评价着眼于生命教育课程或某个教学阶段结束后学生学业成绩的全面评价，考试或测验所包括的内容范围也比较广，评价的次数不多，概括水平比较高。学校中常见的期末考试或考查以及毕业考试都可视为总结性评价。

2. 以评价主体分类

（1）教师评价。教师评价是指教师对学生的学习进行分析与评价的过程。不论是以何种方式方法进行教学，教师始终在生命教育教学过程中起重要作用，因此，教师对学生的学习过程进行评价能够反映学生的学习态度、学习效果等。

（2）学生自评。评价的主体是学生，即学生自己对自己的学习状况进行评价。这种评价方式往往伴随着学生的自我认识、自我分析、自我提高过程，有利于学生自己发现自己的特长和优势，发现学习中存在的问题，以便改进学习方法等。

（3）他评。通常学生家长、教育专家、社会各界人士都可以参与到评价中。在生命教育教学中有时家长提供的观察结果，可以作为参考资料；教育专家的教学点评，也可以作为评价资料；社会人士的相关意见或看法，亦可作为生命教育教学评价的资料。

(四) 搜集生命教育教学评价资料的方法

生命教育的教学评价应以真实的日常教学实践为基础，全面地反映学生的学习状况。教师可以通过多种方法搜集各方面的资料。

1. 观察法

教师应在日常的教学活动特别是课题教学活动中观察学生学习时的行为表现。生命教育教学的主要场所是课堂，教师在课堂上要善于“察言观色”。用心的教师往往善于在课堂上运用观察法，观察学生上课参与讨论问题的积极性来评定学生的生命认知，了解学生的学习情绪和学习问题，以调控教学的节奏和调整课堂教学。发现学生有不良的学习行为或学习困难，要及时指导解决，并给予必要的帮助，事后对观察到的问题加以记录和反思。同时，进行课外教学时，教师也可采取同样的方式，对学生的学习动机、学习兴趣、学习态度进行观察。

2. 访谈法

教师可以利用课后的时间向学生询问一些与生命教育有关的问题。这些问题一般是开放性的问题，学生回答不需要做长时间的思考和准备。通过连续不断的交谈，可以就某一深层次的问题进行探讨，获得有深度的资料，但是这种方法耗费的时间太长。此外，访谈时教师要注意消除学生的紧张感和焦虑情绪，让他们敢于反映学习中出现的真实问题。

3. 典型事件记录

学生在学习的过程中会有一些意想不到的典型性事件发生，如发现有价值的探究问题、有争论的伦理问题、有商议的道德问题等。这就要求教师准备一个笔记本，随时记录发生在课堂教学中的典型事件，及时引导学生思考解决，并且将这些案例作为以后的教学案例资料。

4. 学习作品分析

学生的作业、笔记、学习心得等都属于学习作品，其中内含着他们对生命的理解与认知。对其中优秀的作品要及时展示出来，让学生、教师、学校领导、家长甚至其他社会人士有机会看到，以鼓励学生努力学习，激发学生学习的积极性，强化学习的动机。

5. 学生成长记录袋

教师要组织学生经常搜集自己学习的生命作品。那些能够反映学生学习状况的观察日记、心得报告等都可以作为重要的学习资料保存下来，那些展示过的优秀学习作品更具有保存价值。学生不定期地翻阅自己的成长记录袋，会体验到学习的成就感，会产生兴奋和满意的情绪。

6. 评定量表法

教师根据学生在某一学习活动中的表现，直接对学生的学习行为作出评定。量表的使用可以是描述性的，也可以是数值性的，教师也可以将某些学习行为分解为一些具体的项目，学生若是做到了或者完成了，就作个标记。这种方法比较容易操作，但是不容易看到深层次的学习问题。

7. 作业法

教师根据教学的需要，布置给学生一定数量的作业，如要求学生查找自然生命形成过程的资料，然后再根据作业的完成情况来判断学生的学习效果和学习状态。作业分短期作业和长期作业两类，短期作业一般是当场完成或当天完成，最长时间不超过一周，长期作业一般是一周以上才能完成。但不管哪种类型的作业布置都要让学生明确完成时间、步骤与方法、要求与意义。

8. 评议法

在生命教育过程中，要非常重视学生之间的互评。在学习过程中，学生的生命体验和兴趣爱好以及生命意识等内容需要学生自己表达出来，在与同学的交流中，学生彼此之间能够分享体验到的欢乐、困惑时的迷茫、发现时的兴奋、成功时的愉悦。同时，同学之间的评价不应该只是给出一个量化的数值供教师参考，而应该相互肯定学习时的一些具体的教学方法，在评议中相互借鉴和学习，使评议起到激励的作用。

9. 测验与考试

在学习完一个单元之后，可以对学生进行测试。生命知识的记忆并不是测试的唯一内容，甚至不是主要内容。测试应重视学生发现问题、分析和解决问题、应用知识和反思问题、讨论和交流的能力。测试可以采取笔试、口试、辩论等多种方式。教师要从测试结果的统计分析中发现一些共性的问题，帮助学生及时解决问题。

有关生命教育的评价，评价者往往采用多元化、多次数且兼顾知识、技能、情感进行综合评价，并且在学期末最后一节课预留30分钟左右的时间将作业、专题报告、考卷、学习成绩及学习建议回馈于学生，以把握学习时效。

总之，通过多种方法搜集评价所需要的资料是评价得以合理展开的基础。积累和分析这些资料，无论是对学生的发展还是对教师的反思教学都极有价值。

第七章

生命教育的主题活动与案例

发现生命、认识生命、尊重生命、保存生命、提升生命、实现生命的价值都离不开教育，同时，这也是教育不可推卸的责任。主题活动作为实施生命教育的重要途径之一，在教育活动中占据着不可小觑的地位。

一、生命教育主题活动设计

设计以生命教育为主题的教育活动，主要包括以下七个方面。

（一）活动主题

1. 根据学生所处的生命阶段确定活动的主题。

2. 根据学生当下面临的问题或困难确定活动的主题。

3. 根据学生即将面临的处境确定活动的主题。

（二）活动背景

对学生的年龄特点、认知能力、所处的生命阶段、可能面对的或正在面对或即将面对的问题以及班集体的特点、所处的阶段、可能面对的或正在或即将面对的问题进行分析，兼顾社会现实，阐明开展活动的原因与目的，同时，为活动主题的确立、目标的确定、方法和手段的选择提供依据。

（三）活动目标

1. 全面、明确、详细、具体，切忌假、大、空。

2. 紧扣活动主题。

3. 具有可操作性和可行性。

（四）活动准备

1. 活动需要的材料与工具。

2. 将任务明确地分配给每一个参与者。

3. 预料可能发生的意外以及解决问题的备选方案。

（五）设计思路及意图

1. 紧扣活动主题与目标。

2. 思路清晰，具有逻辑性。

3. 阐明设计的意图与目的，使得时刻紧扣活动主题，兼顾学生的年龄特征与班级特点。

（六）活动过程

1. 有计划、有组织。

2. 具有层次性，分步进行，层层递进。

3. 兼顾所有学生，全员参与。

4. 紧扣活动主题。

5. 内容充实、详细、具体，并与目标一一对应。

6. 灵活性。

（七）活动感受与反思

活动结束后，教师与学生都需要交流感受，进行反思，形式不限。

1. 教师。畅谈对活动整体的感受以及对活动内容、过程与结果的细节的回顾、总结与反思；对活动进行理性的评价与思考，促进自我成长。

2. 学生。谈收获、谈感想、共分享、谋成长。

二、生命教育主题活动案例及评析

案例1　牢记交通安全 珍爱生命

溧阳市南渡中心小学　徐叶秋

一、活动背景

随着社会经济的繁荣，交通事业也得到了迅速的发展，车辆川流不息地在马路上行驶。为了家庭的幸福，生命的安全，使爸爸妈妈放心工作，每个小学生都要了解基本的交通规则，增强交通安全意识；提高遵守交通法规的自觉性，养成良好的习惯；熟记最基本的交通标志，做到愉快上学，平安回家。

二、活动目标

1. 知道生命来之不易，懂得珍爱自己的生命。
2. 认识一些生活中常见、常用的安全标志，学会使用紧急求助电话。
3. 通过开展活动，增强交通安全意识，自觉遵守交通规则，注意交通安全，珍爱生命，提高自我保护的能力。

三、活动准备

1. 十多种常用安全标志的头饰、三种紧急求助电话头饰
2. 交通安全小故事
3. 童谣《红绿灯》《过马路》
4. 学唱歌曲——《儿童交通安全歌曲》（播放视频）

四、设计思路及意图

1. 标志的自述

【设计意图】让学生戴上标志头饰，加深学生对标志的认识，通过一个个有趣的自我叙述，提醒学生安全标志在生活中的重要性。

2. 紧急求助电话

【设计意图】110、120、119是三个生活中常用的求助电话号码，使学生了解这三个号码的作用，并学会正确使用的方法，增强自救、自护的能力。

生命教育主题活动的部分案例由江苏省常州市教育局基教处提供，特此感谢。

3. 生命小故事

【设计意图】通过一个短小而令人深思的小故事，学生知道生命只有一次，且它来之不易，懂得保护自己的生命。

4. 兄弟童谣

【设计意图】朗朗上口的童谣，学生易读、易背，逐步加强学生的交通安全意识，使之自觉遵守交通法规。

5. 歌曲视频

【设计意图】让学生看一看、唱一唱，既丰富了活动的内容，又提高了学生的生命安全意识。

五、活动过程

（一）全体立正，各小队整队。

（二）小队长向中队长报告人数，中队长向中队辅导员报人数。

（三）出旗、奏乐、敬礼。

（四）唱队歌。

（五）主题活动开始

1. 揭示活动主题

主持人（齐）：同学们，大家好！二（1）班“珍爱我们的生命”主题中队活动现在开始。

主持人甲：同学们，有一种永恒的东西，那就是生命；有一种美好的东西，那就是生命。

2. 认识常见标志和求助电话

主持人乙：自从来到这个美丽的世界，成长的脚步便一刻也没有停留。成长的过程中，有许多温馨、美好与快乐的时刻。爸爸、妈妈、老师每天都希望我们能平平安安上学，安安全全回家。

主持人甲：那么，我们在上学、放学的路上该怎样做，又该如何识别一些常用的标志呢？首先，我们来认识一些标志，请听标志的自述，大家掌声欢迎。

（学生戴头饰表演）

（1）人行横道

大街上，遇到我，有谁知道我是谁？

对，我是人行横道。行人过马路，一定要从我身上走过。

（2）防止触电

为什么大家一见我就跑？有谁能告诉我？

没错，我是非常危险的，可不能随便乱碰。

（3）禁止点火

我是一根小火柴，为什么在我身上画了一条红线？

生活中，可不能小看我，否则会引起大火灾。

（4）注意危险

我是一个大感叹号，你们认识我吗？

以后看见我，你可要多长几个心眼。

主持人乙：在生活中，我们还会看到很多标志，咱们一起来认识一下吧！

禁止行人通行、安全出口、停车场、注意儿童、禁止游泳、红绿灯。

主持人甲：看来我们平时要仔细观察周围的标志，不懂的要多问问大人才行。

主持人乙：我们不光要认识这些标志，还要牢记一些电话号码，当我们遇到一些紧急情况，我们一定要会正确使用它们，大家掌声欢迎。

（学生戴头饰表演）

（1）110——我是110，遇到坏人报告我，除害公正没的说。

（2）120——我是120，生病急救报告我，救死扶伤没的说。

（3）119——我是119，遇到火灾报告我，灭火救人没的说。

（齐）：我们三个要牢记，随打随到帮助你。

3. 体会交通安全的重要性

主持人甲：谢谢他们的精彩表演，生活中，如果我们稍不留神，不按规矩办事，生命就会受到伤害，甚至会失去宝贵的生命。请听一则交通安全小故事。

主持人甲：生命是宝贵的，我们要珍惜它。稍不留神，就会失去它。请听歌谣《红绿灯》。

主持人乙：红绿灯就像是三只大眼睛，时时刻刻提醒我们注意安全。请继续欣赏歌谣《过马路》。

4. 牢记交通安全歌曲

主持人甲：平时，在上学、放学途中，我们当中也有许多同学要过马路，大家千万不要追逐，要一停、二慢、三通过。

主持人乙：只有人人遵守交通法，安全时时记心中，这样才能安全幸福千万家。最后，请听歌曲《儿童交通安全歌曲》。

主持人甲：同学们，让我们每个人从自我做起，珍爱这仅有的一次生命吧！

主持人乙：最后，让我们高声齐喊：“珍爱我们的生命！”

（六）辅导员讲话

辅导员寄语：同学们，首先祝贺“珍爱我们的生命”中队活动取得了圆满成功。通过这次中队活动，同学们感受到了生命的可贵，愿同学们珍爱生命、热爱生活，做一名新时代的好少年。

（七）呼号

（八）退旗、奏乐、敬礼

（九）活动结束

主持人（齐）：二（1）班“珍爱我们的生命”主题队会到此结束。

六、活动感受与反思

通过本次活动，学生了解到生命是来之不易的，生命是独特的，生命是有限的，生命是可贵的。记得有人说过：人最宝贵的就是生命，生命属于我们，每个人只有一次。生命给我们提供了种种机会：让我们去爱，去学习，去工作，去欣赏花儿的美丽，去聆听鸟儿的歌唱，去仰望天上的星星……生命使我们能够认识这个世界的丰富多彩，领略大自然的五彩缤纷，体验人生的酸甜苦辣。所以，我们应当珍惜大自然赋予我们的生命，让我们珍惜生命，自觉遵守交通法规，维护自身的安全。

资料链接

1. 安全标志图（做成头饰）

注意行人

注意儿童

注意信号灯

注意安全

人行横道

禁止烟火

禁止驶入

安全出口

停车场

2. 交通安全小故事

走在男孩前面的是一个活蹦乱跳的女孩，头上扎着一对粉色的蝴蝶结，身穿一条漂亮的白纱裙，正准备过马路，绿灯停了，红灯亮了，男孩立刻停在马路边，小女孩却飞快地向前冲。说时迟，那时快，一辆汽车正像箭一样向小女孩驶来。司机来不及刹车，“嘭”的一声，小女孩躺在地上，鲜血染红了白纱裙。她“睡着”了，永远不会醒来了……

3. 歌谣

《红绿灯》

红、黄、绿三盏灯，
十字路口眨眼睛。
红灯亮晶晶，大家停一停；
黄灯亮晶晶，大家等一等；
绿灯亮晶晶，可以向前行。
行人车辆听指挥，
拐弯慢行要小心。

《过马路》

过马路，左右瞧，
大家要走人行道。
公路若无斑马线，
直行通过勿打闹。
远离汽车不猛跑，
迅速安全通行好。

4.《儿童交通安全歌曲》

（女生）红灯你要停　（男生）绿灯可以行
（合）看见黄灯要小心，最好不要行
（女生）行哪就是走哇　（男生）走哇就是行哪
（合）过马路走斑马线，大家都安全
（女生）红灯绿灯黄灯，都是交通信号灯
（男生）红线白线黄线，都是交通标志线
（女生）汽车走的是机动车道　（男生）单车走的是非机动车道
（合）人行道只有行人走

（女生）平平安安健健康康欢欢喜喜高高兴兴蹦蹦跳跳快快乐乐

（合）我们去上学

（男生）平平安安健健康康欢欢喜喜高高兴兴蹦蹦跳跳快快乐乐

（合）我们去锻炼

（女生）平平安安健健康康欢欢喜喜高高兴兴蹦蹦跳跳快快乐乐

（合）我们在长大

（男生）平平安安健健康康欢欢喜喜高高兴兴蹦蹦跳跳快快乐乐

（合）我们在成材

5. 游戏——猜谜语

（1）白色线条地上躺，不怕雨雪和冰霜，行人踏在它身上，交通安全有保障。

（2）圆圆三只大眼睛，十字路口做卫兵，红灯停，绿灯行，黄灯亮起提个醒。

活动评析：

1. 选取的题材贴近学生生活，适合学生的年龄特征。

2. 采用儿歌、故事、图画、视频为活动材料，能够调动学生的积极性。

3. 通过学生扮演的方式，可以提高学生的兴趣，增强了学生对交通安全的认识。

4. 发挥了学生的主体作用，体现了学生的主体性。

案例2　知识守护生命

常州浦前小学　先华锋

一、活动背景

汶川地震时，桑枣中学两千多名师生之所以能在短短的1分36秒时间内穿越生死这道门，正是学校领导和老师一直教给孩子们逃生的技能的缘故。在灾难面前，知识转化成了拯救生命的巨大的实际行动。我们学校一直在创建平安校园，每周班主任都要确定安全教育的内容，教给孩子们逃生的技能，如防震紧急疏散演练，火灾疏散演练等。

为了能用知识去保护自己，关爱他人，我提议：在班级开展一次“知识守护生命”为主题的中队活动。希望学生了解生活中存在的安全隐患，增强安全意识，学习基本的安全常识，掌握一定的自救方法，将学到的安全知识进行实践，提高判断、分析、应变等各种生存能力，培养沉着、勇敢的品质。

二、活动目标

1. 让学生初步掌握一些自救自护知识，学会保护自己。

2. 用图片、知识竞答、快板表演等形式巩固并拓展学生对自救自护知识的理解和运用，培养学生各方面的生存能力，提高学生对生命的重视和对生命尊重的程度。

3. 通过这次安全教育活动，营造一个安全、文明的校园环境，为老师工作和学生健康成长创造一个良好的氛围，打造平安校园。

三、活动准备

学生每周都学习安全知识（有针对性和实用性地学习日常生活安全、校园内外安全、自然灾害与自救、野外旅行安全和社会生活安全等知识），并根据自己学习的安全知识制作警示书签、设计手抄报，在班级的板报栏展览，评选优胜者。课后学生找资料，排练节目，分组进行交流，获胜的小组上台表演。对《守护生命的黄金十大法则》中的内容，学生能通过图片或上网查资料了解自救自护的一些知识，能进行实地演习的在学校模拟演习，增强学生们的生存本领，培养学生们自我防护的意识和强烈的生存欲望。

四、设计思路及意图

知识守护生命！每一个人都应该学会紧急避险的常识，在危险时刻来临时，它可以拯救一个人的生命。有关知识守护生命的课不只是一两节，这样的生命教育课应当日常化，成为每个学生的必修课。

从学校实际出发，把与学生朝夕相处的教室、窗台、走廊、楼梯、食堂、操场以及电器、体育器材等均可能出现的安全问题作为校园安全教学探究的重要内容。让学生面对校园实景，联想某种情况下可能出现的危险，进而思考怎样才能防患于未然；并通过手脑并用的探究活动，掌握遇到突发情况时自我保护的基本动作要领，并体验探究练习的乐趣。让学生在安全范围内体会“了解危险，体验危险，学会自救”的新安全教育观念。

五、活动过程

（一）全体立正、出旗、唱队歌

（二）活动过程

甲：生命是美丽的，它像一朵娇艳的花。

乙：生命是短暂的，它和时间一起默默流逝。

甲：生命是脆弱的，它像一颗易碎的水晶球。

乙：人的生命只有一次，它是美丽的、短暂的，更是脆弱的、珍贵的。

甲：据了解，我国每年大约有1.6万名中小学生非正常死亡，中小学生因交通安全事故、食物中毒、溺水、自杀等死亡的，平均每天有40多人，也就是说每天有一个班的学生在“消失”。

乙：同学们，面对危险和困难，我们该怎么办？让我们行动起来，学习和掌握自护自救的知识，团结起来，互帮互助，从容地面对危险和挑战。

甲：我们只有学会求生的基本知识与技能，才能尽量避免悲剧的发生。

甲、乙：“知识守护生命”四（4）中队活动现在开始。

乙：大家还记得开学初中央电视台播放的《开学第一课》吗？这个节目告诉了我们在遇到困难时应该怎么做。下面请听快板《守护生命的黄金十大法则》（略）。

甲：当我们遇到巨大的灾难时，我们应该在第一时间做出逃生的反应，不抛弃不放弃。请听故事《农家女孩李中俊》。

农家女孩李中俊在上学路上不慎滑入四十多米的“天坑”中，要是常人肯定会绝望，可是李中俊并没有放弃，她想尽一切办法让自己活下去，就这样，她一次次试着往上爬，可是爬不了多高就又滑了下来。她想出了一个办法，每天都拿一根树枝挖着坑壁，挖出许多小坑，渴了，就接着石岩上的露水喝，累了，就坐在地上休息一小会儿，然后接着挖。日复一日，李中俊坚持了下来，她竟然爬出了“天坑”，创造了生命的奇迹！这个故事让我懂得：坚持是种考验，它磨炼着你的意志，使你变得更加坚强；坚持是种智慧，只要相信自己，找到解决问题的办法，那么你就能获得最终的胜利。

乙：生命的价值高于一切，我们应树立生命意识，尊重生命。请听诗朗诵《珍爱生命》。

《珍爱生命》

生命是如此珍贵，
它使你求生勿废。
生命是如此憔悴，
致使你跳楼自毁。
生命中充满磨难，
磨难是书，
致使你奋起直追！
生命是缘，
致使你生死相随。
啊，朋友，
勿要轻视生命，
丢掉它有去无回。
啊，朋友，
珍惜生命，
宇宙间唯独有你！
生命是如此脆弱，
产生中爱护百倍。
如果你随便丢弃，
爱你的生命痛苦伤悲！
朋友啊，朋友，
快乐每一天，
生命每时都闪耀光辉。

甲：生命是多么的可贵啊！可现在有些同学就不珍惜生命，在上学路上玩耍。生命在自己手中，交通安全不容忽视。下面请看小品《放学路上》。

《放学路上》

人物：小亮、张明

时间：放学后

地点：马路上

准备：足球、书包、划分道路界线

张明拿着一个崭新的足球走在前面，小亮走在后面。

小亮：（快步跑到张明面前，羡慕地）哇，好漂亮的球，哪来的？

张明：（自豪地）这是我爸爸送给我的生日礼物，你没有吧？

小亮：我是没有，我爸爸都不买给我。唉，你能把球借给我踢一下吗？只要十分钟。

张明：现在？

小亮：对呀，怎么样，舍不得你的宝贝呀？

张明：这可是在马路边呀，不行。老师说了，在马路上玩要或踢球是非常危险的。我们要是出了什么事，那就完了。

小亮：没关系，我只在路边踢几下，不会到马路中间去的。

张明：那好吧！可一定要小心！（张明放下手中的球，跟小亮踢了几个来回）

小亮：（用力地）看球！（不小心球被踢到马路中间）

张明：糟糕，我的球——

小亮：没关系，我去捡。

张明：（拉住小亮的手）算了吧，那么多车，来来往往，我怕……

小亮：怕什么，你等着……（小亮翻越栏杆，向马路中央冲去。这时，恰好一辆小车疾驶而过，小亮被撞倒在地）

报幕员：多么可怕的一幕啊，正是因为同学的马虎大意，才导致这个悲剧的发生。同学们，生命是无价的，人的生命只有一次，我们千万不要跟自己的生命开玩笑，毕竟交通法规的制定是无数人用鲜血换来的。

乙：瞧，这多危险啊！为了小小的足球，要是送上一条腿，落个终身残疾，多不值啊！

甲：马路如虎口。我们在出行中一定要牢记交通规则。请听儿歌《注意交通安全》（略）。

乙：交通安全，我们可得随时注意。那么我们在学校里，又应该怎样注意安全呢？下面请大家回答一些问题：

1. 上下楼梯应该注意什么？

上下楼梯精力要集中，一律靠楼梯的右边行走，前后要保持一定的距离，不要并排，不要跑跳，不要追逐打闹，不要前推后拥；发现拥挤现象不要慌乱，要靠墙或扶楼梯扶手止步；不要将身体探过楼梯扶手，更不要从栏杆上向下滑。

2. 在走廊上应该注意什么？

（1）在走廊上休息时，不要将上半身探出栏杆，更不要攀爬栏杆。

（2）在走廊上行走时，要轻声慢步，不要大声喧哗，不要跑。不要借助栏杆做健身动作，更不要用身体冲撞栏杆。

（3）不要在走廊内追逐打闹和做游戏。

（4）不要从走廊向楼下扔任何东西。

3. 课间活动时应该注意什么？

（1）不要在教室内追逐打闹和做游戏。

（2）不要在门口追逐打闹和做游戏。

（3）不经老师允许不得出校门。

（4）在校园内活动时不要急跑，不要追逐打闹，不要做恶作剧。要在人少的地方活动或做游戏，且不要危及他人安全。不要做有危险的活动和游戏。

（5）第一遍上课铃响后立即停止活动，以正常行走速度走进教室。

4. 上学、放学时应该注意什么？

（1）按规定时间到校，到校后立即到教室做好课前准备。

（2）放学时要以班为单位排队下楼，不得私自提前或拖后。

（3）放学时要随队离校，不得私自提前出校门或在校园停留。

（4）出校门直接回家，不得在路上停留、打闹、做游戏或其他事情。

（5）需要家长接送的学生，如果放学时家长未到，不得独自回家，在电话通知家长后在校园内静静等候。

甲：刚才几位同学已经告诉了我们在学校应该如何注意安全。在《中小学生守则》中也有这样一句话：珍爱生命，注意安全。是的，安全与我们的生命有着很大的关系，所以安全知识必不可少。让我们进行一次安全知识竞答，学习生存、自救的知识。

请大家判断下面说法是否正确。（用手势表示）

1. 过马路如果遇到没有人行道的马路时要靠右侧路边行走。（√）

2. 高速公路上，乘车时不要站立，不要随便开窗和摇晃。（√）

3. 乘飞机可以不用系安全带。（×）

4. 乘飞机严禁携带易燃易爆、腐蚀性和放射性物品、刀具及其他危险物品。（√）

5. 进出地铁站台时要依次上下，站在自动扶梯上要站稳扶牢，防止跌倒受伤。（√）

6. 干粉灭火器可用于扑救所有的火灾。（×）

7. 火灾发生时，遇到浓烟，应直立行走。（×）

8. 用煤气时，火被吹灭，不要马上关煤气。（×）

9. 如在室内发现煤气味，要立即开窗。（√）

10. 起火时，可以往身上浇水，以免引火烧身。（√）

11. 游泳时千万不要在水中打闹，以免呛水或受伤。（√）

12. 技巧练习要在海绵垫上进行。（√）

13. 上体育课时，穿不穿运动衣和运动鞋无所谓。（×）

14. 穿带铁钉的足球鞋参加足球比赛最好。（×）

15. 不带与体育课无关的物品，如别针、小刀等金属、硬物上体育课。（√）

16. 鱼类可生吃。（×）

17. 植物是绿色食品，可随便吃。（×）

18. 如果食品加工过程不卫生，加工出来的食品就不能吃。（√）

简答——抢答

1. 油锅着火最简单的灭火方法是什么？

答：盖锅盖。

2. 灭火的三种基本方法是什么？

答：隔离法、窒息法、冷却法。

3. 打火警电话报火警时要注意什么？

答：明确起火单位，详细地址，着火情况，什么物品着火，有无爆炸危险，是否有人被困，报警用的电话号码和报警人的姓名等。

4. 火灾致人死亡的主要原因有哪些？

答：有毒气体中毒、缺氧、窒息。

5. 夜间过马路时，应注意什么？

答：夜间过马路应尽量选择有灯光照着的地方行走，不要在路中间停留，不要在车流中间穿插行走，以防因为车辆灯照盲区而发生意外。

6. 学龄前儿童和低年级小学生过马路时，应注意什么？

答：学龄前儿童和低年级小学生横穿街道或马路时，须有成年人带领。

7. 当大楼内失火时，要如何逃生？

答：当大楼内失火时，不要慌张、乱跑，要设法快速离开火灾现场，千万不能从窗口往下跳，如果楼层不高，可以用结实的绳子从窗口降到安全的地方。

8. 乘坐火车，在火车运行时，应注意些什么？

答：火车运行途中，不要把身体的任何部分伸到车窗外，也不要乱走动，以免碰伤、烫伤。有事可以找列车员或乘警帮忙。

9. 在野外野炊完毕，要注意些什么？

答：在野外野炊完毕，要熄灭火种才能离开，以防死灰复燃，造成森林火灾。

10. 燃放烟花爆竹时，应注意什么？

答：燃放烟花爆竹时，要远离人群和堆放易燃物的地方，以防炸伤人或引起火灾。

乙：大家的回答非常精彩。我们知道了一些安全知识和一些自救的方法，平时还要注意树立安全意识，才能从思想上消除事故的隐患。让我们用知识去守护自己的生命，用知识将自己的生命谱写得更加辉煌！让我们大家在拍手游戏中再次记住自救的方法。

你拍一，我拍一，火灾发生莫迟疑。

你拍二，我拍二，逃离火场要赶快。

你拍三，我拍三，现场通道要疏散。

你拍四，我拍四，浸湿衣服裹身体。

你拍五，我拍五，切莫贪恋钱和物。

你拍六，我拍六，穿过浓烟要低头。

你拍七，我拍七，浸湿毛巾捂口鼻。

你拍八，我拍八，赶快报警不要怕。

你拍九，我拍九，火警电话119。

你拍十，我拍十，消防队救火真及时。

甲：我们四（4）中队开展“知识守护生命”活动以来，大家找资料、制作精美的书签和手抄报，下面我们评选优胜者，优胜者奖励一颗星。（优胜者展示）

乙：生命的价值高于一切，我们应树立生命意识，尊重生命。当我们遇到巨大的灾难时，不应埋怨上天的不公；不要抱怨自己的运气不济；不要给自己恐惧的时间，我们应该在第一时间做出逃生的反应，不抛弃不放弃。生命的价值高于一切，让我们共同珍爱生命，用知识守护生命！

音乐声响起，全体队员在“知识守护生命”的倡议书上签名。同时主持人说：进行安全教育要注意好多方面，如交通安全；防火、防水、防电；防台风、防雷击；防抢、防盗、防匪和自我保护等多方面安全知识。在日常生活中，我们要能时时反省与激励自己，做到珍惜自己，关怀他人，让我们的生命更和谐、更完满。

（三）辅导员讲话

生命的价值高于一切，我们应树立生命意识，尊重生命。所以，让我们用一生守护生命，呵护生命，让知识守护生命，为自己赢得生的机会！生命只有一次，幸福快乐掌握在你的手里，希望同学们通过这次队会活动，学会珍惜生命，用知识守护生命。

（四）呼号

（五）退旗、奏乐、敬礼

（六）活动结束

六、活动感受与反思

现在的孩子都是“00后”，城市中小学生大部分是在蜜罐里泡大，在长辈的百般呵护中长大，安全防范意识普遍薄弱，他们与社会接触得很少，受的磨砺也很少。而家长们却只关心孩子们的学习问题，忽略了最重要的安全教育和辅导。所以在遇到困难、危险的时候，他们往往惊慌失措，不知如何是好。

本次活动我们采用丰富多彩的活动形式，并遵循学生的特点来开展。从整个活动过程来看，学生兴趣比较浓厚，参与意识较强，能够积极主动编排节目，在活动中深刻体会到：当遇到巨大的灾难时，不应埋怨上天的不公，不要抱怨自己的运气不济，不要给自己恐惧的时间，应该在第一时间做出逃生的反应，不抛弃不放弃。生命的价值高于一切，让我们共同珍爱生命，用知识守护生命！

活动评析：

1. 内容十分详细、具体、充实、完整。

2. 选择主题的方式十分新颖，以小见大，充分利用媒体资源，挖掘教育信息与资源。

3. 放手让学生自己准备活动材料，排练节目，提升了学生自学的能力，充分调动了学生的积极性，有助于引起学生的兴趣，使学生成为组织者、体验者、学习者、进步者，进而对活动内容记忆更加深刻。

4. 采用小组合作的方式，也有助于加深同学间的情感，培养合作意识。

5. 用图片、知识竞答、快板表演、制作警示书签、设计手抄报等多种形式相互配合，活动充满趣味性，调动全体成员参与其中，使得每个学生都有收获，均在成长。

案例3　我们选择勇敢

常州市西新桥小学　匡燕

一、活动背景

进入小学高年级的学生，从十一二岁开始逐渐进入青春发育期。青春期来临，孩子体内正在发生剧烈的变化，主要表现为：性别意识骤然萌发，智力水平迅猛提高，自我意识和独立意识增强，兴趣爱好日益广泛，人际交往需求增加。

从社会大背景来看，青少年时期是人格培养的关键期，这时对男女性别角色的社会化认同也会影响学生今后的生活。可由于现在小学教师队伍中阴盛阳衰，特别是在最近几年的选秀节目中，大众审美越来越趋向中性，各种娱乐媒体宣扬的男女形象也越来越另类，因而学校教育有义务正确引导学生明确社会对男女性别角色的期待和要求，努力帮助他们塑造健康向上的性别形象。

从学生的校园生活层面观察发现，高年级的学生一方面还没有完全摆脱三、四年级出现的男女相处的冲突，一方面已经开始出现较明显的性别特征差异；同时，在学校及家长的评价体系中，常常有一些先入为主的惯性评价，比如女生干部比男生干部能干，男生比女生勇敢、聪明等，中华民族的优良传统和民族精神在这一代孩子的身上缺乏应有的继承和弘扬。据专家们统计发现，许多成功男士在思维上比一般男性更多地具备一定的女性思维品质，而成功的女性在思维上又比一般的女性更多地具有男性的思维品质。学校教育便应该让学生科学地认识男女生之间的客观差别，让他们在个性自然成长的基础上悦纳自己的性别身份，能按照社会对性别角色的正确要求规定自己的言谈举止，学会尊重、关怀、欣赏自我和他人，大方地对待异性同学，相互取长补短，继承和弘扬中华民族的优良传统和民族精神，认识到美好的品质是我们每一个人都可以拥有的，不分男女。从而有意识地培养学生具备勇敢、自信、坚强等优秀的品格，促进学生人格的健全发展，提高生命的质量，使生活健康充实、积极向上。

二、活动目标

1. 继承和弘扬中华民族的优良传统和民族精神，树立正确的人生观，认识到美好的品质是我们每一个人都可以拥有的，不分男女。

2. 提供给学生在男女性别角色认同上进行沟通和交流的机会，破除性别刻板化印象，学会尊重、关怀、欣赏自我和他人。

3. 促使男女生彼此了解，使其在自我个性形成方面有所启示，从而调整自己的言谈举止，促进学生人格的健全发展，提高生命的质量。

三、活动准备

课前教师必须准备一些孩童玩具；制作相关课件（其中包括许多优秀女性的感人事迹、汶川地震小英雄事迹、学校游泳校本课程中的片段）、统计表等；布置学生搜集相关资料。

四、设计思路及意图

课伊始，通过“玩具博览会”的活动揭示男孩、女孩玩具选择的差异，使家长明确要按照社会规范培养孩子的性别意识。紧接着进行一个“即兴游戏”，游戏的目的在于挖掘学生潜意识中对性别所持有的一种固有观念。第二环节，通过“分层引导，逐步推进”的方式对学生的错误意识纠偏，分三步进行。第一步，让学生感受到女性作为母亲，是勇敢的，作为职业人，能舍小家顾大家，同样也是勇敢的；第二步，从勇敢的成年人过渡到勇敢的小伙伴，将同龄人中一个个勇敢的事例鲜活地摆在学生面前，使学生深刻地意识到，不论男女，我们都可以选择勇敢；第三步，通过劝慰的活动环节使学生从建立正确的意识观念到转化为实际行动，进一步深化认识。课的结尾，凸显我们对这节课的立意，以勇敢为切入点，用以小见大的方式，让学生明白世界上除了“勇敢、温和、细心、热情”，还有许多美好的品质，这些美好的品质是我们每一个人都可以拥有的，不分男女，让我们从选择勇敢开始，磨炼自己的意志，拥有这些美好的品质。

五、活动过程

（一）玩具博览会

1. 教师课前准备一些孩童玩具。

2. 你小时候爱玩的玩具是什么？

3. 大家讨论：男孩和女孩的玩具各有什么特点？彼此的玩具为什么会有很大的不同？

4. 教师总结：男孩、女孩选择玩具的差异在于家长是按照社会规范培养孩子的性别意识的。

（二）即兴游戏

1. 老师带来了许多词语，如：勇敢、温和、胆小、细心、热情、马虎等，请大家根据自己的第一印象在一分钟内把这些词语填在相应的男生或女生的对应圈里。

2. 每个学生填表。四个小队长：蒋鑫、杨柳、张宇、赵玉收表格，并分别统计数据，然后在中队长徐金晶处汇总，最后通过投影展示最终统计的数据。

（三）我的放大镜

1. 男生的勇敢似乎是毋庸置疑的，如我们课文中学到的《军神》《地震中的父与子》……

学生回忆勇敢男性的事迹。

那么女性是不是不够勇敢呢？

2. 2008年5月发生的汶川大地震大家还记忆犹新吧！其中有这样一幕感动了所有的人，让我们来看一下吧！（播放课件：手机示爱、熊口救子）

师过渡：听了这两个真实的故事，大家有什么想说的呢？

吴斌：她把自己的生命永远定格在了这撼人心魄、感天动地的一瞬间。

张雨菲：她就像游戏里勇敢的鸡妈妈，不顾一切地扑上去，保护着自己的孩子。

高静楠：作为母亲，她们用女性特有的方式勇敢地抗击着无情的灾难。

师：是呀，危难关头，母亲们挺身而出，证明了女性的勇敢，留心观察的你是否也发现了妈妈的勇敢？

生：……

师小结：平淡生活中，母亲们也总是用她们坚强的举动告诉我们：女性不软弱。

3. 请同学们再看几组照片。（播放课件，师讲述汶川地震中坚强女性的故事）

（1）这位是女警蒋敏，在母亲、女儿等亲人不幸遇难后，她毅然坚守工作岗位，日夜奋战在抗震救灾第一线。

（2）在四川灾后现场，有一个女记者非常引人注目，她总是在最危险的地方第一时间发回许多独家报道，她就是央视女记者张泉灵。

（3）这是地震时，勇敢的餐馆女服务员们主动加入老师的队伍，迅速抱着孩子撤离开始颤抖的房屋的场景。

（4）地震发生时，四川省人民医院内分泌科24岁的护士陈晓沪，一趟又一趟背着、抬着病人，搬运氧气罐、床、被子……在成功转移了病人后，她却先兆流产，孩子没能保住。

师过渡：面对灾难，作为职业人，她们用女性特有的温暖抗击着无情的天灾之寒，勇敢地担负起“半边天”的责任，舍小家顾大家，用爱温暖着最需要他们的人。他们的勇敢是否也感染了你，又使你想起了谁？

学生交流古今中外优秀女性事迹。

师小结：古今中外，像这样勇敢刚强的女性真是数不胜数，她们也向我们证明：女性很勇敢！

4. 面对突如其来的灾难，是不是只有成年人才会这么勇敢地面对，介绍介绍你们眼中勇敢的小伙伴、小英雄吧！看看我们又能发现什么？

看汶川大地震中同龄的小伙伴照片，学生介绍感人的故事（不论男女）。

师小结：刚才同学们介绍的小伙伴，虽然他们年龄不大，勇气却不小，无论男孩还是女孩，只要选择了勇敢，就能在危险、灾难面前，表现出非凡的勇气。

5. 本学期，学校在我们四年级开展了游泳校本课程，赶快来看看老师为你们采集的几组镜头：（男生和女生各有一个不敢游泳的镜头，由于胆小学不会游泳）

此时，同学们对他们有什么劝慰的话要说吗？

现在，假如老师再让你们做一次选择，你会怎么做？谁来说说？

日常生活中，你的周围有勇敢者的身影吗，能不能来夸夸他（她）们呢？

（四）拥抱品质

看来，我们以前对性别的认识还有一定的偏差，事实并非如此。

其实，男生很——（勇敢），女生也可以很——（勇敢）；

女生很——（温和），男生也可以很——（温和）；

女生很——（细心），男生也可以很——（细心）；

女生很——（热情），男生也可以很——（热情）。

这些美好的品质是我们每一个人都可以拥有的，不论男女。希望通过今天的活动，在今后的学习、生活中，男孩与女孩都能尽自己所能，磨炼自己的意志，拥有这些美好的品质。

六、活动感受与反思

前期学生开展了一系列活动。系列活动之一是“我们认识自己”，通过健康老师的介绍和讲座，学生对男、女的生理知识有了清晰的认识；系列活动之二是“我们展示自己”，学生通过“才艺秀”，开展了“我们展示自己”活动，活动中涌现出了许多小能人、小明星——灌篮高手丁镇哲、古筝姑娘孙晨曦、美味小当家张宇、无敌大力士陶俊、巧手小绣娘赵雅倩、超级舞后赵玉等，让学生在认识自己的同时，学会了自我欣赏、自我展示、勇于表现，也让学生彼此加深了了解。

2008年5月12日，汶川发生了大地震，在党中央、国务院的坚强领导下，全国人民都在拼命、在救人、在援助，逝者与生者中无数勇敢者的故事感天动地，13亿中国人民的眼泪止不住地流。从这一刻起，我们每一个中国人都被改变了。13亿人紧紧团结在一起，不屈不挠、奋不顾身、英勇奋斗，震惊了世界，也震惊了我们自己。汶川精神深深地叩响了我们每一个人对生命的思考。

这堂主题班队活动课以此为契机，把汶川故事和汶川精神融合在内，使学生在受到深深震撼的同时引发学生更深入地思考。期望他们能认识和感悟生命的意义和价值，继承和弘扬中华民族的优良传统和民族精神，认识到美好的品质是我们每一个人都可以拥有的，不分男女。有意识地培养学生具备勇敢、自信、坚强等优秀的品质，促进学生人格的健全发展，提高生命的质量。同时引导学生在男生、女生的交往中实现彼此和谐、平等、健康的发展，即相互包容、相互接纳、相互欣赏、相互信任、彼此悦纳。学会尊重、关怀、欣赏自我和他人，有目的地培养自己多方面的兴趣爱好，大方地对待异性同学，使生活健康充实、积极向上，从而培养学生形成正确的生命观和积极的人生观。

综合分析并通过实践后发现，活动主题的选择非常切合学生成长和发展的需要。活动内容安排合理，板块清晰，且层层推进，非常丰满。课前的统计关注了学生的原状态，师生的情绪浑然一体，形成了和谐、积极的学习共同体，达到了预计的活动效果。

后续活动展望是“我们相互欣赏”，通过男生、女生之间的相互夸赞，让孩子们在更和谐、融洽的氛围中快乐成长。引导学生学会发现异性同学的优势，学会扬长避短、取长补短，共同健康成长。

资料链接

表一　勇敢　温和　细心　胆小　热情　马虎

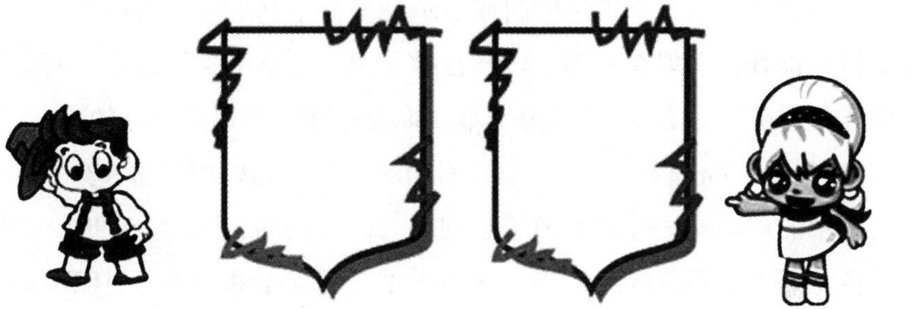

表二

统计表

	勇敢	温和	细心	大方	机敏
男生 					
女生 					

	胆小	热情	马虎	小气	自信
男生 					
女生 					

手机示爱的故事：当抢救人员发现她的时候，她已经死了，是被垮塌下来的房子压死的，透过缝隙可以看到她死亡的姿势，双膝跪着，整个上身向前匍匐着，双手扶着地支撑着身体，有些像古人行跪拜礼的姿势，只是身体被压变形

了。经过一番努力，人们小心地把挡着她的废墟清理开，在她的身体下面躺着她的孩子，包在一个红色带黄花的小被子里，大概有三四个月大，因为母亲身体庇护着，他毫发未伤，抱出来的时候，他还安静地睡着。随行的医生过来解开被子准备做些检查，发现有一部手机塞在被子里，屏幕上是一条已经写好的短信，短信中说："孩子，如果你能幸免于难，你要记住，妈妈是爱你的。"

熊口救子的故事：在一个阳光明媚的上午，陶妈妈带着5岁的儿子走进了劳动公园中的动物园。好动的孩子看到了憨态可掬的大黑熊，此时，公园工作人员正准备将黑熊搬到室内过冬。不知不觉中，陶女士的幼子迈过刚刚被拆除的铁丝网。陶女士一抬头，突然发现儿子隔着铁笼，右手拿着一块糖，已伸进黑熊的嘴里，把孩子的手拽回来已经来不及了！她并没有被眼前的一幕吓倒，刹那间，不知哪来的勇气，陶女士猛地把双手伸进了黑熊的嘴里，一只手代替儿子的小手"喂"给黑熊，另一只手护住儿子的小手，拼命地从黑熊的嘴中往外夺。当工作人员赶来时，她的手已是鲜血淋淋，医护人员说，要不是妈妈拼命护住孩子，孩子的手恐怕会保不住。

活动评析：

1. 该选题十分新颖，极具重要性和必要性，既兼顾了学生的年龄特征，又弥补了社会、学校与家庭教育中存在的漏洞。

2. 内容详尽、具体，以小见大。

3. 选取的材料贴近学生的现实生活，充分利用社会现实问题，十分具有说服力，及时帮学生正确认识了男女生的品质特征。

4. 从"玩具博览会"到"即兴游戏"，再到"我的放大镜"，最后"拥抱品质"，环环相扣，层层递进，紧扣活动主题。

案例4　让我们的心灵之窗永远明亮

常州市翠竹新村小学六（2）中队　顾静亚

一、活动背景

眼睛是心灵的窗户，是人体中最宝贵的感觉器官之一，如果没有眼睛，我们面临的将会是一片黑暗。但随着科学技术的发展，人民生活水平的提高，我们身边戴上眼镜的人也越来越多。据统计，我国盲人有500多万，低视力者600多万，儿童斜弱视者1000多万；青少年近视率平均达40%，大学生近视率超过70%……这些数据说明了中国近视病发率上升之快，已到了全社会必须关注与采取措施的时候了。去年，我校卫生室期末普查，也发现学生的视力急剧下降，近视新发病例呈上升趋势。经过调查发现，本班50名同学中戴眼镜的将近20人，达到标准视力的学生不足10人，有相当一部分学生的读写姿势不正确。针对这种情况，开展切实有效的班队活动，以激发学生爱眼的积极性迫在眉睫！因此，我们中队以学校活动为契机，并结合本班实际情况，举行了“让我们的心灵之窗永远明亮”的中队主题活动。

二、活动目标

1. 使学生了解眼睛的基本构造，懂得爱护眼睛的意义，增强爱眼意识。

2. 通过活动体验、故事等形式体会生命的可贵，拥有健康的身体、明亮的眼睛的重要性；懂得珍爱生命，珍惜健康，从保护眼睛做起。

3. 培养学生保护眼睛的好习惯，使学生从自身做起，从现在做起；同时也要关注别人的眼睛健康，做好宣传，让每个人都掌握保护眼睛的方法，共同关注心灵的窗户。

三、活动准备

1. 体验半小时盲人生活。

2. 充分利用各类书籍以及网络资源，搜集眼睛的构造、保护眼睛的方法以及近视眼的成因等资料。

3. 调查学校以及本班学生眼睛近视情况。

4. 资料搜集。

（1）请学生借阅有关人的健康方面的书籍，着重了解眼睛方面的知识、爱护眼睛的方法和措施、怎样预防近视，并且请眼科医生讲解有关护眼的方法，并做好记录。

（2）请家中有电脑的学生上网查阅、搜集活动所需的资料。

（3）推荐学生阅读《健康报》《健康教育》等书籍、报刊，充分搜集有关资料。

四、活动过程

中队长：六（2）中队“让我们的心灵之窗永远明亮”中队主题活动现在开始！

主持甲：同学们，大家好！世界上什么最珍贵？是的，生命最珍贵，拥有一个健全的身体是多么幸福啊？可如今近视却成为危害青少年健康的头号杀手。大家都知道，我们之所以能看到自己的亲人、朋友、大千世界的一草一木，能感受到生活的美好，正是因为我们每个人都拥有一双明亮的眼睛。我们交流时它可以表情达意，因此也被人们称为心灵之窗。

1. 七嘴八舌谈构造，明白爱眼意义

主持乙：我们天天都要用眼睛观察身边的一切。那眼睛到底是什么样的呢？它又是怎样使我们看到周围的一切的呢？下面我们先来听听第一小队的同学的介绍——“眼睛的构造”。

主持甲：原来我们的眼睛是个如此复杂的器官，要想清晰地看到事物，看到美好的大自然，还真要注意保护眼睛呀！

2. 亲身体验谈烦恼，增强爱眼意识

主持乙：如果我们不重视眼睛，眼睛就可能会近视，就会看不清身边的一切，严重的还会失明，多可怕呀！请大家一起来听一听第二小队同学近视后的亲身经历吧！

主持甲：同学们说出了所有近视患者的苦恼，道出了他们的心声。

主持乙：下面请大家谈谈昨天在家做“盲人”的感受。

3. 播放真实镜头，汇报调查情况

主持乙：（询问同学）那你们知道为什么人的眼睛会近视呢？

主持甲：下面请同学们一起来看几个自己在日常生活中，读书、写字以及做眼保健操时的镜头，看看哪些是规范的，哪些是不规范的，若不规范，说说应该怎样做？

主持乙：真是不说不知道，一说吓一跳！原来咱们平时这么不注意对眼睛的保护。下面请听第三小队同学对我校同学所做的视力调查情况。

主持甲：听了同学的汇报，再次敲响了保护视力的警钟。

主持乙：是呀，我们大家都知道，视力不好，不但影响在校学习，将来参加工作也会受到妨碍：患有近视，不利于参军，不能做飞行员，不利于从事火车、轮船、汽车驾驶方面的工作，也不利于从事精密仪器制造和顶尖科学研究的工作等。所以注意用眼卫生、保护视力、预防近视对我们来说非常重要。

4. 有奖竞赛论护眼，强化护眼知识

主持乙：既然近视给我们带来了这么多不便，那么我们该怎样保护自己的眼睛呢？下面，我们将进行有奖竞猜活动，当我们读完问题后请同学们踊跃举手回答，答对的同学将获得我们送出的精美礼品一份。

在学生自评、小组互评、教师综合评价的基础上，对在活动中有突出表现的学生进行表彰，授予"小小护眼博士"的称号。

5. 如何护眼大家谈，明亮眼睛共期盼

主持甲：眼睛是心灵的窗户，是人体最重要的感觉器官，如果眼睛发生疾病，我们就可能看不清或看不见周围美好的一切，甚至生活在黑暗之中，所以我们应该像爱惜生命一样爱惜眼睛。

主持乙：下面请几位同学谈谈自己搜集到的护眼知识。（内容见资料）

主持乙："人类心灵的窗户"是十分脆弱的，面临潜在的多方威胁，我们要时刻注意用眼卫生。

中队长：我们的活动接近尾声，为了让我们的生活永远美好，我们少年儿童要从小做起——爱眼护眼。

五、活动感受与反思

本次中队活动针对当前学生的视力现状，通过让学生采访调查和让学生亲身感受盲人生活的不便，学生更深切地感受到保护视力的重要性。同时也让学生了解了眼睛的构造，使学生明白了应如何保护眼睛。本次班队活动由于准备得比较充分，目标达成较好。活动后，班上大部分同学的读写姿势有了很大的改观，也能自觉地做眼保健操，比以往的单纯说教效果要好得多。

资料链接

1. 眼睛的构造

眼睛看东西的功能，医学上称作视觉，包括三方面：视力、色觉和立体觉，其中最主要的是视力。视力由中心视力和周边视力组成，周边视力又称视野，即看到的空间范围。中心视力即视觉锐敏度，通常称为视力，它又有远视力和近视力之分。眼睛看东西主要靠眼球，正常眼球是一个直径约24毫米的近似圆球体，它由眼球壁和包在眼球内的一些组织构成。简单地说，眼球就像照相机那样工作。眼球壁有三层，外面一层厚厚白色膜叫巩膜，俗称眼白，起保护眼内组织的作用；外层的最前部有一个像圆窗户的透明膜叫角膜，相当于照相机的透明镜头，它让光线进入眼球内，在正常的角膜表面有一层泪膜，由外向内分为三层，即最外的脂质层，中间的水液层和最内的黏液层，对维持角膜和结膜的湿润是很重要的。黑眼珠的中心有一个小孔叫瞳孔，就像照相机的光圈，可随光线的强弱变大或缩小。在虹膜后面有一个结构，称睫状体，一般情况下看不见，它起调节焦距和生成房水的作用。最里层是接受光线的视网膜，类似照相机用的胶卷。眼球内的东西有三样：房水、晶状体和玻璃体，房水是眼球内的营养液，具有维持眼压和营养眼内组织的作用，晶状体是一个扁圆形凸透镜，类似于照相机的变焦镜头，它在睫状体的共同作用下，能调节眼睛清楚地看远看近。眼睛看东西时，光线从眼睛前面进入眼球，通过角膜、瞳孔、晶状体、玻璃体，到达视网膜，经过复杂的生物光化学反应产生生物电流，由视神经（像电缆）传送到大脑，被感觉认识，这就形成了视觉。

2. 调查访问

为了进一步了解本地区低视力者、儿童斜弱视者、青少年近视率的情况，培养学生的爱眼意识，传授他们护眼方法，教师可根据活动小组的分工情况指导学生开展调查、访问等活动。

问卷调查

（1）设计问卷调查表。教师指导学生设计好问卷调查表，使设计问卷的过程成为学生又一次了解眼睛知识、增强爱眼意识的过程。

（2）学生发送调查问卷，调查所在学校的学生。（每班抽10人）

（3）学生记录活动感受。

3. 知识竞赛题

（1）平时应怎样做对眼睛有好处？（　　）

A. 多吃东西，多吃营养品

B. 精细搭配，荤素搭配

C. 少吃东西，偏食挑食

(2) 吃什么对眼睛有好处？(　　)

A. 动物眼睛　　B. 动物肝脏　　C. 动物皮肉

(3) 胡萝卜可以明目，它含有(　　)

A. 维生素C、E　　B. 维生素A、B　　C. 维生素A、E

(4) 多少岁以上者至少每年检查一次眼压？(　　)

A. 20岁以上　　B. 30岁以上　　C. 40岁以上

(5) 使用计算机多长时间要休息10—15分钟？(　　)

A. 25分钟左右　　B. 50分钟左右　　C. 1小时左右

(6) 眼睛与电脑屏幕至少保持多少厘米？(　　)

A. 60厘米　　B. 70厘米　　C. 80厘米

(7) 眼睛由什么组成？(　　)

A. 感觉神经　　B. 眼睫毛和眼皮　　C. 虹膜、角膜、晶状体等

(8) 沙眼是常见的一种什么病？(　　)

A. 传染病　　B. 急性眼病　　C. 慢性眼病

(9) 红眼病在什么季节最易流行？(　　)

A. 夏、秋两季　　B. 秋、冬两季　　C. 春、秋两季

(10) 青少年连续看书写字多长时间后应该休息？(　　)

A. 40分钟　　B. 60分钟　　C. 90分钟

4. 学生交流护眼知识

A：晚上看电视时，也有讲究。在夜间看电视时，最好在电视机的背侧开一盏灯，在15—30瓦左右，灯光要柔和，这样能起保护眼睛的作用。

B：有些同学有点眼药水的习惯，那就让我来教教你怎样正确点眼药水。点眼药水前一定要洗手，最好是躺着点，打开眼药水以后第一滴眼药水不要使用，可以用第一滴眼药水把瓶口可能存在的污染物给冲洗掉。然后用食指拉开下眼睑，眼睛往上看，把眼药水滴在下眼睑的沟槽里面，千万不要把眼药水直接点在

黑眼球上。点完后还要用手轻轻拉一下上眼皮，这样可以使眼药水均匀地涂抹在眼睛表面。最后还要记住点完眼药水要用棉签放在眼内眦处挤压3—5分钟。

C：除了吃一些肝脏、蛋黄、胡萝卜等富含维生素A的食物以外，我们还可以吃一些水果，里面含有很多维生素C、D、E，在抗氧化和抗老化方面有一定作用。枸杞子有养肝明目的作用，长期服用对眼睛保健是有益的。美国已有实验室专门在研究枸杞子、银杏等植物对眼睛的作用。

活动评析：

1. 选题从本班学生的实际情况出发，有利于激发学生的兴趣与求知欲，切实解决学生面临和存在的实际问题，具有现实意义。

2. 将查阅资料、调查的任务放手交于学生，可增强学生查阅资料、人际交往的能力，同时可加深学生对眼睛的相关内容的理解与记忆。

3. 从谈构造到谈烦恼再到播放真实镜头，汇报调查情况，有奖竞赛，谈如何护眼，内容丰富多样，有助于学生将知识运用到实际生活中。

4. 资料来源于学生的亲身体验、学生现实生活中的表现和学生亲自调查的结果，具有真实性和很强的说服力。

5. 让学生体验做盲人，使他们真切地感受眼睛的重要性、失去光明的痛苦，能更好地达到活动的目标。

案例5　幸福而精彩地活着

常州北郊中学七年级3班　李岚

一、活动背景

对于生命，学生有着本能的敬畏，然而，大部分学生并不珍惜亦不觉得幸福。尽管家长尽力满足他们对于物质的要求，他们却很少感动，或者说是感恩。也有部分学生是还未学会如何去感恩。

二、活动目标

1. 对自身已经拥有的一切感到幸福，学会感恩。

2. 体谅父母的无奈与为难，尝试着用行动让父母感受孩子的爱。

3. 尝试真正地认识自己，分析自己的优缺点，明确“如何幸福而精彩地活着”的答案。

三、活动准备

1. 结合生物课《膳食指南与食品安全》，在3月8日为父母设计一份营养食谱，送上“初级营养师”的健康祝福。家长品尝后在学生自制的食谱上留言。

2. 学生自发从家中带植物到教室美化环境，并安排责任人，负责植物的培育工作，做好《观察日志》。（备注：这是一项长期的活动，《观察日志》的记录和翻阅也是一种持续的生命教育。）

3.“保护鸡蛋宝宝”活动。

4. 审视自己，用最精辟的语言描述“我是谁”。

5. 学生结合自己的经验和烦恼，以父母的身份给未来的孩子写一封信。

6. 主题班会承办，班委搜集班会资料。

四、设计思路及意图

1. 珍惜生命，善待自己

活动一：学生谈对“保护鸡蛋宝宝”活动的感受。

活动二：善待自己，安全出行。

活动三：小品《我该怎么办》，再现学生生活中心里可能产生的矛盾，共同交流该如何处理内心的矛盾。

2. 幸福而精彩地活着

活动一：交流“我是谁”——明确自己的位置，自己的需要，“我幸福吗?”。

活动二：学生汇报食谱设计及执行情况——思考自己的责任，以实际行动感恩父母，并体验父母为自己提供好的物质条件的不易。

活动三：交流事先选出的优秀的文章《给我未来的孩子》——说出自己的烦恼，同时也体谅家长的无奈和为难。

活动四：现场互动，“我将如何精彩地活着?”。

五、活动过程

1. 珍惜生命，善待自己

主持人：宇宙间的一切奇迹之中，最令人惊叹的也许就是生命。一只夏夜闪亮的萤火虫，一头笨重无比的大象，一棵参天耸立的杉树，以及一个个走在熙熙攘攘人群中有着不同肤色、不同名字的人……所有这些构成了这个多彩的世界。

对于我们来说，生命是爸爸妈妈爱情和婚姻的结晶。想想看，我们是多么幸运啊！从亿万竞争中脱颖而出，父母生下来的为什么不是别人，而会是自己。在出生之前，我们实实在在已经打了一场大胜仗！所以不管自己是美是丑，是聪明还是愚钝，甚至是残疾，都应当庆幸——我是世界上独一无二的存在。

的确，生命不是一件器物，可以随手放置或抛弃，它一旦来到世间，就值得我们好好地珍惜。对我们每一个人而言，没有了生命，就没有了一切的基础；放弃生命，就放弃了存在的基础！所以，生命道德律的第一条，就是善待生命。既要珍惜自己的生命，也要珍惜别人的生命。世界上最大的罪过，就是将生命无辜剥夺。

活动一：学生谈“保护鸡蛋宝宝”的感受

活动二：善待自己，安全出行

阅读下面一则故事，想象你正在引导电视录像中的一个人物安全地前进。读到空格处自问一下：“莉莉需要怎样做才能保证安全?”然后将答案填在空格中。

现在对照下面列出的参考答案，检查一下你所填的答案，然后，再仔细研究一下故事的全过程，看你是否提高了莉莉安全回家的概率。一定要思考到底哪种措施更安全。

活动三：小品《我该怎么办》，再现学生生活中可能产生的心里矛盾，交流该如何处理。

2. 幸福而精彩地活着

主持人：不知你有没有看过这样一本书——《苏菲的世界》。在这本书的封面上，赫然印着三个醒目的大字——你是谁?

——我是谁?

这三个普普通通的字在你的内心有没有发生猛烈的碰撞?

是的，古希腊人曾把“能认识自己”看作是人的最高智慧，阿波罗神殿的大门上写的一句箴言便是“认识你自己”。中国也有一句类似的老话叫作“人贵有自知之明”。可是，我们很少沉下心来想：我到底是谁?

是一堆肉，是一个混合物，是一个生命，是一个动物，是一个比其他动物高级的动物？如果高级，高级在哪儿？

活动一：交流“我是谁”——明确自己的位置，自己的需要，“我幸福吗？”。

“我”在哪里？在生活中寻找“真我”。（提示：“我”在他人眼中，“我”在我的行动中，“我”在我眼中的他人身上）发现你的特点，说出你的优点，战胜你的弱点。

活动二：学生汇报食谱设计及执行情况——思考自己的责任，以实际行动感恩父母，并体验父母为自己提供好的物质条件的不易。

活动三：交流事先选出的优秀文章《给我未来的孩子》——说出自己的烦恼，同时也体谅家长的无奈和为难。

活动四：现场互动，“我将如何精彩地活着？”。

3．结束语

生命，多么灿烂的字眼！

当每天早晨迎着朝阳去上学时，看着形形色色的人擦肩而过，他们或者只是上街去买菜、买早餐，或者只是打打太极拳；当温暖的阳光悄悄地洒在我身上，我听见风在对我低语，发丝不由得飞扬起来，这时候，我觉得，活着，真好！

不管生活多么不如意，也要记住，你还有你自己！

没有谁能夺走你的快乐，除非你自己放弃！

六、活动感受与反思

1. 本次班会的时间比较长，准备得也很充分，一步步为最后的问题“如何幸福而精彩地活着”作铺垫。尽管时间稍长，但学生的反响不错。所以，我认为，一个好的班会，一定要准备充分。不仅仅是承办班委的准备工作要做好，学生的情绪也要调动起来，这样学生才能真正融入到班会活动之中，而不仅仅是看客。

2. 本次班会的一大亮点为《给我未来的孩子》这封信，通过信件我们不仅了解了学生对于家长的看法，同时也看到了孩子们的成长。在这些信中，我发现，这些未来的父母也会像现在的父母一样教育孩子。常常听到学生抱怨家长对自己的不理解，这封信可能把这种不理解“疏通”了，学生第一次站在父母的角度上考虑问题，于是，那些“抱怨”变成了理解。我建议学生把这封信也给自己的父母看看，并且好好保存起来，给将来的自己和孩子看看。

资料链接

1. 莉莉需要怎样做才能保证安全?

当我们初见莉莉时，她正打算出门，参加一个朋友的生日晚会。出门前，她稍稍地修饰打扮了一番。在着装上，她（1）。接着她检查了一下自己的随身物品，同时确认自己是否记着带了一只（2）。她发现自己的钱包里有不少钱，于是她决定（3）。晚会十分热闹，餐饮时提供了饮料。其间，她的好朋友建议她喝些啤酒，说啤酒也是饮料，她（4）。晚会结束了，莉莉在俱乐部入口处和朋友们说再见。在莉莉要回家前，她（5）。然后，刚要出来，她碰见了陌生的小A，一位机灵的小伙子向她自我介绍，于是她（6）。一出俱乐部，小A问她是否口渴，并让她喝一口他拿着的饮料。莉莉决定（7）。莉莉不愿夜间和一个陌生人单独在街上走，但她也不想伤害小A，于是她（8）。小A知道她要走了，于是向她要电话号码，她（9）。天色已晚，莉莉不能确定还有没有公交车回家，于是她觉得最好还是（10）。坐上车，她再一次（11）。莉莉在离家门口很近的地方下了车。刚下车，有个陌生人向她走来，告诉她说：“你的爸爸被汽车撞了，正在医院里急救”，要她和他一起去看爸爸。莉莉（12）。那个人紧跟不放，莉莉（13）。然而没有警察出现。于是她（14）。那个人掉头跑了。这时候，莉莉跑进一家超市，（15）。她决定（16）。

2. 保证莉莉安全的措施（参考）：

（1）不穿暴露的服装

（2）哨子，以防需要紧急呼救时用得上

（3）带足够而少量的钱出门

（4）毫不犹豫地回绝了，因为不饮含酒精类的东西是她的原则

（5）事先给家里人打了个电话，表明她马上就要回家

（6）转身把他介绍给自己的朋友

（7）不喝任何不是她亲手买来的饮料

（8）推托说自己急于回家，和对方说了“再见”

(9) 没有给对方留电话号码，相反，要了他的电话号码

(10) 乘坐出租车回家

(11) 给家里人打了个电话，表明她已在出租车上，并报出出租车的车牌号码

(12) 不轻易相信他的话，继续走自己的路，并迅速记下那个人的面部特征

(13) 边喊救命边找警察

(14) 用力吹哨子，引起路人的注意，吓退坏人，并往人多的地方跑

(15) 赶紧给家里人打了电话

(16) 留在超市，等待家里人来接

3. 小品《我该怎么办》。

A：今天天气真正好，我要回家洗个澡，吃份薯条和汉堡，我是超级有钱人。(走出校门)

B：(手往墙上一撑，拦住了A的去路) 同学，我找你有点事，过来一下。(A不同意，硬被B、C二人拉了过去)

C：小子，现在哥儿几个手头有点紧，向你借点钱，你不忍看哥儿几个饿肚子吧，啊？

A：今天我真的没钱，改天给你们。(A想跑)

C：(堵住A的去路) 小子，今天我们摆明了打劫，你别想跑！快把钱拿出来。

A：打劫？打劫！我最看不起你们这些打劫的，一丁点儿技术含量都没有。

C：少废话，把钱拿出来！这几天我们穷得只剩下几把刀了，你想不想吃几刀？

A：不想，不想，要钱我给你们就是。(A从口袋里掏出几块钱)

B：就这么点钱？

D：(路过现场，放慢脚步，一边看一边想) 老师说过要见义勇为，我是该安静地走开，还是该勇敢地留下来……

C：小子，看什么看，关你屁事，你再不走让你吃刀！

D：(飞一般地跑过) 事不关己，关己则乱，这事我可没本事管。

(B拿了A的胸卡看了一下)

B：我记得你了，如果你敢报公安……(说完二人走了)

A：我该报警吗？算了吧，我惹不起，我还躲不起吗？

D：同学们，请你们告诉我，我该怎么做？

A：我又应该怎么做呢？

活动评析：

1. 这些活动内容丰富、具体、鲜活，给予了学生对生命的认知，使学生具有生命情怀，有助于学生热爱生命，积极生活。

2．“保护鸡蛋宝宝”、《我该怎么办》、“我是谁”、食谱的设计及执行、《给我未来的孩子》以及现场互动：“我将如何精彩地活着？”多种形式的活动，紧扣班会主题。

3. 将班会内容与生物课程相联系，并应用到生活中，做到了学以致用。

4. 活动形式丰富多样。将体验活动、小品、书面表达和沟通与交流相融合，能够很好地调动学生的积极性。

5. 活动内容层层递进，不断深化，很好地呼应了活动的主题与目标。

6. 使用了认知、体验与实践相结合以及家校联合的方式，有助于提升学生的自我认知与实践的能力。

案例6　生命＝责任！

常州市北郊中学初中部　荆波

一、活动背景

八年级（8）班是一个团结向上的班级。学生能积极参加学校、班级组织的各项活动。团体比赛经常取得优异的成绩。但是，班级学生的成绩处于年级中等水平，绝大多数同学虽有想学好的愿望，但并不能百分之百地投入到学习中去，有相当一部分学生沉迷于玩乐，认为还未到中考的关键时刻，学习并不需要那么努力。所以，我们设计了“生命＝责任！”的主题班会，目的在于让学生明白认真学习就是对自己负责任，对家庭负责任，对社会负责任。

二、活动目标

1. 使学生了解生命的起源，并珍爱生命。

2. 明白自身肩负的责任——对自己、对家庭、对社会的责任。

3. 明白通过自己努力学习，创造生命的价值，才能使生命绽放光彩。

三、活动准备

1. 确定活动需要的材料：诗词、图片、歌曲。

2. 网上查找相关的资料，并设计活动的问题。

3. 发出邀请，邀请生物老师为同学们做关于“生命起源”的讲解。

四、设计思路及意图

1. 生命的诞生——猜谜语、讲故事

这一环节设计有关生命的谜语导入班会，并邀请生物老师讲解生命的诞生过程。

【设计意图】通过活动，同学们明白生命的起源和生命的珍贵。

2. 生命的责任

（1）认识责任——诗朗诵

这一环节设计配乐诗朗诵。

【设计意图】通过活动，同学们明白：生命 = 责任！

（2）理解责任——谈名言、辨图片

这一环节请同学们讨论有关“责任”的名言，并出示各种图片，请同学们辨别图片中的人有没有负责任。

【设计意图】通过活动，同学们明白责任就是做好分内应做的事情。

（3）明确责任——畅所欲言

这一环节设计让同学们用故事的形式来谈责任的内涵。利用汶川地震的动人故事，引导同学们明确自己肩负的责任。

【设计意图】通过活动，同学们明确自己肩负的责任：对自己负责、对集体负责、对社会负责。通过汶川大地震的动人故事的讲述，学生明白在不同时期，特别是在平凡的时期应尽的责任——认真学习；如果把学习比作职业，学生应该做到“敬业”“乐业”。

3. 生命的升华——合唱《怒放的生命》

这一环节设计合唱《怒放的生命》。

【设计意图】通过活动，学生明白：一粒貌不惊人的种子，往往隐藏着一个花季的灿烂；一条丑陋的毛毛虫，可能蜕变成为一只五彩斑斓的蝴蝶；平凡的我们，要对自己负责，通过努力学习，创造生命的奇迹，使生命怒放。

五、活动过程

1. 生命的诞生——猜谜语、讲故事

主持人（甲）：各位老师、同学，大家下午好！首先请大家猜一个谜语："它像一支离弦的箭，像一只越燃越亮的蜡烛，是一笔留给后代的遗产，是一份来自上帝的礼物，它是最宝贵的。"请问，答案是什么？

（学生猜谜语）

主持人（甲）：答案是生命。诺贝尔说过："生命，那是自然会给人类去雕琢的宝石。"我们都知道时间是宝贵的，但我们的生命更加美好、更加宝贵。那么，你对生命了解多少？

主持人（乙）：生命是神奇的，更是神秘的。生命究竟是什么？生命是怎样诞生的？我想同学们心中肯定没有一个非常明确的答案。下面我们就请我校生物高级教师吴老师为我们讲述"感受生命诞生的神奇"，大家欢迎！

（吴老师讲授"感受生命诞生的神奇"，学生认真倾听）

主持人（甲）：通过吴老师的讲述，我想大家心中的疑惑可以消除了。生命的诞生是幸运的，生命的诞生是神奇的。

2. 生命的责任

（1）认识责任——诗朗诵

主持人（乙）：人生从婴儿的呱呱坠地开始，家人就开始为我们付出辛劳。出生时，迎接我们的是家人温暖的怀抱；蹒跚学步时，是家人的搀扶使我们走出人生的第一步；生病的时候，是家人在身边日夜守候；摔倒的时候，是家人鼓励我们爬起来……在我们的生命中，实际上融入了家人的生命。生命不仅属于自己，也属于关心、爱护我们的家人。所以，我们应该承担起肩头的责任。下面，请欣赏配乐诗朗诵。

（2）理解责任——谈名言、辨图片

主持人（甲）：生命对于每个人来说，都只有一次，是最为宝贵的。而责任，在我们降生的那一刻起，便绑在我们的肩头！所以说，我们必须扛着“责任”一路走来。责任融于生命之中，每时每刻都在追随着我们。那么，你能用名言来回答：什么是责任吗？

学生甲：天下兴亡，匹夫有责。——顾炎武

学生乙：为中华之崛起而读书。——周恩来

学生丙：我们是国家的主人，应该处处为国家着想。——雷锋

主持人（乙）：所以，责任就是做好分内应做的事情。请同学们欣赏几幅图片，说说他们有没有做好自己分内的事情。

图片①：2008年奥运会开幕式上，表演者十分投入，尽情演出。

图片②：奥运会上，运动员杜丽轻松参赛，获得了冠军。

图片③：翟志刚、刘伯明、景海鹏顺利完成了“神舟七号”飞天的任务。

图片④：青少年迷恋网络无法自拔。

图片⑤：吸毒者面目狰狞。

图片⑥：辛勤劳动的人们。

（学生进行辨别、发言）

（3）明确责任——畅所欲言

主持人（甲）：同学们，通过区别图片，我们明白了做好自己分内的事情就是承担了自己的责任。那么，人的一生可能要负起的责任有哪些，你知道吗？

学生讨论、发言。

学生甲：对自己负责。有句话说：“莫等闲，白了少年头，空悲切。”一个人既然来到这个世界，就应该在合理的范围内，让自己好好地生存下去，并获得发展。当自己碰到任何困难的时候，应当不断地激励自己，勇往直前，坚持到底。

学生乙：对家庭负责。黑格尔说：“要建设好一个家庭，需要这个家庭里的每个人的共同努力；而要毁掉这个家庭，只需要其中的任何一个人。”所以，为了家庭，我们也要努力。

学生丙：对集体负责。北京奥运会篮球“中美之战”后，姚明说：“我们全队进场的时候，我们把手放在一起，把自己交给这支球队，同时也把这支球队扛在自己肩上，我们所有的人都在为这个球队努力。”正是全体队友的共同努力，

创造了“中美交战”的最小分差。

学生丁：对社会负责。长城脚下有个卖水果的农民，一天，有位外国游客掏出一百元买了两斤香蕉，他的翻译对农民说：“帮我们把香蕉皮剥了，剩下的钱就不用找了。”说着举起相机要拍照。那位农民立即严词拒绝了，他将钱丢还给外国人：“我们中国人不缺钱！”他用实际行动告诉我们要不卑不亢，维护祖国的声誉。

主持人（乙）：同学们说得太好了。是的，一个人一生要对自己、对家庭、对集体、对国家负责。那么，作为学生，我们该如何做呢？请同学们用心去感受这样一个故事。

故事讲述：5·12汶川特大地震发生后，汶川县映秀小学的9岁的林浩小朋友在逃生后又重返废墟，救出两名同学，成为四川最年幼的抗震小英雄。当问起他为什么这么勇敢，他很坚定地说：“我怕，但我是班长！”

学生甲：在特殊的时期，作为学生，同样能对他人的生命负责。我们可以尽自己最大的力量去帮助那些需要帮助的人，一如故事中的那位班长。地震中，他虽然也很害怕，但是，他却在拯救他人的生命。如此平凡却又如此伟大。

学生乙：在平凡的时期，作为学生，我们并不是要做出多么轰轰烈烈的壮举，我们更应该从尊重身边的人开始，尊重我们的父母、亲人、师长、朋友、同学；从小事情做起：一句鼓励的话会使人感到温暖；一个友好的微笑会消除彼此的误会与怨恨；一个善意的举动或许会改变人的一生，给人以希望的勇气。尊重他人，使自己的生命更有价值，因为你带给别人快乐，自己也收获到了快乐，这样，我们的世界才会更加美好！

学生丙：学生时代的我们，更应该珍惜自己的生命，感恩父母。我们更应该努力学习，以最优异的成绩来报答养育我们的父母。

学生丁：我认为，作为学生，定是以学习作为自己的“职业”，那么，我们不但应该“敬业”，更应该“乐业”。

3. 生命的升华——合唱《怒放的生命》

主持人（甲）：有人说：一粒貌不惊人的种子，往往隐藏着一个花季的灿烂；一条丑陋的毛毛虫，可能蜕变成为一只五彩斑斓的蝴蝶。因为，生命本身就是一个奇迹。其实，我们每个人的生命不正如一粒种子一样，在阳光雨露中成长，在风吹雨打中更加成熟吗？所以，让我们在不断的磨炼中怒放我们的生命吧！

请欣赏歌曲《怒放的生命》。同学们齐声合唱。

主持人（甲）：同学们，记住："少年智则国智，少年富则国富，少年强则国强，少年独立则国独立，少年自由则国自由，少年进步则国进步……"

主持人（乙）：一个对社会负责的人是个高尚的人，一个负责任的民族必是高尚的民族。而一个对自己负责的人，则是最美的人。请同学们每个人负起自己的责任，将我们的生命怒放，我们的班级、学校将更加美好！同学们，行动吧！

六、活动感受与反思

花朵因拥有生命而开放，树木因拥有生命而蓬勃，小草因拥有生命而茁壮，人类因拥有生命而快乐。生命，那是自然会给人类去雕琢的宝石；是上天给人类最珍贵的礼物。我们不但要好好珍惜，更应好好把握。生命不仅属于自己，也属于关心、爱护我们的家人。所以，我们应该承担起肩头的责任。让我们在不断的磨炼中怒放我们的生命。让我们牢记："少年强则国强。"让我们为自己、为家庭、更为祖国而努力学习吧！

资料链接

1. 诗歌

这是时间的黑洞，我站在遥远的岁月一端眺望
捧着一本书，犹如面对一坛陈年老酒
我要以怎样的姿态去品尝它，才不至于打破这沉寂的醇香
叩问历史，思绪游离，簌簌寒雪落于每个时间的枝头
每一个文字都幻成一幅画卷，在思维的空间纷纷展开
或是挥臂一呼众生响应的英雄
或是西河漂橹烽烟四起的战场
或是须发飘飘吟风咏月的诗人
或是沉淀着闪光智慧的文化之路
……
时间在一圆圈上风驰电掣般转动

我要怎样才能跳出这个圈
为历史的进程测出时速呢
一个声音告诉我：努力学习，做有责任感的人！
2. 歌词《怒放的生命》
曾经多少次跌倒在路上
曾经多少次折断过翅膀
如今我已不再感到彷徨
我想超越这平凡的生活
……

活动评析：

1. 充分利用了教师资源，邀请生物老师讲解生命的起源，将科学的有关生命的内容传递给了学生。

2. 明确阐述了活动的设计思路与意图，有利于时刻回顾和紧扣活动的主题。

3. 在活动过程中播放音乐，有助于烘托气氛，使得活动更加生动活泼，引起学生的兴趣。

4. 从生命的诞生到生命的责任，再到生命的升华，环环相扣，不断深入，最终自然而然地奔向了活动的主题。

5. 通过猜谜语、讲故事、诗朗诵、谈名言、辨图片和畅所欲言多个环节，学生了解生命的起源与珍贵，认识责任、理解责任、明确责任。

案例7　欣赏自己

常州市第四中学　许 艳

一、活动背景

认识自我是每一个人在成长过程中都必须面对并认真解答的问题。能否对自我有正确的认识、客观而恰当的评价，对其能否接纳自我、培养良好的自信具有重要的意义。初三的学生面临着中考这一人生的抉择，严酷的升学压力，迫切要求初三学生对自我进行重新认识和评价。因此，及时地对初三学生进行自我认识的心理教育非常必要。

初三年级学生年龄大都在14—15岁之间，大多数学生已适应了中学的学习环境和生活。这一年学生将面临初中毕业、升学这一人生道路上的转折点。此时，学生开始较多地关心自己的学业和前途。每一个学生都渴望在初三这一年，自身素质有一个质的飞跃。一方面，学生渴望教师、家长、同学的关心和鼓励，并对其取得的成绩给予肯定；另一方面，学生自身存在的问题较多，并且不太注意分析自身的优缺点。此时教师应给予学生积极、正确的引导，使学生能够健康发展，不断提高分析问题、解决问题的能力，重新审视自己。

二、活动目标

1. 意识到认识自我的重要性。

2. 学会正确评价和接纳自我。

3. 明确并重视自我的发展，能够主动调整自我状态。

三、活动准备

多媒体课件制作、彩笔每组一盒、A4纸每人1张、情景剧的编写与拍摄、心理测验题的编写。

四、设计思路及意图

从心理学角度来看，人的活动是受一定的心理特征支配的。本次活动通过讲故事、讨论评议、测试，让学生懂得正确地评价和接纳自我、展现良好的自我风采。

五、活动过程

1. 导入——讲故事

师：《一个都不能少》是著名导演张艺谋创作的电影。它的女主角是一个山区的女代课教师，扮演这一角色的女主角魏敏芝是用嗓子喊出自己的前程的。当时导演在挑选演员时，最后仅剩下魏敏芝和另外一个小演员郭海燕。导演说："比一比，看谁行!"于是就让两人在大街上喊，想喊什么就喊什么。郭海燕喊出的声音很小，魏敏芝昂头大喊一声："妹妹，快点把衣服拿过来!"《一个都不能少》的女主角就这样诞生了。张艺谋对郭海燕说："你失去了机会。"而魏敏芝从此奏响了生命的乐章。

魏敏芝的成功在于自信，敢于大胆地展现自我！

2. 引出并说明主题

师：大胆地展现自己，是时代的要求，也是自我发展的需要。要想获得成功，自信心相当重要。而自信心则来源于两个方面，一方面是对自我的肯定和欣赏，另一方面是他人对自己的肯定和欣赏。今天我们将进行一次“我有我风采，欣赏我自己”的活动。

（1）看录像《跳高架前》

师：现在我们先研究一个问题：什么是自信？请大家看一段录像《跳高架前》，思考甲、乙、丙在跳高架前表现出什么样的心理特征。

（同学发言）

教师总结：从心理学角度来看，人的活动是受一定的心理特征支配的。甲同学相信自己有跳高的能力，为自己确定适当的奋斗目标，并为之而奋斗，是一种积极向上的心理状态在支配他的行动，这是自信；乙同学过高地估计自己的能力，不切实际地确定努力目标，结果导致失败，这是一种狂妄自大的心理状态在支配他的行动，这是自负；丙同学不相信自己的能力，畏首畏尾，不敢奋斗，是一种消极低沉的心理状态在支配他的行动，这是自卑。

（2）测试

师：我们不妨进行一个测试，完成一份自我认识评价表。看看在自己的心中你对自己的评价是怎样的。若对其中某一项内容很满意就打10分；满意打8分；比较满意打6分；不太满意打4分以下。

（3）优点轰炸

师：我们再来看一幅图片。上面的三个人，哪一个更大？

（学生看图交流）

师：其实这三个人一样大，但在我们的眼里却是最上面的大，这就是错觉。我们的自我感觉也经常是错觉。我们会看错线段，也会看错自己。从刚才的测试中我们可以看出，同学们的自信心程度是不一样的。我们先请几位测试得分在70分以上的同学以“我自信，是因为____”这个句式来表明自信的原因。

（学生交流）

师：我们再列举出测试得分在70分以下的同学的优点，让这些缺乏自信的同学重拾信心。

（学生进行优点轰炸）

（4）自画像

师：现在我们每个人用彩笔在白纸上画一个与自己特点相符合的物体。画完后为画像命名，并以4个有个性、有特点、能贴近自己的形容词来描述这幅画。（当大家都画完后，在前后四人组成的小组中轮流向其他人介绍自己的画的含义，并进一步分析自己，谈谈对自己的认识。）

（5）手指比较

师：现在，请每位同学伸出自己的右手，看看这五个指头。你们说哪一个手指最短？

（大拇指）

师：数一数每根手指的关节数，有什么不同？

（大拇指一个，其他手指两个）

师：佩戴首饰的机会，大拇指与其他四指有何不同？

（讨论）

师：在生活和工作中，大拇指与其他四指有何不同？

（讨论）

师：对比完后，大家有什么感想？

（讨论回答）

师：人的手指长短不一，各有各的优势与劣势。所以我们要开心地接纳自己，因为自己的身上肯定有自己独特的闪光点。台湾文学家林清玄说："人生的缺憾，最大的就是和别人比较。与高人比较，使我们自卑；与俗人比较，使我们下流；与下人比较，使我们骄傲。外来的比较是我们心灵动荡不能自在的来源，也使得大部分人都迷失了自我，障蔽自己心灵原有的氤氲馨香。"你就是这个世界上独一无二的一个，所以要充分地认识自己，扬长避短，散发自己独特的个人魅力！

（6）全班一起朗读《欣赏自己》

3. 教师小结

在生活中，每一位同学肯定都希望能展示自己的风采，让自己更多地迈向成功。其实要想做到这一切，最基本的一件事就是我们首先要正确地认识自我，在这个基础上开心地接纳自己，完善自己，以良好的心态与状态去迎接挑战，迈向成功！

六、活动感受与反思

学生感受：

学生1：曾经我问自己："我该怎么做才能过充实的生活？"通过这次班会我找到了答案，很简单，只有4个字："做你自己"。

学生2：通过这次班会我深深地意识到，在这世上，我是独一无二的个体。也许我有些地方与别人相似，但我仍是无人能取代的。我的一言一行都有我自己的个性，因为这是我自己的选择。

学生3：在这次班会中我真的感到我是自己的主人——我的身体，从头到脚；我的脑子，包括情绪思想；我的眼睛，包括看到的一切事情；我的感觉，不管是兴奋快乐，还是失望悲伤；我所说的一字一句，不管是说对说错，中听还是逆耳；我的声音，不管是轻柔还是低沉，以及我的所作所为，不管是值得称赞还是有待改善。我就是自己的幻想、美梦、希望以及恐惧。

教师反思：通过这次活动，学生迈出了学会自己分析问题、认识自我、发展自我的重要一步。为了达到学有所用的目的，还要求每位同学设计自己的初三目标。以自己分析问题、解决问题为主，再由班级评比，用小报的形式分别汇集。

资料链接

1. 录像内容

体育场上的跳高架前，一个班正在上跳高训练课。同学甲："我相信我能跳，我要××高度。"一跃而过。"请给我再提高5厘米。"试跳两次，实现目标。同学乙看到此情景，急不可耐地说："他算老几，看我的。请在他的高度上再提高10厘米。"结果连跳三次都没有成功，摇摇头，叹口气走了。轮到同学丙了，他胆怯地说："我可不是跳高的料，请给我把高度降下来。"结果在大大降低高度后，他三次到跳高架前又回头，没能跳过去。

2. 测试内容

A. 我给自己的容貌打___分

B. 我给自己的身材打___分

C. 我给自己的皮肤打___分

D. 我给自己的性格打___分

E. 我给自己的意志打___分

F. 我给自己的谈吐打___分

G. 我给自己的记忆力打___分

H. 我给自己的理解能力打___分

I. 我给自己的社交能力打___分

J. 我给自己的情绪能力打___分

我对自己的满意程度（总分）________

3. 图片

4. 诗歌《欣赏自己》

欣赏自己

也许你想成为太阳，可你却只是一颗星辰；也许你想成为大树，可你却只是一棵小草；也许你想成为大河，可你却只是一泓山泉。于是你很自卑。

很自卑的你总以为命运在捉弄自己。其实，你不必这样：欣赏别人的时候，一切都好；审视自己的时候，却总是糟。和别人一样，你也是一片风景，也有阳光，也有空气，也有寒来暑往，甚至有别人未曾见过的一棵青草，甚至有别人未曾听过的一阵虫鸣……

做不了太阳，就做星辰，在自己的星座发热发光；

做不了大树，就做小草，以自己的绿色装点希望；

做不了伟人，就做实在的自我，平凡并不可悲，关键的是必须做最好的自己。

不必总是欣赏别人，也欣赏一下自己吧，你会发现，天空一样高远，大地一样广大，自己与别人有一样的活法。

走向超越，只有靠你自己。

活动评析：

1. 此次活动的开展与学生的年龄特征以及本班学生目前的处境相契合，恰到好处。

2. 采用量表的形式科学合理，有助于学生更加清晰地认识自己。

3. 从明确自信、自负、自卑的含义，到填写量表，再到他人眼中的自己，画自画像，多种形式相互配合，有助于学生对自己形成正确的认知。

4. 在活动中，教师更多地采用问答形式，提出问题，启发和引导学生，顺水推舟，水到渠成。

第八章

生命教育教学资源的选择与利用

生命教育作为一门综合性课程，内容丰富、跨界性强，其资源的范围极其广阔。就学科资源来说，有生命科学、体育学、医学、生物学、食品科学、环境科学、心理学、教育学、社会学、思想政治教育、伦理学、美学、哲学、宗教学、行为学，等等；就主题内容来说，有人身安全、身心健康、饮食卫生、习惯养成、人际交往、人与自然、生涯发展、价值信仰、死亡教育，等等。因此，对生命教育资源的开发和利用，要在每一个具体的时代、领域，针对具体的任务、问题，进行生命教育众多资源的选择和提取。就研究的广度而言，生命教育工作者研究的视野和采集的资源范围相对一般学科要广；就研究的深度而言，生命教育工作者需要从某一相关领域中做出必要的资源“萃取”，这些无疑对生命教育工作者来说是任重而道远的。

一、生命教育教材

对于一般的生命教育工作者来说，了解如何在实践中开展生命教育，最为便捷、有效的参考资源就是生命教育的相关教材和读本。它们凝聚着已有研究与探索者在生命教育内容选编、体系构建和活动设计上的努力，是快速了解和掌握生命教育理念、知识、技能、信息等的有效途径，也是生命教育资源进一步开发和优化的基础。

笔者近年利用电商平台、考察交流、学习研讨等途径，积累了大量的生命教育教材、读本，把这些具有编写纲要，能够根据教学目标，针对不同年级，按照系列主题分类的部分归为教材一类；把系统性、逻辑性、阶段性等相对较弱的部分归为读本一类，并在其中选择一些水平较高、反馈较好的做简要介绍，供教师使用时参考。

1.〔美〕米克斯，〔美〕海特：《健康与幸福》系列教材

基本信息		理念／体系	版块／栏目
名称	健康与幸福	本教材每册书的主题基本相似，包括“心理与情绪”“家庭和社交健康”“成长和营养”“个人健康和安全”“药物和疾病预防”“社区和环境健康”等模块。	教材中不仅包括很多解决具体问题的详细操作步骤，还包括许多丰富多彩的活动建议，如绘画、讲故事、角色扮演、课堂讨论、海报设计、社会实践、职业体验等。
编者	〔美〕米克斯 〔美〕海特		
出版社	浙江教育出版社		
出版日期	2012年1月		
总册数	从小学三年级至初中八年级，每个学期1册，共12册。		

2. 罗崇敏：《生命　生存　生活》系列教材

基本信息		理念／体系	版块／栏目
名称	生命　生存　生活	通过生命教育，帮助学生认识生命、尊重生命、珍爱生命，主动、积极、健康地发展生命，树立正确的生命观。实现自然生命，社会生命和精神生命的价值； 通过生存教育，帮助学生学习生存知识，提高生存能力，保护生存环境，把握生存规律，培养生存意志； 通过生活教育，帮助学生认知生活，热爱生活，奋斗生活，幸福生活。	小学部分注重活动性，有“活动园地”“故事屋”“心语点灯”“行动舞台”。 中学部分知识性、理论性较强，有“活动”“知识链接”“生命事例”“专题辨析”“小组辩论”等。
编者	罗崇敏		
出版社	人民出版社		
出版日期	2012年8月		
总册数	1套10册，包含小学、初中、普通高中、中等职业学校、高等学校。		

3. 王野川：《生命教育》系列教材

基本信息		理念／体系	版块／栏目
名称	生命教育	幼儿园：感知生命； 小学：认识生命、尊重生命、保护生命； 初中：敬畏生命、感恩生命、欣赏生命； 高中：发展生命、成全生命、享受生命。	版块：安全防范、品格修养、生活指导、心理健康、法律维护、幸福观教育、死亡教育、国防教育等。 栏目："资料导读""活动体验""阅读感悟""金句品读""收获盘点"等。
编者	王野川		
出版社	东北师范大学出版社		
出版日期	2012年9月		
总册数	本套教材幼儿园1册、小学2册、初中1册、普通高中1册，共5册。		

4. 肖川：《生命教育》系列教材

基本信息		理念／体系	版块／栏目
名称	生命教育	生命认知与敬畏； 生命尊重与珍爱； 生命道德与伦理； 生命技能与智慧； 生命成全与幸福。	版块：1—2年级有"看图画""小体验""谈感悟""走出课堂"；3—9年级有"主题阅读""主题解说""生命体验"。 栏目："小资料""名言警句""活动链接"等。
编者	肖川		
出版社	人民出版社		
出版日期	2013年7月		
总册数	小学、初中，每学期1册，共18册。		

5. 肖川、郭元祥：《生命教育》系列教材

基本信息		理念／体系	版块／栏目
名称	生命教育	生命认知； 生命技能； 生命情怀； 生命成长。	版块：1—2年级有"图画生命""观察体验""心里话""名言警句""课外拓展"；3年级以上有"案例呈现""主题解说""活动体验"等。 栏目："小资料""小故事""名言警句""活动链接"等。
编者	肖川、郭元祥		
出版社	人民教育出版社		
出版日期	2013年9月		
总册数	小学、初中、高中，每学期1册，共24册。		

6. 晨虹、黎禛：《生命教育》系列教材

基本信息		理念／体系	版块／栏目
名称	生命教育	一个理念：全人教育； 三大目标：积极的人生观、正面的价值观、健全的身心灵； 四个向度：人与自己、人与他人、人与自然、人与生命。	版块："生命格言""生命体验""生命花园""生命絮语""绘本故事""课后回应"等。 栏目："记录卡""小百科""小讨论""活动链接"等。
编者	晨虹、黎禛		
出版社	上海教育出版社		
出版日期	2014年3月		
总册数	1—5年级，每学年1册，共5册。		

7. 孙双金：《12岁以前的生命教育》系列教材

基本信息		理念／体系	版块／栏目
名称	12岁以前的生命教育	每册分为"认识生命""防患未然""发现自我""日常礼仪"四个单元，分别对应学生成长中的身体、安全、心理、社会交往等方面的问题。	栏目："生命问号"以小故事的形式，点出话题；"芝麻开门"则给出相应的指导和建议；"活动驿站"以活动的形式让学生加深对本课话题的印象；"生命体悟"要求学生有感而发，提出自己的理解。
编者	孙双金		
出版社	南京师范大学出版社		
出版日期	2014年4月		
总册数	1—6年级，每个年级1册，共6册。		

8. 四川教育科学研究所：《生命·生态·安全》系列教材

基本信息		理念／体系	版块／栏目
名称	生命·生态·安全	小学1—6年级为“热爱生命”“安全生活”“健康生活”“呵护心灵”“美化生活”；7年级为“呵护生命”“健康心理”“民族团结”“青春期身心变化”；8年级为“健康心理”“健康指南”“安全生活”“环境保护”；9年级为“珍爱生命”“关注国防”“生态文明建设”等。	不同年级、不同主题栏目都有不同设计，比如在“热爱生命”部分，有“生命小问号”“生命小秘密”“生命小智慧”“小资料”等；在“安全生活”部分，有“安全小问号”“安全小博士”“安全小卫士”；在“健康生活”部分，有“健康小问号”“健康小博士”“健康小行动”。
编者	四川教育科学研究所		
出版社	人民教育出版社		
出版日期	2015年6月		
总册数	1—9年级，每学期1册，共计18册。		

9. 王定功、张文质：《生命教育》系列教材

基本信息		理念／体系	版块／栏目
名称	生命教育	四大模块 “生命与自我” “生命与他人” “生命与社会” “生命与自然”	版块：1—6年级“生命再现”“生命智慧”“活动现场”“拓展延伸”；7—8年级“主题阅读”“生命智慧”“活动现场”“拓展延伸”“生命书签”等。 每册根据不同年级，四个模块的内容以不同主题循环出现，螺旋上升，各有侧重和聚焦。
编者	王定功、张文质		
出版社	济南出版社		
出版日期	2016年3月		
总册数	1—8年级，每学年1册，共计8册。		

10. 刘天禄：《让生命高飞》系列教材

基本信息		理念/体系	版块/栏目
名称	让生命高飞	理念： 人与自己（帮助学生认识自己、接纳自己，克服困难）； 人与他人（认识与尊重他人，提高与他人的相处能力）； 人与天（探索人生的价值和目的，探索生死、信仰等）； 人与环境（欣赏和爱护大自然，关爱世界、心系国家）。	课程采用螺旋式设计，着重纵向和横向的联系；本教材引用生活事例、小故事、绘本及短片，没有固定的栏目，采用活动教学法，透过游戏、个案研究、小组讨论、体验活动等帮助学生从已有的经验发展至新的体验。
编者	刘天禄		
出版社	香港循道卫理联合教会学校教育部		
出版日期	2014年7月		
总册数	小学1—6年级，每年级1册，共计6册。		

11. 朱永新、冯建军、袁卫星：《新生命教育》系列教材

基本信息		理念/体系	版块/栏目
名称	新生命教育	理念：打破传统教育中的重知识轻技能、重记忆轻意识的倾向，把感悟与意识放在第一，技能与方法放在第二，知识与要点放在第三。 体系：自然生命——安全与健康——生命的长度；社会生命——养成与交往——生命的宽度；精神生命——生涯与信仰——生命的高度。	版块：1—3年级采用绘本形式，4年级以上采用互动体验形式。有“生命导语”“学习目标”“自我测评”“互动体验”“走进生活”“拓展延伸”“成长档案”等。 栏目：“小贴士”“绘本故事”“图文故事”“电影故事”“牵牵大手”等。
编者	朱永新、冯建军、袁卫星		
出版社	山西教育出版社		
出版日期	2016年6月		
总册数	小学一年级到高中三年级，每学期1册，九年级、高三年级为全一册，共计22册。		

就教材的编写来看，国外教材虽然文化及行为方式和我国存在着一定差异，但是从青少年成长与发展的共性来看，特别是在健康教育和安全教育方面，仍然有许多值得我们借鉴的地方。台湾地区的生命教育在我国最为系统和成熟，无论是在教材编写、教师培训、课程设计、影视教学片制作，还是教学活动的规划等方面，都有比较成熟的经验。香港地区的生命教育教材更多以成长课程教材的名义呈现，逻辑结构清晰，内容生动活泼，语言活泼有趣，版面色彩多样，整体既美观又实用。我国内地近些年来，随着社会各界对生命教育的重视，很多学者和机构对生命教育教材的编写已经进入了系统性、科学性、丰富性的轨道，其中朱永新等编写的《新生命教育》实验丛书（小学一年级至高中三年级）更是被当代教育名家朱小蔓评价为“标志着内地生命教育发展到一个新的阶段，它将带动学校教育、教材建设、教师专业的发展”。

二、生命教育读本

生命教育涉及内容广泛，开发的种类也是相当丰富，读本虽然没有教材那样有严密的逻辑和全面的体系，但因为很多读本主题明确，内容聚焦，所以相对比较专业。生命教育读本的主题主要围绕安全、健康、交往、人与自然、生涯发展、死亡教育、价值信仰等主题展开，当然也有一些读本涉及的面比较广，同时存在较好的实践性，在此也一并介绍，供教师参考和选择。

（一）安全类

由中国红十字会总会编写，社会科学文献出版社出版的《学生生命安全读本》（小学生版、中学生版）由长期从事学生安全教育工作的专家根据教育部颁发的《中小学公共安全教育指导纲要》编写而成，针对不同年龄阶段的学生讲解公共卫生知识以及预防、应对突发事件、意外伤害和自然灾害的方法，旨在培养中小学生的安全意识，提高自身保护能力和掌握基本的自救措施。与学生用书配套，《学生生命安全读本》（教师用书）面向的是教师和学校的管理者。这套读本的特点是图文并茂，讲解通俗易懂，可操作性强，也具备一定的权威性。

《孩子，你该如何自我保护》由吴甘霖著，接力出版社出版。该书兼具生动性和实用性，是一本让孩子们“喜欢看、记得住、用得上”的安全教育读本，分析了青少年在日常生活中最容易遇到的诈骗、偷盗、校园欺凌、绑架、抢劫、交通意外等10多个主要安全问题，结合约100个鲜活的案例，提出了60多个有效方法，让青少年全面掌握自我保护的技巧，实现更好的成长。

（二）健康类

《珍爱生命——小学生性教育健康读本》（1—6年级上下册，共12本）由北京师范大学出版社出版。本书依据联合国教科文组织《国际性教育技术指导纲要》编写而成，是让小学生从小了解自己的身体器官，知道它们的作用以及如何保护，使他们懂得珍爱生命。健康教育内容包括五个领域：健康行为与生活方式、疾病预防、心理健康、生长发育与青春期保健、安全应急与避险。该读本低年级图文并茂，以图为主，重点突出，具有较强的实用性和可操作性；高年级语言简单易懂，插图设计合理，贴近学生生活，具有较强的实用性，可作为小学生学习健康教育的课程教材，也可作为家长对孩子进行健康教育的阅读材料。性健康教育是整个教育领域的难点，教师在用作教学参考时要注意结合学生身心发展和认知发展规律，有针对性地选择处理。

《中小学性健康教育》（小学、初中、高中）由陶林、张玲主编，高等教育出版社出版。其中，《中小学性健康教育（小学9—12岁）》主要针对小学高年级的儿童（也适用于初中低年级学生）及其家长和教师，内容涉及性生理、性心理、性卫生保健和侵害预防、交友、家庭、性传播疾病、毒品等多方面知识，并突出性安全教育和性卫生保健问题的应对策略；《中小学性健康教育（初中12—15岁）》内容涉及性生理、性心理、生殖与避孕、性相关疾病、性道德与性侵害、离异家庭问题、毒品与性等知识，着重讲述了性安全防护和性问题应对策略；《中小学性健康教育（高中15—18岁）》内容涉及性生理、性心理、性卫生保健和侵害预防、交友、家庭、性传播疾病、婚恋等多方面知识，并突出性安全教育和性卫生保健问题的应对策略。全书语言生动活泼、浅显易懂，图文并茂，贴近生活，解决了我国当前性健康教育中存在的知识陈旧、教学刻板、忽视现实等问题，具有较强的针对性和实用性。

（三）生涯发展类

由钱静峰编著，上海交通大学出版社出版的《我的生涯笔记》（初中、高一、高二、高三），是面向中学生的生涯教育指导手册。初中分册涉及生涯规划、兴趣探索与培养、能力挖掘与提升、学习风格觉知与调整、职业探索、沟通技巧、学会选择等关于未来发展以及人生规划相关的内容；高一分册，主要针对高中学生迎接高中生活、时间管理、思维训练、价值观和兴趣探索、能力和性格培养、国内和国外升学通道、学职群、生涯适应等关乎高中生当下学习生活以及未来职业路径选择和生涯规划等方面进行了系统梳理和阐述；高二分册从生涯发展的角度，详细地阐释了高中阶段所需要的素质能力，包括自我效能、情绪管理、人际沟通、规则意识，旨在帮助高中生为生涯发展做好能力准备；高三分册，针对高中学生的压力管理、应对考试焦虑、高考志愿填报的录取规则及技巧、决策冲突、提前适应大学、大学多元发展等关于高中生未来职业路径选择和生涯发展的方面进行了系统梳理和阐述，旨在助力学生的学习生活与志愿填报。

《让梦想起飞——生涯规划（中学）》，由何一萍、李萍主编，江苏科学技术出版社出版。该书以“青春真我金字塔”为体系，分为“找到真实的自己”“带上优势向前走”“链接外部的世界”“成为自己的舵手”四个单元，每节课从“生涯困惑”“活动体验”“生涯觉察”“拓展讨论”四个板块出发，让学生参与到生涯探索活动之中，体验反思自己所面临的生涯问题，并结合教师的指导为自己的生涯发展制订规划。

（四）死亡教育类

《生命教育教学》由台湾生命教育专家纪洁芳等著，中国广播影视出版社出版。本书是一本非常实用、有效的教师生命教育参考用书。除了介绍台湾一般的生命教育教学法、体验活动、教学案例等，本书还着重谈到了死亡教育的具体内容和方法，包括儿童悲伤抚慰、防治青少年自杀教学案例、中学生预立遗嘱教学、临终关怀实务、死亡教育绘本教学等。著名德育专家、北京师范大学朱小蔓教授对本书的评价：这是一本完整的生命教育教学指南，特别能激发教师对生命教育的热情，提升对生命教育的认知及行动意愿，必将对大陆开展生命教育产生实在而又长远的影响。

（五）综合类

《班会18课》由国内生命教育教学领域知名学者袁卫星主编，外语教学与研究出版社出版。该书是为中小学校如何利用班会课开展生命教育提供可操作性的工具用书。全书从“生命与安全”“生命与健康”“生命与职业”“生命与伦理”“生命与价值”等六个层面设计成“班会18课”，班会内容贯穿着哲学、心理学、成功学、教育学等多种领域的知识，涉及幸福、健康、爱情、死亡、艺术、尊严、友谊、宗教、责任、诚信、权利、义务、公正、优雅等多个话题。本书操作性、针对性、互动性较强，教师可以根据需要直接选择，有效减轻教师生命教育的备课工作量。

三、生命教育绘本

绘本，顾名思义就是“画出来的书”，指一类以绘画为主，并附有少量文字的书籍。如今，绘本已经成为发达国家家庭首选的儿童读物，并被国际公认为“最适合幼儿阅读的图书”。绘本不仅可以让孩子学到知识，而且可以全面帮助孩子建构精神，培养多元智能。正是绘本在儿童乃至青少年、成人精神发育上的巨大价值，使得绘本与生命教育有着天然的联系。

目前，绘本的开发数量非常庞大，主题多样，笔者按照安全、健康、交往、自然、价值、生死等主题进行整理如下。

（一）安全类

绘本名称	作者	相关主题内容
《贝贝熊系列丛书——安全第一》	〔美〕简·博丹 斯坦·博丹	小熊哥哥与小熊妹妹去玩滑板，但不想戴护具，小熊妈妈说了一句话：事前预防比事后遗憾好。
《小熊维尼——儿童安全第一宝典》	美国迪士尼公司	本书从“健康我有招”“在家我不淘”“外出我不怕”“玩耍我当心”四个生活主题，展现了孩子在日常生活中经常遇到的安全问题；以发生在维尼和朋友们间的36个小故事，教会孩子辨识危险，从而远离危险。

（续表）

绘本名称	作者	相关主题内容
《我的安全宣言·儿童安全绘本》	魏亚西　林玉萍等	涉及40多个安全主题，150多个安全点，孩子在生活中可能遇到的所有安全问题，几乎都能在书中找到。
《消防员山姆·我的第一本安全故事书》	HIT娱乐有限公司	讲述了发生在我们身边的安全故事：家庭用水、用电、用火，孩子做游戏、乘车、游玩等。
《“幸运的米拉”安全教育绘本》	保冬妮	通过小北极熊米拉生动有趣的成长故事，告诉3—8岁的小朋友在室内和户外应如何避险，遇到意外如何自救，怎样才能保持身心的健康成长等。
《变形警车珀利·我会保护我自己：儿童安全出行自助读本》	童趣出版有限公司	将生动的交通知识融入24个扣人心弦的故事中，增加了孩子阅读兴趣的同时，又让孩子接受了交通安全教育，树立了安全意识。
《警官巴克尔和警犬葛芮雅》	〔美〕 佩吉·拉特曼	纳威尔警局买了一条叫葛芮雅的警犬，情况发生了巨大的改变。这本书把复杂的安全概念用幽默而精彩的图画演绎出来，让孩子们在快乐阅读中学到了安全知识。
《我的第一套亲子安全绘本》	〔韩〕崔胜弼， 〔韩〕李庆姬	全套书共四本，囊括了孩子在日常生活中如何保护好自己的方方面面。每一个道理的说明都采用家长与孩子对话的形式，比较有代入感和说服力。
《门》	陶菊香	你会帮助一个陌生人吗？你会打开你家的那扇门吗？不妨看看这本书吧，或许会有另一种感慨。书中的故事，好像随时都会发生在身边，熟悉而亲切。小男孩在注意自身安全的前提下，帮助了别人，这是“安全教育”的升华。

（续表）

绘本名称	作者	相关主题内容
《不要随便摸我》	〔美〕 珊蒂·克雷文	本书借由一个细腻的故事来教孩子学会避免受到性侵害，让孩子知道那些偷偷摸摸的、伴随着威逼利诱的触摸是不正确的行为。书中还给孩子讲了遇到这种情况应该采取的措施。这是一本每个孩子在年幼时都应该读的书。
《别想欺负我》	〔德〕 伊丽莎白·崔勒	在幼儿园及小学的孩子们中存在着暴力的雏形，如何鼓励孩子勇敢地对抗外在伤害呢？书中的吉姆为孩子们树立了良好的榜样。
《不要随便亲我》	〔德〕 佩特拉·敏特尔	对那些不喜欢的亲吻，你会勇敢地说“不”吗？本书通过描绘小女孩莱娜的心理，告诉孩子，你应该勇敢地表达自己的观点，只有这样，人们才知道你的想法和感受！
《对待陌生人》	〔美〕 斯坦·博丹	孩子的内心总是单纯善良的，他们对外在世界的黑暗面还缺乏了解，比如如何对待陌生人……故事给了父母一个很好的启示：我们应当以正确的方式教育孩子，让他们感知非正面的社会并知道如何正确认识和对待世界上一些非正面的事物。
《汤姆走丢了》	〔法〕 克斯多夫· 勒·马斯尼	孩子走丢了，该怎么办呢？给孩子讲讲汤姆的故事吧。他们应该懂得一些基本的知识，以保护自己不受到伤害，譬如，要努力使自己镇定，要寻求大人的帮助……
《红绿灯眨眼睛》	〔日〕 松居直	本书从一个新奇、有趣的视角为孩子讲述了红绿灯的重要作用，告诉孩子遵守交通规则会给大家带来便利。

（续表）

绘本名称	作者	相关主题内容
《家族相簿》	席薇亚·戴娜 提娜·克莉格	这是一本以儿童性侵犯为主题，难得一见的图画书佳作。父母或师长可以从故事中延伸出一些警示，加强小朋友对性侵犯的认识和防卫。

（二）健康类

板块	绘本名称	作者	相关主题内容
身体健康	《你不知道的三个朋友》	〔德〕 赫姆·海恩	有三个好朋友，从你出生的那一刻起就与你如影随形，他们分别是：脑、心和肚子。身体朋友们都各司其职，帮我们平稳地度过生命的每一天。
	《我们身体里的“洞”》	〔韩〕 许恩美	我们的身体有很多的洞，他们各有各的功能，比如嘴巴的洞用来吃东西，耳朵的洞用来听声音等，真是非常了不起。
	《从头动到脚》	〔美〕 艾瑞·卡尔	作者用独特的拼贴画，画出了大象会跺脚、大猩猩会捶胸、野牛会耸肩膀等十二种不同动物的“招牌动作”，并邀请小孩子一起来转头、弯脖子、摆动胳臂，让孩子在玩乐中掌握一些重要的技能。
	《了不起的身体》	〔英〕 米克·曼宁	人类和动物都有很多器官，这些器官各有各的作用。认识器官，认识我们的身体是我们必须要做的。
	《牙齿大街的新鲜事》	〔德〕 安娜·鲁斯曼	本书以一种生动、童趣的方式展现了我们的牙齿受到侵害的过程。通过阅读本书，我们能够了解很多有关牙齿的知识。

（续表）

板块	绘本名称	作者	相关主题内容
心理健康	《脸，脸，各种各样的脸》	〔日〕柳原良平	这是一本帮助孩子认识自我、认识自己各种情绪的图画书。本书有利于孩子情感和社会认知的发展，帮助孩子搭建起感受快乐、传递亲情的桥梁。
	《生气的亚瑟》	〔英〕希亚文·奥拉姆	这本书以令人叹为观止的罕见手法，为小孩儿描绘难以捉摸和言喻的情绪——“生气”，它让我们看到孩子的“脾气”到底长啥样，也给了我们解决问题的好办法：首先是理解，而不是改变。
	《野兽国》	〔美〕莫里斯·桑达克	每个儿童的心中都存在着接近野性的冲动，也充满了恐惧和不安的情绪。儿童通过阅读本书，在幻想的王国释放自己的负面情绪，体味母爱与包容，在爱与平和中回归真实世界。
	《雷公糕》	〔美〕派翠西亚·波拉蔻	故事中，小女孩听到打雷声就吓得躲在了床底下，瑟瑟发抖。外婆是如何智慧地一步步引导小女孩战胜恐惧的呢？让我们打开本书一起去看看吧。
	《我的心中每天开出一朵花》	几米	懂得发现身边的美好，并以此滋润自己的心田，积累幸福感。

（续表）

板块	绘本名称	作者	相关主题内容
心理健康	《我变成了一只喷火龙了!》	赖马	如何丢掉坏脾气？作者在书中提供了一种好的解决方法，他让阿古力看到了“火所带来的伤害，意识到自己的行为造成了他人的痛苦”。
	《坏脾气的格拉夫》	〔英〕史蒂夫·斯莫尔曼	本书中坏脾气的格拉夫，开始因为脾气粗暴、不善待人，总是独来独往，一副郁郁寡欢的模样，直到一只小兔子的突然出现……
两性健康	《我从哪里来》	〔加〕科里·西尔弗伯格	本书以孩子能理解的角度、家长不尴尬的方式解答了每个孩子心中的疑问——我从哪里来？通过细致入微地描述宝宝出生的过程，让孩子在愉快、有趣的氛围中尽释疑惑。
	《小鸡鸡的故事》	〔日〕山本直英	你是男孩，还是女孩？你是怎样知道自己是男孩的呢？男孩和女孩，哪里不一样呢？……正视儿童性教育，用温和的画面和温柔的语言，告诉他们生命的由来。
	《乳房的故事》	〔日〕山本直英	这是一本温馨的绘本，从哺育到乳房的结构，本书都进行了详细又富有童趣的解答，让妈妈和宝宝在认识自己身体的同时，也开启了温馨的性教育之旅。
	《成长与性》	胡萍	本书语言简单易懂，以图文并茂的形式让儿童懂得：男孩女孩不一样，保护自己身体隐私……是一本孩子自己能够看得懂的书，同时也是一本能帮助父母回答孩子“尴尬”问题的书。
	《两个人的故事》	〔日〕山本直英	神最初创造的人是“雌雄同体人”，男人和女人背靠背连在一起。本书用充满神话色彩和浪漫情调的故事，回答了“男人和女人为什么要一起生活”的问题。

（三）交往类

主题	绘本名称	作者	相关主题内容
建立友谊	《狐狸和大熊》	王蕾	本书讲述的是一只大熊三番五次被狐狸骗，最后教训了狐狸的故事。也让我们明白人与人相处，最重要的是真诚相待，不隐瞒、不欺骗。
	《敌人派》	〔美〕德瑞克·莫森	帮助孩子与他人友好相处的教育是智慧的教育。故事中的爸爸没有用语言来帮助孩子与小伙伴化解矛盾，而是利用“敌人派”的诱惑，让孩子们在相互交流的过程中产生友谊，化干戈为玉帛。
	《我有友情要出租》	方素珍	孤单寂寞的大猩猩不知道该怎样交朋友，于是想到了“出租友情”的点子。这本图画书鼓励孩子，也教会孩子如何通过勇敢地表达自己去获取友谊。
	《对不起》	〔英〕诺伯特·兰达	人与人之间互相交往，就像故事中的小兔子与小熊似的，成为好朋友，总会互帮互助，即使出现了矛盾也会互相道歉。
	《小羊和蝴蝶》	〔美〕艾诺·桑卡德	小羊遇到了蝴蝶，小羊一直希望蝴蝶能留下来陪他，但蝴蝶喜欢海阔天空地自由飞翔……每个生命都有着各自不同的特点，我们应该学会尊重他人，尊重个别差异，在相互理解和包容中和平共处。
	《南瓜汤》	〔英〕海伦·库柏	孩子们出现争吵的现象很多，然而良好的沟通与谅解可以使友情升温，同时故事中也体现了分工合作。
	《好好爱阿迪》	〔美〕维吉尼亚·芙蓝明	这是一本关怀唐氏症儿童的故事书，借着三个邻居小孩儿的互动，让我们体会友谊与包容。

（续表）

主题	绘本名称	作者	相关主题内容
建立友谊	《两棵树》	〔法〕让·塞巴斯蒂安·勃朗克	让孩子们经历友情的考验，懂得朋友之间应该互相体谅和扶持。
	《不是那样，是这样的！》	〔瑞〕卡琳·谢尔勒	这是一本讲懂得换位思考的书。故事提醒孩子们，与同伴相处时，应该学会为对方着想，相互理解并懂得尊重彼此，才能更好地维系同伴关系。
	《嘘，这是秘密》	方素珍	秘密到底能不能说呢？说了吧，就不是秘密了；不说吧，憋在心里实在很难受啊！到底说不说呢？通过本书的阅读，让孩子明白如何正确对待秘密。
懂得分享	《左左和右右》	施欢华	左左和右右是一对孪生小姐妹，平时一直为好吃的、好玩的而争吵。有一天，右右生病了，不再和左左争夺玩具、书本，可左左却感觉到缺失了什么……读完这本书，孩子会体会到分享的快乐比独享的快乐要有趣得多。
	《艾薇的礼物》	〔澳〕芙蕾雅·布雷克伍德	很多时候，我们开心，并不是因为接受别人的恩惠，而是给予别人帮助或者礼物。通过艾薇的故事我们可以和孩子探讨慷慨的本质，让孩子们在阅读中感受分享的快乐。
	《石头汤》	〔美〕琼·穆特	人与人之间由“排斥”变为“分享”。一锅“石头汤”打开了村民心中的枷锁，让大家在分享的喜悦中感悟幸福的真谛。
	《古利和古拉》	〔日〕中川李枝子	这篇故事突出了分享的重要意义，古利和古拉用发现的鸡蛋做了大蛋糕，与森林中的其他动物们分享了美味的蛋糕，大家在一起，非常开心。

（续表）

主题	绘本名称	作者	相关主题内容
懂得分享	《请给青蛙一个吻》	〔英〕汤尼·邦宁	感受他人给予的爱，同时学会对身边的人付出爱。
	《大姐姐和小妹妹》	〔美〕夏洛特·佐罗托	学会珍惜亲情，拥有一颗感恩之心，懂得亲情给予的甜蜜束缚。
	《彩虹色的花》	〔波兰〕麦克·格雷涅茨	彩虹色的花用自己美丽的花瓣帮助了蚂蚁、蜥蜴、老鼠……最后的花瓣也飘落在大风之中，她将自己的一生都奉献给了他人。这个故事让我们明白生命的价值在于奉献自我、帮助他人。
团结协作	《蚂蚁和西瓜》	〔日〕田村茂	一只蚂蚁的力量是极其微小的，但是一群蚂蚁集中在一起，那力量是不可估量的，这就是团结的力量。
	《小黑鱼》	〔美〕李欧·李奥尼	在儿童成长的过程中，会遇到许多困难和阻碍，当遭遇困境、直面敌人而无法以个人力量前行的时候，同伴之间的团结互助是让我们得以迈步远行的关键。
	《阿秋和阿狐》	〔日〕林明子	本书讲述的是一只玩具小狐狸和一个小女孩之间有趣又感人的小故事。从阿秋和阿狐身上，孩子可以明白朋友之间不仅是可以分享快乐，相应地还应该共同分担困难。
	《好朋友》	〔德〕赫姆·海恩	小老鼠、公鸡和小猪，他们发誓要做一辈子朋友，因为好朋友是永不分离的，可是他们最后还是分开了。晚上他们在梦里又相见了。其实即使分离，只要依然相互关心，彼此间的感情就不会冲淡！

（四）自然类

主题	绘本名称	作者	相关主题内容
认识自然	《噗～噗～噗》	〔日〕谷川俊太郎	这是一本很奇特的书，没有故事，只有图画和拟声词。作者用拟声词表达了世界上物体的状态和变化，却没有说明这是什么物体，只交给孩子去想象！
	《白天和黑夜》	〔美〕泰迪·纽顿	如果白天遇到黑夜，会发生什么有趣的事情？他们一见面就会变成好朋友吗？其实，一开始白天和黑夜都觉得对方很陌生，都有些害怕，最后，两个居然打了起来！直到一只蝴蝶飞过，哈！一切都变了！
	《有一天，他们不见了》	王蕾	当黄老板带领的施工队准备破坏大自然的时候，树木和河流毅然决定集体“大逃跑”……其实大自然的一草一木和我们一样都是有生命的，和大自然做好朋友是我们每一个人的责任！
	《小云彩》	霍修远	故事的主角是一朵小云彩，它让冒冒失失的大鸟撞了一下，从天上掉了下来，开始了一段奇妙的旅程。本书从儿童本位出发，帮助儿童认识小云彩和它神奇的经历，培养儿童的创造性与幻想精神。
	《风喜欢和我玩》	〔美〕玛丽·荷·艾斯	生活在现代社会，每日为工作、学习、生活而忙碌。试想一下，你有多久没有亲近大自然了呢？让我们停下脚步，与戈贝托一起去感受风的魅力吧。
	《天为啥是蓝的》	〔英〕萨莉·格林德列	自然万物都各有其规律。太阳东升西落，月亮阴晴圆缺，大雁南飞过冬，草木枯荣交替……还有，天为什么是蓝的？
	《植物是阳光猎人》	〔韩〕金玄淑	人与自然是不可分割的，孩子从小就应该知道人类与大自然和谐共处之道，更应该认识到大自然中植物的重要性，因为植物是我们的生命之源。

（续表）

主题	绘本名称	作者	相关主题内容
认识自然	《森林》	〔澳〕马克·马丁	大自然孕育森林，森林造福人类。本书向孩子传递了森林的作用和大自然的意义，引导孩子从小树立爱惜大自然、保护树木的意识。
	《花婆婆》	〔美〕芭芭拉·库尼	让世界变得美丽的事情有很多。我们都要像花婆婆一样，为世界的美丽献出自己的微薄之力，哪怕只是栽一株花、种一棵树。
	《飞吧，蒲公英》	马俐	随风飞舞的蒲公英又常被人寄托希望，所以很少有人不喜欢蒲公英，不过把蒲公英和搬迁相联系的故事倒是第一次，而且是如此自然，而又寓意深远。
	《宇宙鸡蛋》	〔日〕荒井良二	宇宙是什么样的？让我们一起跟随荒井良二天马行空的想象，体验生命和宇宙如诗般的创造过程吧！
	《叶子》	〔美〕斯蒂芬·迈克尔·金	本书说的是一个一颗种子生根发芽，长出叶子，变成大树的故事。同时还是一个调皮的孩子不断成长的故事。
保护自然	《地球感冒了》	〔法〕罗克珊·玛丽·加里耶	故事中的地球感冒了，可忙碌的人类却一直没有意识到这可能带来的危害，直到小男孩的出现，才让人类从喧闹中安静下来，开始倾听，开始关注。
	《天空的绘本》	〔日〕长田弘	这是一本描绘“司空见惯的奇迹之瞬间”的绘本，将一个诗意、自由，同时又很写实的世界展现在了读者面前，让我们感受到了简单、寻常的一天里无可替代的幸福。
	《森林的绘本》	〔日〕长田弘	一起去寻找你的重要之物吧。那是什么呢？是水的光辉、花儿的色彩、孩子们的笑声……我们一起去森林吧。
	《这片草地真美丽》	〔奥〕沃尔夫·哈兰斯	“这片草地真美丽！”城市里的人都齐声赞美。他们开心地在草地上休息，需要的东西，都带到这里来。这是一则有趣的故事，也是一本发人深省的图画书。它提醒我们，今日高楼大厦林立的地方，曾经是一片美丽的草地。

（续表）

主题	绘本名称	作者	相关主题内容
保护自然	《小房子》	〔美〕维吉尼亚·李·伯顿	本书透过小房子的视角，展现了城市化过程中的一个缩影，也给予我们一个重要启示：珍惜自然原生态，爱护自然环境。
	《花城》	〔瑞〕艾菲莱·哈斯劳	爱护动植物、保护环境是我们从小就应该树立的重要观念。本书以独特的故事情节让我们看到破坏环境给人们带来的可怕后果，同时也提醒着读者要去保护环境。
	《天亮了，打开窗子吧》	〔日〕荒井良二	本书没有特别的“故事”要说，只是借由一幕又一幕的“日常风景”，让我们透过美丽的光和奔放的颜色，看到了时光在悠闲中流过，听到了迎接一日的喜悦声音在耳际萦绕。
	《我的黄色小番茄》	〔美〕戴米恩·伊莲·由美	从一颗黄色小番茄出发，引发出父母的关爱与自然环境。让孩子懂得每个生命的个体都值得珍视；学会爱护自然、尊重生命。
	《再见小树林》	严淑女	当工人把小树林的树一棵棵砍掉，故事中的小绿勇敢地站出来极力护住最后一棵老榕树。小绿的行为让我们感受到他对大自然的热爱，也明白保护自然环境的重要性。

（五）价值类

主题	绘本名称	作者	相关主题内容
认识自我	《我》	张蓬洁	日常生活中我们常常有互相比较的习惯，结果带来伤害、自卑或自傲……事实上“比较”是不公平的，每个人都是独特的宝贝，成为最好的自己才是要努力的目标。
	《我不知道我是谁》	〔英〕乔恩·布莱克	通过兔子达利B穷追不舍地自我发问，引导正处在自我意识萌发阶段的孩子尝试思考“我是谁”这一基本而重要的问题。本书对孩子确立自我在周围世界中的位置、推动孩子心智的成长和社会化进程有着特殊的意义。

（续表）

主题	绘本名称	作者	相关主题内容
认识自我	《森林大熊》	〔瑞士〕约克·史坦纳	这是一则关于在现代文明社会中，人类迷失自我和寻找自我的寓言。本书透过熊的视角来批判人类：大熊是无辜的，是谁剥夺了他的家园呢？
	《星月》	〔美〕珍妮儿·肯侬	故事以动物角色为载体突出认识自我的重要性，通过阅读本书可以提醒孩子：从小就要学会认识自己、了解自己，关注自己的成长。
	《爱花的牛》	〔美〕曼罗·里夫	故事为我们塑造了“一头特立独行的牛”的典型形象。故事的主题也非常明确：尊重个性，学会欣赏与众不同。
	《田鼠阿佛》	〔美〕李欧·李奥尼	真诚的欣赏如阳光，能够在寒冷的冬天散发温度和热量。阿佛用一颗虔诚的心，认真地体味生活中不同风景的独特之美，也教会了伙伴们用“心”赏读世界。
	《点》	〔加〕彼德雷诺兹	每一个生命个体存在的价值是永远不会丧失的，学会欣赏自己、肯定自己，才能够使每一个生命绽放最美的光彩。
	《大脚丫跳芭蕾》	〔美〕埃米·扬	这本绘本通过讲述贝琳达跳舞的这件事情，向大家展示坚持梦想和学会肯定、欣赏自己的重要性。鼓励小朋友要勇于做自己心中想做的事情，为了自己内心的理想而努力。
	《安静也可以很美丽》	〔美〕约翰·丹佛	本书描绘了一个听障女孩儿的想象世界，让我们在无声的世界中感悟声音的魅力，享受“聆听”的乐趣，引领孩子从不同的角度来感受生活。
	《你很特别》	〔美〕陆可铎	让小朋友了解人的价值在于你如何看待你自己，而非别人如何看你！唯有了解、喜爱自己，才能建立真正的自爱、自信！

（续表）

主题	绘本名称	作者	相关主题内容
认识自我	《小猪变形记》	〔英〕本・科特	认识自我，悦纳自我，即使别人再优秀，也要相信自己永远是独一无二、无可替代的那一个。
	《多了》	〔美〕I. C. 斯普林曼	一则简洁却寓意深刻的故事，一个关于贪心与物质主义的警示故事，细致入微的画面向物质依恋者传递“少即是多”的道理。
	《精彩过一生》	〔英〕芭贝・柯尔	作者在这个欢快的故事中重新审视了人的一生。非常开明的爷爷奶奶为孙子孙女讲述了有趣、精彩也充满危机的一生，让他们豁达地面对未知的将来，暗示着轮回的可能性。
	《鸭子骑车记》	〔美〕大卫・夏农	当所有动物都看到漂亮自行车的时候，并没有把它当回事，只有鸭子坚定地认为自己一定可以骑自行车，充满勇气地跨出了第一步。这一步跨出去之后是对的吗？动物们的想法会不会发生改变呢？
梦想追求	《我要高飞》	〔法〕杰哈尔丁・考莱特	一只小兔竟然想飞！兔爸爸绞尽脑汁向它说明兔子可以做很多其他的事情，但却无济于事。这是一个关于飞行的有趣故事，如何在成长的过程中坚持自己的梦想，引发了父子间深深的思考。
	《阿利的红斗篷》	〔美〕汤米・狄波拉	拥有一件新的红斗篷是阿利的梦想，阿利用他艰辛的努力启迪我们：人需要拥有梦想，还需要坚持梦想，更需要为追求和实现梦想付出勤奋的努力。
	《胡萝卜种子》	〔美〕路斯・克劳斯	这是一个关于坚持和自信的故事。面对大人们的质疑，小男孩儿以儿童特有的执着、坚定维护了自己的愿望，并尽全力去实现它，最后获得了丰厚回报。

（续表）

主题	绘本名称	作者	相关主题内容
梦想追求	《达芬奇想飞》	〔荷兰〕汉斯·比尔	达芬奇有一个浪漫的梦想：在天空中自由地翱翔。可惜他只是一只有着一双小翅膀的企鹅。虽然每天辛苦练习，却根本没法飞上天去。
	《培培点灯》	〔美〕艾丽莎·巴尔托	懂得存在的最大价值，是能够用虔诚之心为他人带来光明。
	《最想做的事》	〔美〕玛莉·布雷比	本书以第一人称讲述故事，让孩子深刻地感受到没有知识的昏暗及满怀希望的明亮，也从小孩子的角度看待生活中的贫困和疲累——只要有盼望，所有的痛苦都是可以忍受的、值得的。
	《坐巴士》	〔日〕荒井良二	一位年轻旅人想坐巴士去远方，从天亮等到天黑，巴士还是没有来，等啊等，第二天，巴士终于来了，但是满员了，上不去了，旅人会怎么办呢……
	《星空》	几米	让孩子能以积极的态度面对迷茫、孤独，青春路上变得更勇敢、更有力量。
	《小火龙找工作》	〔法〕克里斯托斯	骄傲的小火龙福福决定找个工作，但是作家说龙的题材过时了，导演说龙的电影已经太多了，连小朋友都不要它作宠物。就在福福开始绝望的时候，它施展出自己会喷火的本领，终于被录取，成了面包房火炉的负责人。
美丽心灵	《忘了说我爱你》	〔英〕米利娅姆·莫斯	这是一个充满爱的故事，妈妈送孩子上幼儿园，每次都要对他深情地说一声“我爱你”。可这一次，因为路上耽搁了，着急上班的妈妈把这句在孩子心里至关重要的话忘了……
	《猜猜我有多爱你》	〔爱尔兰〕山姆·麦克布雷尼	亲情是生命不可或缺的营养。那么，亲情该如何表达呢？故事中的小兔子和大兔子用一种别开生面的方式，表达了亲情的温暖。

（续表）

主题	绘本名称	作者	相关主题内容
美丽心灵	《逃家小兔》	〔美〕玛格丽特·怀兹·布朗	在逃跑时，虽然小兔子变成了一条鱼，但兔妈妈鱼钩上的鱼饵却是胡萝卜。母爱是伟大的，无论我们走多远，我们始终逃不出母亲那源自心灵深处的浓浓的爱。
	《奶奶现在不一样了》	〔德〕茜碧勒里克霍夫	宝利娜是一个快乐的孩子，因为有奶奶的陪伴，她的每一天都是幸福的。可是有一天，奶奶生病了，宝利娜好像一下子长大了。懂得了被爱与爱人的感受，这是一种难能可贵的移情能力。
	《和爸爸一起读书》	〔美〕理查德·乔根森	在孩子早期阅读大军里都是以妈妈们为主力军，其实亲子阅读更需要爸爸的参与，他们独特的生活体验和阅读视角，会给孩子们带来不一样的阅读体会。
	《什么是爱》	〔比〕贝赫布鲁克丝	什么是爱？什么样的爱是我最需要的？怎样去爱别人？怎样守护真爱……孩子在一天天地长大，心中渐渐有了这样的哲学命题，这些关乎成长、爱与人生的思索，实际上是发自他们内心深处的思考，需要慰藉，更渴望启迪。
	《永远永远爱你》	〔日〕宫西达也	故事诠释了人世间最伟大的亲情与最无私的爱。即使霸王龙宝宝不是慈母龙妈妈亲生的，但是龙妈妈依旧选择抚养他长大，并且无微不至地照顾他。
	《爱是一捧浓浓的蜂蜜》	〔英〕贾尔斯·安德列亚	让学生对爱的定义有更深的体会，在生活中发现爱、感激爱，享受充满爱的世界。
	《小恩的秘密花园》	〔美〕萨拉·斯图尔特	有时候世界是阴沉的、伤感的，但只要心中有阳光、有梦想，相信你的世界也如花园般五彩斑斓。
	《驴小弟变石头》	〔美〕威廉·史塔克	学会珍惜亲情，拥有一颗感恩之心。

（续表）

主题	绘本名称	作者	相关主题内容
美丽心灵	《爱心树》	〔美〕 谢尔·希尔弗斯坦	每个人身边都有这样一棵爱心树，默默奉献，不求回报，而我们要做的就是常怀感恩之心，及时表达自己的感谢之情。
	《小西有棵外婆树》	张洁	爱有很多种，有亲人之间的爱、恋人之间的爱、朋友之间的爱，每一种爱都是我们生命中最珍贵的情感。本书突出表现的是亲人之间的爱，是外婆与外孙女之间的爱。

（六）生死类

主题	绘本名称	作者	相关主题内容
了解出生	《呱呱坠地》	〔韩〕 许银实	这是一本帮助孩子了解动物包括我们是如何出生的书，孩子总会问："妈妈，我从哪里来？"这本书就绘声绘色地回答了这个问题。
	《人之初》	安培 吉葡乐 素数花开	人类生命的孕育是一个饱含美的奇妙过程，作品用非常形象的图画与简洁而生动的文字向儿童展示了人类生命的形成、孕育，直至出生，简单而美好，直接却不失震撼。
	《小威向前冲》	〔英〕 尼古拉斯·艾伦	本书以儿童的视角，用童趣的方式，把受孕、遗传等孕育生命的过程，生动而形象地展现在孩子的面前。
	《妈妈，我为什么存在？》	〔法〕 奥斯卡·伯瑞尼弗	孩子们对这个世界充满了好奇，常常会问出让大人难以回答的问题，比如这本书提出的问题：妈妈，我为什么存在？对于孩子的问题，妈妈没有马上回答，而是让孩子自己去寻找答案。
	《有一天》	〔美〕 麦基	一本诗一样的绘本，讲述了父母与孩子之间的情感，是一本令人动容的亲子读物。

（续表）

主题	绘本名称	作者	相关主题内容
生命成长	《菲菲出生了》	〔韩〕闵秀贤	“我是怎么出生的呢？”“妈妈肚子里的孩子到底长什么样？”当孩子对出生感到好奇的时候，该怎么办呢？阅读本书，让我们一起来了解孩子出生的整个过程吧！
	《大象的算术》	〔德〕赫姆·海恩	一只小象一天到晚吃个不停，每过一次生日，每天就会多拉出一个粪球，在数粪球的过程中，小象成长为大象，直到有一天，一件奇怪的事发生了……
	《一粒种子的旅行》	〔德〕安妮·默勒	每粒种子在地上的使命就是一次精彩纷呈的旅行。这是一本关于植物的生命奇迹的图画书，讲述了种子是如何旅行的。
	《番茄的旅行》	汤杰英	本书以番茄为对象，展现了番茄在不同阶段的生命形态，让读者通过番茄这个缩影，关照其他生命体的成长过程，发现生命成长的奥秘。
	《八岁，一个人去旅行》	吴念真	八岁的一个小孩可以做些什么？独立坐公交车上下学，应该就算了不起了，不过，本书的主角——八岁的小男孩，一个人走山路，坐火车去亲戚家，帮家人拿回留在那儿的雨伞。勇敢吧！不要怀疑，这还是一个真实的故事呢！
	《你很快就会长高》	〔英〕安琪雅·薛维克	透过这个有趣的故事，引领小孩子去思考什么才是最重要的，也提醒家长、老师，不要一心一意要求小孩做个好孩子或好学生，健康快乐成长才是最重要的。
	《爷爷的红脸颊》	〔奥〕汉斯·雅尼什	书中借活泼、开朗、乐观的爷爷给孙子讲述自己小时候及长大后做的一些事情，表达对生活的处理态度与生命的感动情怀；孙子在爷爷的“爱的分享”中，也体会到“爱的传承与联结”。

（续表）

主题	绘本名称	作者	相关主题内容
生命成长	《爷爷一定有办法》	〔加〕菲比·吉尔曼	每个孩子都曾拥有一条或一件自己很喜爱的旧毯子、被子或玩具，丢了它，孩子总是万般不舍，如何把旧的东西赋予新的生命与用途，使得生活处处充满惊奇？本书将由旧变新的秘密写成一个故事，一个可以永久流传的故事。
理解死亡	《活了100万次的猫》	〔日〕佐野洋子	这是一则关于生命寓言的故事，猫活了100万次不知道为什么而活，每天都是浑浑噩噩，每一次的生命无不循环在没有目标中，直到他遇见了白猫，遇见了那个让他生命变得有意义的“爱”。
	《獾的礼物》	〔英〕苏珊·华莱	獾是一个让人信赖的朋友，他总是乐于助人，给伙伴们都留下了珍贵的礼物。这个礼物是什么呢？那就是快乐、真诚的爱和给予。
	《会魔法的爸爸》	肖定丽	死亡是一个沉重的话题，但也是孩子必须面对的问题。故事中花猪猪的爸爸用一种温馨而又充满希望的方式引导孩子正确面对死亡，继而接受死亡。
	《爷爷有没有穿西装?》	〔德〕阿梅丽·弗里德	本书通过小布鲁诺的视角，描述爷爷去世了的故事。对爷爷去哪里的追问，让读者随故事情节的发展体会到失去亲人的哀伤与对生命价值的感悟。
	《汤姆的外公去世了》	〔法〕克莱特·海林	汤姆的外公去世了。开始，他不理解什么是“去世”，对孩子来说，了解和接受这一点，似乎太难了。从汤姆身上，我们看到了一个孩子对死亡的理解经历了怎样的过程，那似懂非懂的自白、那油然而生的悲伤，也欣慰地看到了那份释怀。

（续表）

主题	绘本名称	作者	相关主题内容
理解死亡	《一切有心》	熊亮	一切生命都有“心”，天上飞的，地上走的，水里游的……故事中的小姑娘，珍爱每一个生命，即使是微小的蚂蚁，她也愿意与它们分享自己的食物，让我们真正体会到了爱与温暖。
	《再见了，艾玛奶奶》	〔日〕大塚敦子	有一天，艾玛奶奶说：“我的生命，大概只剩下一年，不开始准备不行了。”这本书，写的就是最后一年，艾玛奶奶照自己的方式活到最后，书中的照片，真实有力地表现出艾玛奶奶的那份安详与从容……
	《爷爷的天堂笔记本》	〔日〕吉竹伸介	这是一本关于生命议题的绘本，它能抚慰伤痛的孩子、害怕失去的孩子，也能引导孩子思考活着的意义，珍惜自己的希望与时间！
	《好好哭吧》	〔丹麦〕葛伦·林特威德	面对亲人死亡，每个人都会痛苦和不舍，如何正视生命的自然现象，这也是我们该学习的一种能力。

四、生命教育电影故事

电影是生命的浓缩和精华，是超越时空的生命记录。电影和生命是最好的艺术融合，电影是最好的生命教育素材。电影能够艺术地呈现在每个生命的面前，引发每个生命内在的共鸣。电影作为一种叙事，其实就是继承了文学的叙事传统，去表现“一个人的生命感觉曾经怎样和可能怎样”。就像刘小枫说的：“叙事让人重新找回自己的生命感觉，重返自己的生活想象空间，甚至重新拾回被生活的无常抹去的自我。”毫无疑问，在电影中我们能遇见一个内心渴望的自己，一个更多可能性的自己。

以下是根据部分教材或读本所介绍的优秀电影，按照安全、健康、交往、自然、信仰、生涯、死亡主题做了大致的分类，这些电影都在生命的某个维度上给予我们深刻的启迪和思考，教育工作者可以结合这些电影开展生命教育教学。

（一）安全类

1. 片名：《天下无贼》　　导演：冯小刚　　主题：注意防盗防骗

剧情简介：

男贼王薄和女贼王丽是一对最佳贼搭档，也是一对亡命恋人。在火车站遇到在西藏打工多年的农村娃傻根后，王丽被他的单纯打动，决定暗中保护他和他的辛苦钱，圆他一个“天下无贼”的梦。王薄一开始寻思下手，但后来被王丽的善念和傻根的朴实打动，内心泯灭的善根开始萌发。可是，傻根的钱早已被以黎叔为头目的另一扒窃团伙盯上。于是，王薄、王丽二人与这个团伙展开了一系列明争暗斗。

推荐影评：

本片剧情搞笑，情节紧凑，但也不乏发人深省的人性及社会思考。看似是傻根的纯真朴实唤醒了盗贼夫妻内心的良知，但细想，现实世界真的如傻根想的那样“天下无贼”吗？这个社会太过于复杂，天下无贼本是梦。试想如果不是傻根执意要带那六万元现金上路，如果不是他在上车前嘀嘀咕咕说自己身上有钱，并且还目中无贼地高喊“你们谁是贼啊”……就不会引起黎叔、二王等人的注意，更不会致使双方为了他而结怨，最终落得两败俱伤的下场。从这个角度出发，我们出门的时候，希望大家还是看好自己的口袋！

2. 片名：《惊心动魄》　　导演：王珈、沈东　　主题：应对疾病传染

剧情简介：

2003年春，一种严重的传染病肆虐全国，某市一名疑似病人突然失踪。为防止疫情扩散，省长指示一定要切断传染源。失踪的疑似病人登上1120次列车，女军医在列车长和乘警长的全力帮助下，迅速展开了一场查找疑似病人的特殊战斗。疫情在车厢内蔓延，更为致命的是，乘客深陷恐慌之中，强烈要求下车。然而，为防止疫情向农村和山区扩散，省委和铁道部决定途中不再停车。医疗物资的匮乏、乘客的恐慌以及重症患者危在旦夕……

推荐影评：

影片以封闭移动的感染环境、未知的寻找、紧急救助等要素，呈现出《惊心动魄》高度紧张、惊险的感觉，而隐含其中的那种对疫情的恐慌感会让观众身临

其境，感同身受，更好地跟着剧情去学习如何应对疾病传染。

3. 片名：《硬汉2——奉陪到底》　　导演：丁晟　　主题：自我保护、见义智为

剧情简介：

故事发生在美丽的海滨城市。主人公老三是一名退伍海军，在工作中始终保持着军人的作风，遇到不良现象会挺身而出。在不经意中他碰到了以黑勇为首的抢劫团伙，正当该团伙实施犯罪时，老三挺身而出，维护正义。最终在公安人员的打击下，犯罪分子被绳之以法，同时老三也收获了爱情。

推荐影评：

片中男主角老三原本是一名潜艇兵，由于救战友时脑部受伤，不得不提前退伍。退伍后的老三仍不改见义勇为的本性，在一桩策划已久的银行抢劫案中，由于老三挺身而出，歹徒最终落入法网。观看此片，我们在被老三见义勇为的精神所感动的同时，也给我们对如何正确对待社会不公和应对各种“坏人”提供了一些思考和借鉴。

4. 片名：《末日崩塌》　　导演：布拉德·佩顿　　主题：应对地震来袭

剧情简介：

随着一场超级地震毫无预兆的来袭，整个城市浓烟滚滚、火光冲天，高楼大厦相继倒塌，到处都是惊慌失措的市民。更要命的是，如此强烈的地震，摧枯拉朽般粉碎了坚实的大坝，洪水如猛兽一般涌向已经水深火热的城市……雷·盖恩斯在直升机上目睹了繁华城市转眼变成废墟的可怕一幕。此时他的妻子艾玛和女儿布蕾克分处两座城市，为了拯救最爱的两个人，他只身一人，勇往直前，与地震展开争分夺秒的赛跑……

推荐影评：

我们无法防止地震发生，但有很多简单有效的措施可以让我们提前做好准备，在地震中生存下来，减少损失，并从灾难中恢复。美国在安全常识的普及和教育上，做得非常好，即使是这样一部以票房为驱动的大片，也没有忘记在其中嵌入宣传教育，该影片中有很多关于怎样预防地震、海啸和危险突发事件的知识。

5. 片名:《生化危机》　　导演:保罗·安德森　　主题:实验室安全

剧情简介:

故事发生在安布雷拉公司的生物工程实验室——“蜂巢”里。一次事故,让一种致命病毒突然爆发并迅速传播着,而超级计算机“红后”为了控制病毒,不让其外泄,将实验室内全部封闭。病毒很快感染了所有的工作人员,而所有感染病毒的人都成了徘徊在蜂巢内的恐怖的丧尸。一旦被他们咬伤或被抓伤,新的生命就会受到感染,立即变成丧尸。面对着几百个四处游荡又极具攻击性的丧尸以及一股未知的险恶力量,救援小组的队员和病毒展开了一场输不起的战斗!

推荐影评:

没有安全,任何生命活动都毫无意义,因为生命是一切活动得以开展的最基本的保障。在实验过程中,保护自己和他人的生命安全是最重要的。该片虽然是一部惊悚科幻题材的电影,但其中因实验室病毒的泄漏而造成的一系列危机也给了生活在现实中的我们一个警示。

6. 片名:《荒野猎人》　　导演:亚利桑德罗·冈萨雷斯·伊纳里多
主题:学会野外生存

剧情简介:

皮草猎人休·格拉斯与同伴们深入荒野丛林,休在森林中遭到巨熊的攻击而身负重伤。恶劣的天气下,皮草猎人们留下少数同伴照顾休,大部队先行撤离。遗憾的是留守的约翰·菲茨杰拉德是一个残暴而贪婪的人,为了钱他不惜杀害休的儿子,更把休丢在旷野之中,让他等死。身心受创的休从死亡线上爬回,靠着自己生存和复仇的意志,克服各种困难,最终活了下来。

推荐影评:

大自然是包容而又残酷的。人类的祖先最早依靠着自然生存,却也同样被自然折磨。电影的一开头就从一场战斗开始,这里幸存下来的莱昂纳多注定命运多舛,在接下来的剧情中不仅遭受了熊的袭击,而且自己的骨肉也被害死,在面临被冻死的时候和虎狼夺食,将刚死的马匹抛开当做房子。为了生存,他几乎用尽了所有的办法。尽管电影画面血腥,但是它也不失为一个很好的教导孩子如何在野外生存的题材影片。

7. 片名：《泰坦尼克号》　　导演：詹姆斯·卡梅隆　　主题：避灾、自救

剧情简介：

1912年4月10日，号称“世界工业史上的奇迹”的豪华客轮“泰坦尼克号”开始了自己的处女航，从英国的南安普敦出发驶往美国纽约。在船上，美丽活泼的富家女罗丝与英俊开朗的穷画家杰克相识、相爱。1912年4月14日，一个风平浪静的夜晚，“泰坦尼克号”撞上了冰山。永不沉没的“泰坦尼克号”面临沉船的命运，罗丝和杰克刚萌发的爱情也将经历生死的考验。

推荐影评：

在巨大的灾难面前，生命显得如此脆弱，如何在严峻和恐怖的生存绝境中获得一线生机？观看此片可以学到很多，比如如何避免自己和他人进入危险境地，在非常紧急的情况下如何化险为夷和躲避险境等。

（二）健康类

1. 片名：《明天》　　导演：胡储玺　　主题：远离毒品、拒绝诱惑

剧情简介：

男主角何一凡留学归来后，发现女友小云染上毒瘾。为了证明毒瘾是可以戒掉的，一凡选择了自己也吸食毒品，然后陪小云一起戒毒。但他也陷入不可自拔的境地……

推荐影评：

影片中主人公的悲惨结局生动地刻画出毒品对广大青少年的危害。希望能够通过这部电影，告诫当下年轻人警惕新型毒品的危害，远离毒品，珍爱生命。

2. 片名：《卡特教练》　　导演：托马斯·卡特　　主题：情绪、自我管理

剧情简介：

里士满高中篮球队原本从未在任何比赛中获胜过，是一支屡败屡战的队伍，这一切在卡特教练执教之后发生了变化。他相信这支队伍在他的带领下可以成为最优秀的篮球队，所以他要求队员和他签订一个协议，约定如果队伍不团结或是成绩不佳就不再继续参加任何比赛。在卡特的带领下，这支队伍开始走上坡路，最后成为无人能敌的常胜王。

推荐影评：

当家人、学校及社会各界都投来反对的目光，卡特教练仍坚持内心的原则，负重前行。因为他不只想让球队赢球，让队员像赢家一样打球，更希望他们去赢得生活，有美好的未来。就如卡特教练所说："我到这儿来教你们打篮球，却让你们成为了好学生；我到这儿来教一群男孩子，你们却长成了真正的男人。"他不仅是铁血教练，更是一股强大的推动力，用自身的经历与经验告诉被自己一手扶上胜利征程的队员们：赢不辱人，败不辱己，拥有了冠军精神，才能不惧怕任何挑战，奋力向前。

3. 片名：《匆匆那年》　　导演：张一白　　主题：两性健康、自我保护

剧情简介：

陈寻和方茴是高中同班同学，在高中时他们相恋了。进了大学之后，两人因性格差距太大而引起的矛盾也越来越多，陈寻决定分手，并且和新的女朋友同居了。方茴分手后精神恍惚，根本不能接受这一现实，她选择了堕落，并意外怀孕了。几个高中朋友聚会的时候，陈寻带了新女友去。吃饭时陈寻发现方茴怀孕了，于是说是自己的孩子，为此和女友分手。但方茴已经无法再在学校里待下去了，于是她去了澳大利亚，远离了这片令她伤心的土地……

推荐影评：

影片中男女主角的故事为我们起到一个警醒的示范作用，有助于帮助青少年把握自己，掌握接触分寸，区别婚前接触与婚后接触的界限，坚持两性交往中的道德原则，不要因感情冲动而发生性行为。

4. 片名：《纸飞机》　　导演：江平、刘新　　主题：拒绝诱惑、远离毒品

剧情简介：

美丽善良的饭店领班阿晨因病误用了毒贩老五的"特效药"，染上毒瘾。不久，阿晨便花光了家里所有的钱，丈夫也离她而去，只有儿子与她相依为命。但阿晨无法抵抗毒瘾，为换钱只得把房子租给别人，自己和儿子搬进一个未完工的烂尾楼。为挽救阿晨，派出所和居委会将她送进了戒毒所。一天，阿晨在戒毒所收到儿子的来信，打开一看是一个纸叠的飞机，飞机翅膀上写着"妈妈我想你"。随后，阿晨接到了一个又一个纸飞机，这使她坚定了活下去的勇气。阿晨终于离开了戒毒所，开始了自食其力的生活。

推荐影评：

毒品，向来是人民的公敌。人们一旦染上毒瘾，发作时如万箭穿心，像千百万蚂蚁抓心，极难把毒瘾彻底戒掉，就如电影中的阿晨，每当毒瘾发作时，情绪暴躁，无法控制。该影片时间虽短，但具有深刻的教育意义，提醒现实生活中的我们要“珍爱生命，远离毒品！”

5. 片名：《简·爱》　　导演：凯瑞·福永　　主题：学会独立自主

剧情简介：

简·爱从小失去父母，寄住在舅妈家，不平等的待遇让她饱受欺凌，小小年纪就承受了别人无法想象的委屈和痛苦。成年后，她成了桑菲尔德贵族庄园的家庭教师，她以真挚的情感和高尚的品德赢得了主人的尊敬和爱恋，谁料命运对她如此残忍，她为这段婚姻又付出了难以承受的代价。但自始至终她都一直坚持着自己的信念，坚持着自己的理想与追求。

推荐影评：

成长是《简·爱》的重要主题，简·爱的人生追求有两个基本旋律：富有激情、幻想，具有反抗和坚持不懈的精神；对人间自由幸福的渴望和对更高精神境界的追求。影片的成功之处是塑造了一个敢于反抗、敢于争取自由和平等地位的妇女形象。简·爱身上闪现着女性作为独立的社会个体应当具有的人性光辉与人性价值。

6. 片名：《少年维特的烦恼》　　导演：Egon Günther　　主题：克服青春烦扰

剧情简介：

维特是个能诗善画、热爱自然的青年，他在繁花盛开的春天，来到一个僻静的山村。青山幽谷，晨曦暮霭，村童幼女，无不引起他的兴趣，他面对自然美景，吟诗绘画，怡然自得，流连忘返。在这里他结识了一位年轻的姑娘绿蒂，对她一见倾心，和她待在一起，就觉得好似到了天堂一样。可是绿蒂已经订婚，她忠实于订婚时的盟誓，不能把爱情献给维特，维特失望了，他尝到了恋爱的苦药，欢乐变成了烦恼，他只得告别绿蒂，告别这难忘的山村……

推荐影评：

青春期的孩子们如果没有接受合理、完善的性教育，孩子萌动的性意识就会通过不恰当的方式表现出来，甚至酿成大祸。如何让学生体会爱情，建立正确的爱情观？在教育过程中，教师就需要把这些美好、奇妙的部分展现给学生，教会他们感受爱情的美；而对于学生之间产生的朦胧情感，大可把它放轻一些、放淡一些，让学生自然地经历与成长。

7. 片名：《那些年我们一起追过的女孩》　　导演：九把刀　　主题：认识纯真爱情

剧情简介：

柯景腾是一个成绩不佳而且调皮捣蛋的男生，在沈佳宜的监督和鼓励下，他的成绩有了进步。渐渐地，柯景腾喜欢上了沈佳宜，但是他却不敢向心爱的女生表白。因为沈佳宜只想好好学习，不希望别人介入自己的生活。但是，为何沈佳宜唯独愿意把心事与柯景腾分享呢？她对他究竟有没有别样的感觉呢？

推荐影评：

真正的爱情并不一定是他人眼中的完美匹配，而是相爱的人彼此心灵的相互契合。影片中男女主人公的爱情故事并不完美，但也在某种程度上传达了爱情的意义：帮助对方提高，愿意为对方生活得更好而默默奉献，同时也提高自己。

8. 片名：《插班生》　　导演：孙小光　　主题：适应环境

剧情简介：

11岁的乡下孩子方翔，母亲去世了，如今外婆生病，也不能照顾他，于是他只身来到城市。他住进父亲租用的一间在四合院角落的一个小屋子，他遇到同院子的民工子女王小宝、田小丫和陆军。四个孩子面临一个问题，他们要上学。通过考试，方翔以优异的成绩被顺城小学录取了，而其余三人落选，孩子们的家长凑钱帮助方翔上学。难道能让其他三位小朋友就这样失学，让他们白白地浪费时光，在城市里晃荡下去吗？四个孩子，他们阳光，他们不自卑，他们组织起了自己的学校“葡萄院小学”。方翔成为了该“学校”唯一的老师……

推荐影评：

一个案板，几张板凳、条椅就搭建了一个临时课堂，孩子们亲切地称它为“葡萄院小学”。他们在这里学习、玩耍、成长，就连在马路边的居民健身园也成了他们的体育课堂。就是在这样的环境中，孩子们仍然觉得仿若天堂。影片中的几个孩子，现实的状况他们无法选择，更无力去改变，但是却可以通过自己的努力去把握明天。就如一位哲人所说：“我们无法选择命运，但我们可以改变命运。”

（三）交往类

1. 片名：《穿普拉达的女王》　　导演：大卫·弗兰科尔　　主题：职场体验、适应环境

剧情简介：

刚从学校毕业不久的女孩安德莉娅，机缘巧合进入了一家顶级时装杂志社做总编助手。然而好景不长，她很快就发现自己的工作简直是噩梦，因为她的顶头上司女总编米兰达，除了在时尚圈呼风唤雨，过着穷奢极欲的生活之外，还想方设法对她进行折磨。她由初入职场的迷惑到从自身出发寻找问题的根源，最终成为了一个出色的职场与时尚的达人。

推荐影评：

表面上看，这是一部时装片，或者是一部青春励志片，实际上，电影应该算是一部人生职场常识教科书，剧情里探讨的人与人之间的关系，包括同事的关系，下属与上司的关系，同行之间的关系，投资人与经理人之间的关系，爱情与事业的关系，自我与本我的关系。

2. 片名：《放学后》　　导演：刘一君　　主题：关怀弱势群体

剧情简介：

新闻记者晋元和上小学一年级的女儿豆豆一起生活。他向女儿隐瞒了妈妈的离去，两人过着平静的生活。豆豆学校的四年级学生兰小龙留下一封“遗书”后离家出走，晋元帮着发布寻人信息，职业的敏感让他感到孩子的出走背后一定有故事，于是他和班主任柳红梅一起展开调查。他发现兰小龙在放学后受到其他孩子围攻，还被拍下了挨打的视频。看到这个视频后，晋元和柳红梅非常震惊，原来兰小龙受到了很多不公正的对待，急需社会的关爱。

推荐影评：

该片讲述的是孩子在放学后这一时间段，因为家校疏于看护，滋生了很多社会问题。这些社会问题客观存在，但有时又被现实的庞杂遮蔽而导致人们在认知上的麻木。片中男女主角挺身而出，用他们的实际行动感动了平时对孩子缺少关

心、沟通的家长们。让家长和学校等社会机构意识到关未成年人身心健康发展是目前全社会必须关注的重大问题。

3. 片名：《一个独生女的故事》　导演：郭林　主题：承担家庭责任

剧情简介：

年仅十岁的女孩张鸣鸣失去了父亲，母亲不能承受这个打击，风湿性心脏病加重。懂事的张鸣鸣开始挑起家庭的重担。她每天既要做饭，又要照顾母亲，还要学好自己的功课。她克服了重重困难，勇敢地生活……

推荐影评：

主人公是一个独生女，正当她的同龄人依偎在父母怀中撒娇的时候，她不仅失去了父爱，而且还要独自挑起家庭与学习这两份重担，更加难能可贵的是，她不但没有被这些重担压垮，反而正是在这种艰难的环境中成长起来。

4. 片名：《光辉岁月》　导演：Boaz Yakin　主题：团队合作

剧情简介：

1971年，两所黑人中学和一所白人中学合并，于是这三个学校的美式足球队必须重新组成一支混合球队。黑人教练赫尔曼·布恩出任总教练。他除了需要解决各队的分歧外，还要应付当时徘徊于种族间的紧张状况。最终，他排除万难，带领他的队伍打开胜利之门。

推荐影评：

一滴水只有放进大海里才永远不会干涸，一个人只有当他把自己和集体的事业融合在一起的时候才最有力量。布恩从一开始遭到所有人的排斥到凭着自己的信念，并在比尔的配合下，将一群由脾气暴躁、注意力不集中的孩子组成的球队调教成了一支富有活力、专打胜仗的球队，成功地将这一支黑白混合美式足球队伍推至冠军宝座。正是有了像布恩这样敢于面对、敢于直击问题的教练，如此平凡的球队才能获得合并后的最大的成功。

5. 片名：《那人那山那狗》　导演：霍建起　主题：亲情、家庭责任

剧情简介：

儿子高考落榜，不得已回到大山中的家，做了大半辈子山村邮递员的父亲提前退休，安排儿子接下自己的工作。儿子上班第一天，父亲千叮咛万嘱咐之后仍不放心，带上长年在其左右的忠实老狗，决定陪儿子再走一趟送信之旅。起初，

父子两人因为长期有隔膜只默默走路，渐渐地，通过与不同村民的接触，两人渐渐打开话匣，对彼此有了深一层的认识和了解。

推荐影评：

一位孤独的行者，一只忠诚的狗，一个装载着无数人希望的行囊，一份艰辛而又高尚的工作——乡村邮递员。他穿梭在大山之间，为不同村落的乡亲带来家人的消息，寄出对亲人的思念。

支撑他走下去的，是乡亲的纯朴与善良，是家人的守候与等待，是自己心中的一份沉甸甸的责任感。在自己行将退休时，他将这份责任交给自己年轻的儿子，于是，这样一条山路，不再仅仅是希望之路，因为曾经有一对父子，在这条路上化解了尴尬，传承了责任，完成了一个男人对另一个男人的嘱托，加深了父子间的感情与理解。

（四）自然类

1. 片名：《城市的远见》　　导演：刘嵩　　主题：善待城市

剧情简介：

根据世界银行2014年的数据，在方圆700多平方公里的土地上，新加坡的人口密度为每平方公里7736人，位居世界前列。与此同时，新加坡却有大大小小340多个公园，居民区平均每500米就有一个公园，绿化面积占国土面积的45%，绿化覆盖率达到80%以上。这个人口密度较大的国家成为名副其实的“花园城市”，得益于科学精细、环境至上的城市建设规划。

推荐影评：

建设美好城市要做到“人、城市、环境”三者的平衡，要将三者融为一体。既要考虑现代人的生活，也要考虑后代人发展的需求。影片挑选了一些具有明显特质的都市，这些特质来自于他们对自己城市的历史、人文、自然环境、产业发展等议题提出了“远见”，或是一种“强烈的主张”。因为这些主张，这个城市有了明朗的方向感，有了方向感，也就有了前进的步骤、执行的方案以及解决困难的决心。同时，也逐渐凝聚了市民的共识与默契。

2. 片名：《永不妥协》　　导演：史蒂文·索德伯格　　主题：环保维权

剧情简介：

埃琳·布罗克维奇是倒霉鬼中的典型。她结过两次婚，但每次婚姻都没有给她带来幸福，反而令她成了一个拖着三个孩子的单身母亲。倒霉的她在遭到一场交通事故后，连志在必得的赔偿官司到最后都输掉了。为她辩护的律师埃德同情埃琳是因为帮她打输了官司心感内疚，他决定收留埃琳在他的律师楼里打杂。埃琳的生活算是有了一点保障。在调查一单污水申诉案时，埃琳偶然发现了污水中含剧毒物质，而供水公司却对此敷衍了事。弱女子埃琳决定用她柔弱的肩膀担负起为受污染的数百名居民讨回公道的重担！

推荐影评：

这是一部法律电影，从该片中我们可以了解到侵权归责的条件和程序以及女主人公是如何在不妥协、不畏强权的精神驱动下，为众多受害者争取到应有权益的。

3. 片名：《狼图腾》　　导演：让·雅克·阿诺　　主题：尊重自然、和谐共处

剧情简介：

1967年，北京知青陈阵和杨克响应国家上山下乡的号召，从北京来到了内蒙古额仑大草原插队。在大草原上，他们结识了蒙古族牧民毕利格一家，也见识到了草原上最令人敬畏的动物：狼。在与狼群的接触过程中，陈阵对这一物种有了强烈的兴趣，甚至有了想自己养一只小狼的念头。就在此时，一群外来人贪婪地掠夺了狼群储存过冬的黄羊，打破了狼群和牧民之间的生态平衡。而以场部主任包顺贵为首的生产队更是发起了一场灭狼运动，让狼群和人类之间的关系陷入了剑拔弩张的地步。

推荐影评：

相较于原著，电影《狼图腾》更多地把主题放在人与自然和谐共存上。因而电影中最大的冲突，不再是文化的冲突，而是人与自然之间的冲突——不尊重大自然，不了解自然规律，盲目破坏生态，就会招来灾难。也可以说这是一部为狼正名的电影。它让我们思考人与狼、人与自然的关系，甚至让我们反思人类在社会、种族和国家关系中的相处之道。

4. 片名：《小森林》　　导演：森淳一　　主题：自然与生活

剧情简介：

影片讲述女主角市子因无法融入东京的喧闹生活，留在故乡小森林的故事。市子的故乡被大片森林围绕，村中的人们靠农耕为生。市子每天自己种植、收割，安静地享用自己制作的食物，静谧美好的日子在春夏秋冬中静静流淌。这个田园牧歌般的故事，在当代社会中几近神话。但置于日本，那些安宁的乡村、完好的森林和人们之间亲昵但互相保留空间的教养，让这一切都令人信服。

推荐影评：

这是一部让人贴近自然的电影，是一部让人口舌生津的电影，也是一部让人咂摸人生滋味的电影。市子每天在田里劳作，过简单的生活，她最大的乐趣，莫过于在劳作之余，随四季更替，用大自然的馈赠——身边的食材，烹饪诱人的美食。一部简简单单的电影，用没有野心的镜头去讲述一个不让人厌烦的生活状态，那种认真与笃定，迷茫中的脚踏实地，是在这个反乌托邦的时代里难能可贵的东西。

5. 片名：《大自然在说话》　　类型：公益影片　　主题：人与自然

剧情简介：

“大自然在说话”系列公益影片，聚焦大自然中的各个元素，以第一人称阐述自己的所知所感，希望借此引发人类对自己行为的思考，并倡导人类环保意识及行为的改变。

推荐影评：

“大自然不需要人类，人类需要大自然。”以大自然元素为第一人称的系列公益影片——《大自然在说话》以别具一格的宣传口号，获得广泛好评。

6. 片名：《熊出没之雪岭熊风》　　导演：丁亮　　主题：保护自然

剧情简介：

熊大和熊二是两个如假包换的“熊孩子”。这两个熊孩子小时候经常躺在妈妈的怀里听妈妈讲“大白熊的故事”。直到有一天，随着伐木工人的到来，狗熊岭的寂静被打破。因人类滥伐森林、猎杀动物，河流干枯了，山神发怒了。顿时，山崩地裂，白熊火山爆发。生态灾难来临，熊二临危受命，一展“熊”姿，最终成功拯救家园。

推荐影评：

本影片凸显保护森林和动物的主题，这次把大自然神奇壮美的一面，用幻想和现实交织的方式呈现给观众。发人深省的主题告诉人类：我们要保护森林、珍爱动物，共创美好家园。

（五）信仰类

1. 片名：《叫我第一名》　导演：彼得·沃纳　主题：认识、肯定自我

剧情简介：

患有不时抽动并发出奇怪声音的妥瑞氏症的男孩布拉德·科恩，上学时因为自己的病症而常被老师批评、被同学欺负，这使他感到非常苦恼和难受。在转了几个学校以后，科恩终于遇到一位睿智的校长，校长的教育打开了科恩通往全新世界的一扇门。科恩希望自己成为像校长那样爱孩子的老师，他为此不懈努力。在遭遇了无数的冷嘲热讽和失败后，他最终实现了梦想并找到属于自己的爱情。

推荐影评：

“不是事情本身让我们痛苦，让我们痛苦的是我们对事情的看法。”认识自我就是正确对待自己的优缺点，不必为自己某些方面比别人强而沾沾自喜，也不必为自己在某些地方不如别人而垂头丧气。影片中的主人公就是笑中带泪的活课本，他不是不自卑，他只是用自己的乐观把这种悲观心理转化为力量和鼓励。主人公对自我的坚持和执着让我们看到了人内心力量的源泉，也看到生命的创造性。

2. 片名：《死亡诗社》　导演：彼得·威尔　主题：唤醒生命

剧情简介：

威尔顿预备学院以其沉稳、凝重的教学风格和较高的升学率闻名，作为其毕业班的学生，他们的理想就是升入名校。新学期文学老师约翰·基廷的到来如同一阵春风，一反传统名校的严肃刻板，他带学生们在校史楼内聆听死亡的声音，反思生的意义；让男生们在绿茵场上宣读自己的理想；鼓励学生站在课桌上，用新的视角俯瞰世界。

推荐影评：

试想，一个快被高考复习题埋没的孩子，看了《死亡诗社》会有怎样的震

撼？威尔顿预备学院一向都是以传统、守旧的方法来教授学生，可是新学期来校的新文学老师基廷却一改学校的常规，让自己班上的学生们解放思想，充分发挥学生们的能力。在封闭的时代，他是教育领域的叛逆者；在学生的记忆里，他是灵魂的拯救者。

3. 片名：《七号房的礼物》　　导演：李焕庆　　主题：懂得善恶、善意待人

剧情简介：

李龙久只有6岁儿童的智商。他和可爱的女儿艺胜相依为命，生活虽然简单清贫，却充满了幸福。某天，为了给艺胜买美少女战士的书包，龙久意外卷入了一起幼童诱拐奸杀案，而死者竟是警察局局长的女儿。龙久懵懂无知，搞不清状况，昏头昏脑就被投入监狱。在7号牢房中，聚集着黑帮、诈骗犯等“社会渣滓”。但是龙久孩子般纯洁的心和善言善行，不仅渐渐感动了房中几个“大坏蛋”，还感动了监狱里的科长等人。他们共同合力，冒着巨大的风险将艺胜带入牢房，让龙久父女相会。黑暗冰冷的监牢内，7号牢房阳光满满……

推荐影评：

《七号房的礼物》是以父爱为主题的电影。影片中的主人公单纯、善良、思想简单，也许人们还会说他“傻傻的”，但正是因为这些，他唤醒了自己同监狱的狱友们早已蒙蔽很久的人性。该片导演似乎想给观众传达这样的一个理念：“爱”可以超越一切，没有什么是不可能的。《七号房的礼物》里就可以看到满满的、溢出来的爱，正是这样不加修饰的真挚的情感，打动了千千万万的人。

4. 片名：《阿甘正传》　　导演：罗伯特·泽米吉斯　　主题：活出生命价值

剧情简介：

阿甘是个智商只有75的低能儿。在学校里他为了躲避别的孩子的欺侮，听从一个朋友珍妮的话而开始“跑”。在中学时，他为了躲避别人而跑进了一所学校的橄榄球场，就这样跑进了大学并成了橄榄球巨星，受到了肯尼迪总统的接见。大学毕业后，阿甘又应征入伍去了越南。战争结束后，阿甘作为英雄受到了约翰逊总统的接见。之后，阿甘通过打乒乓球到过中国，通过捕虾成为企业家。最终与珍妮相爱，结婚生子。珍妮过世后，阿甘送儿子上了校车，坐在公共汽车

站的长椅上，回忆起他一生的经历。

推荐影评：

人怎么样才能活得更好？一个正常的人，拥有判断能力，他知道什么是重要的，什么是不重要的。一个正常的人，可以有很多选择，所以总是在等待时机。阿甘，一个先天智障的人，一生创造了无数奇迹，他被命运之神安排于各种角色之中，但是自始至终不变的，却是他那颗纯真的心，对爱的向往以及那份坚持。

5. 片名：《拯救大兵瑞恩》　导演：史蒂文·斯皮尔伯格　主题：生命伦理　人性考量

剧情简介：

二战期间，瑞恩家4名前线参战的儿子中，除了隶属101空降师的小儿子二等兵詹姆斯·瑞恩仍下落不明外，他的3个兄弟全部在战争中阵亡，如果他也遇难，家中的老母亲将无依无靠。美国陆军参谋长马歇尔上将得知此事后出于人道考量，特令前线组织一支8人小分队，在人海茫茫、枪林弹雨中寻找生死未卜的二等兵詹姆斯·瑞恩。

推荐影评：

影片带给我们的不仅仅是对战争残酷的反思，更多的是对普通士兵们内心人性的挖掘。八个人去营救瑞恩，去营救一个母亲剩下的唯一希望。在冰冷的战争中这使人感到温暖。残酷的依然残酷，只是这样的过程有了人性的意义。而且瑞恩不再是一位母亲的希望，而是一个人心的希望、归家的希望、和平的希望。在寻找的过程中，士兵们所体现的也是真正的人性。

6. 片名：《辛德勒的名单》　导演：史蒂文·斯皮尔伯格　主题：战争、生命、人性

剧情简介：

1943年，犹太人遭到了惨绝人寰的大屠杀，辛德勒目睹了这一切，受到了极大的震撼。他贿赂军官，让自己的工厂成为集中营的附属劳役营。在那些疯狂屠杀的日子里，他的工厂也成了犹太人的避难所。

推荐影评：

残酷无情的战争中，人性的光辉更显伟大，辛德勒用他的切实行动给那些生活在暗无天日中的人们带去了光明和希望，也让观众在彻骨寒意中体会到难得的

感动与温暖。

（六）生涯类

1. 片名：《跳出我天地》　　导演：史蒂芬·戴德利　　主题：兴趣、职业与梦想

剧情简介：

11岁的小男孩比利·艾略特是一个煤矿工人的儿子，从小就和他的父亲、兄长生活在英国的北部小镇。他每周要去上拳击训练课。一天，在上训练课时，他偶然接触了芭蕾舞，这美奂绝伦的艺术立刻深深地迷住了他。然而比利学习芭蕾的事情始终瞒着他那独身的父亲和专横的兄长。矿上的罢工工潮，使他们在为吃饱肚子而努力地挣扎着。当他们终于发现比利把学习拳击的学费浪费在了毫无男子汉气概的芭蕾上时，一场家庭冲突就不可避免地爆发了……

推荐影评：

相信每个人在青春年少时期一定会在父母望子成龙、望女成凤的预期心理下，与自己的双亲及心中的梦想作一番抗衡，但又有多少人能坚持自己的目标，不断地向前奋进，完成最初的理想，而不屈于现实呢？本片的最大意义，便是借由一个小男孩的奋斗故事，使我们重新审视自己的梦想，当我们有足够的勇气，并且有正确的方式，我们就能战胜我们生命中出现的一切困难，而在这之后我们便是生活的胜者，我们就能找到幸福。

2. 片名：《十二怒汉》　　导演：西德尼·吕美特　　主题：认识自我性格

剧情简介：

一个在贫民窟中长大的男孩被指控谋杀生父，人证物证俱在。担任此案陪审团的12个人要于结案前在陪审团休息室里讨论案情，只有达成一致意见才能正式结案。12个人互不认识，他们有着不同的职业、生活环境、人生经历与性格，在一间狭小的房间里推理、争论，经过几轮投票才最终达成共识。

推荐影评：

电影中的12个陪审员，看似只是性格各异的人，却反映了社会上的人生百态。在面对争论和冲突时，每个人当下的选择和表现在短短一个半小时的电影里展现得淋漓尽致。这一过程中，社会上的每个人都能对号入座，找到自己的身

影：感性、理性、中立、偏激、睿智……

3. 片名：《当幸福来敲门》　导演：加布里尔·穆奇诺　主题：梦想、超越

剧情简介：

克里斯·加德纳和年幼的儿子相依为命。他的事业屡遭不顺，但为了儿子的幸福，加德纳咬紧牙关重新振作，处处向机会敲门，并毛遂自荐进入一家证券公司工作，从最底层的员工做起。皇天不负有心人，他终于成为知名的金融投资家。之后，他慷慨解囊，热心捐助公益活动，成为全美知名的慈善家。

推荐影评：

我们都有自己的梦想，而有能力的人则把梦想变成现实。这是一部很有教育意义的电影，故事看似发生在一个中年男人身上，但其实对于现在作为青少年的学生们也很有启发意义。实现梦想多晚都不算晚，最主要的是要心中有梦，还要有实现的能力并为之付出。影片中有一句经典的台词激励了无数身处彷徨和低迷状态的人们：如果你有梦想，就要守护它。有梦想就要去捍卫，这就是幸福来敲门的捷径！

4. 片名：《疯狂动物城》　导演：拜恩·霍华德　主题：梦想与坚持

剧情简介：

兔子朱迪从小就梦想能成为动物城市的警察，尽管身边的所有人都觉得这不可能，但她还是通过自己坚持不懈的努力，跻身到全是大块头的动物城警察局，成为第一个兔子警官。为了证明自己，她决心侦破一桩神秘案件。追寻真相的路上，朱迪和尼克从不认识到利用与被利用，再到朋友，然后吵架、和好，最终成为搭档，联合侦破了案件，并揭开了隐藏在案件背后的巨大阴谋和真相。

推荐影评：

本片一边尽最大可能如实折射现实，勾勒出一个与现实都市平行的世界，一边也透过主人公兔子朱迪坚持自我、奋力逐梦的故事，告诉大家在这个充满缺陷但也充满自由与生机的世界，只要心怀善良、努力拼搏，一切皆有可能。

5. 片名：《和你在一起》　导演：陈凯歌　主题：自我与追求

剧情简介：

普通百姓刘成为让从小拉小提琴的儿子刘小春的小提琴技艺有较大提升，带

着他从江南来到北京，拜了性格怪异的江老师为师，在学习过程中，刘小春逐渐与江老师成为忘年好友。风情万种的莉莉与刘成父子住得很近，她让刘小春逐渐萌生了莫名的爱恋。刘成偶然聆听了一位年轻人的精彩演奏后，登门拜访了其恩师余教授，并说服对方收下刘小春为徒。刘小春怀着遗憾无奈地离开了江老师，投身余教授门下，却只收获了束缚与压抑，他开始怀疑“父亲的选择”，与父亲的关系越变越紧张。

推荐影评：

“我可以给你音乐，但不能给你成功。”当站在情感和事业的十字路口时，你会选择“和谁在一起”？故事中的刘小春选择坚持初心，用最真挚的音乐回报父爱，也告诉我们任何时候都要为自己的心灵演奏，朴实与平凡亦是一种福气。

（七）生死类

1. 片名：《时间规划局》　　导演：安德鲁·尼科尔　　主题：珍惜生命

剧情简介：

在未来，人类可以随心所欲地操控时间、改写年龄。在一个虚构的未来世界里，人类的遗传基因被设定停留在25岁，不管他们活了多久，生理特征都将保持在25岁。人类社会抛弃了以往的货币，改用时间作为货币流通。一个人的时间用完之后，这个人就会死亡，继续活下去的唯一方法就是通过各种途径获取更多的时间。

推荐影评：

影片开头通过用绿色的倒计时和脉搏跳动的声音，将生命的过程外化，将不知不觉的时间流逝变得清晰可见、具体可感——在一秒一秒减少的数字中，在有节奏的轰鸣声中，生命的有限性变成一种焦虑。通过电影，人们触摸自己的脉搏，体验生命的有限，体会生命在不断流逝。

2. 片名：《肖申克的救赎》　　导演：弗兰克·达拉邦特　　主题：希望、自由

剧情简介：

20世纪40年代末，青年银行家安迪因涉嫌杀害妻子及她的情人而入狱。在这座名为肖申克的监狱内，希望似乎虚无缥缈，终身监禁的惩罚无疑注定了安迪

接下来灰暗绝望的人生。未过多久，安迪尝试接近囚犯中颇有声望的瑞德，请求对方为自己搞来小锤子。以此为契机，二人逐渐熟稔，安迪仿佛在鱼龙混杂、罪恶横生、黑白混淆的牢狱中找到了属于自己的求生之道。他利用自己的专业知识，帮助监狱管理层逃税、洗黑钱，同时凭借与瑞德的交往在犯人中间也渐渐受到礼遇。表面看来，他对那堵高墙从憎恨转变为处之泰然，但是对自由的渴望仍促使他朝着心中的希望和目标前进。而关于罪行的真相，似乎更使这一切朝前推进了一步……

推荐影评：

恐惧使人成为囚徒，希望则能还你自由。涵盖全片的主题是“希望”，影片透过监狱这一强制剥夺自由、高度强调纪律的特殊背景来展现作为个体的人对“时间流逝、环境改造”的恐惧。

《肖申克的救赎》不仅仅是一个逃狱的故事，它更是一次心灵的出离、灵魂的救赎。“有的人的羽翼是如此光辉，即使世界上最黑暗的牢狱，也无法长久地将他围困!”这是对片中安迪最好的赞扬和写照。

3. 片名：《小猪教室》　　导演：前田哲　　主题：珍视生命

剧情简介：

影片讲述的是一位新来的班主任星老师带着一只小猪走进了教室。未来的一年，这只猪将交给在座的孩子们来饲养，等它长大了以后，就吃了它。老师希望借此略显伤感或残忍的抉择，帮助孩子成长，让他们懂得生命的短暂与宝贵，领悟生命存在的价值。

推荐影评：

当孩子们发自内心的疼爱与不可逆转的生命发生关联，为之争执，痛哭流涕，直到直面现实，该如何描述他们所表现出的最真实的感受？影片讲述了一个令人心存恻隐的故事，影片中浓烈的情愫、朴实的思辨、真切的话语形成了一个场景，令每一个走进六年二班的人都会设身处地去思考，和我一样深受触动，体会到那位班主任的苦心，感慨良多。

4. 片名：《阳光小美女》　　导演：乔纳森·戴顿，维莱莉·法瑞斯
主题：乐观、勇敢

剧情简介：

影片讲述的是一个总是有着各种各样的理不清的问题的六口之家，为了小女儿奥利弗的梦想，全家踏上了从小镇阿尔伯克基长途跋涉到加州参加比赛的路途。

推荐影评：

在这条为小女儿寻梦的道路上，每个人的梦想都在经历不断的碰撞和破灭。直到爷爷的突然死亡，让每个角色都意识到爱的重要，意识到存在的有限，从而努力去活出自己。影片留给了我们对成功与失败的思考，同时也向我们传达了一种直面挫折、胜负不萦怀的人生态度。

5. 片名：《浪潮》　导演：丹尼斯·甘塞尔　主题：体制、操纵与自我

剧情简介：

影片围绕着年轻睿智而无所畏惧的社会科学老师赖纳·文格尔展开。讲述了他为了改变单调乏味的教学陈规，决定在为期五天的教学实践中采用一些法则和纪律来管制学生，逐渐在班里形成了名为“浪潮”的团体，这项运动的势头也在席卷全校。这应该只是一个教育性质的实验，谁知运动竟愈演愈烈以至于到了无法控制的地步，最终以惨剧结束。

推荐影评：

对于人类来说，如何展示自己的个性，又如何超越自己的个性，在社会发展进步的历程中，找到自己的生命价值和意义，这不仅是一个需要思考的问题，也是一个只能在现实世界的互动中去探索和解决的问题。影片中的学生们，在文格尔的操纵下放弃了自我，让自己嵌入、消融在“巨大的事物”中，臣服于“终极拯救者”。表面上，他们似乎找到了归属感和方向感，但最终他们却发现“浪潮”是如此可怕。

6. 片名：《美丽人生》　导演：罗伯托·贝尼尼　主题：爱、乐观与希望

剧情简介：

犹太青年圭多邂逅美丽的女教师多拉，他彬彬有礼地向多拉鞠躬：“早安！公主！”历经诸多令人啼笑皆非的周折后，天遂人愿，两人幸福地生活在一起。然而好景不长，法西斯政权下，圭多和儿子被强行送往集中营。多拉虽没有犹太

血统，却毅然同行，与丈夫、儿子分开关押在一个集中营。聪明的圭多骗儿子说这只是一场游戏，儿子快乐、天真地生活在纳粹的阴霾之中。尽管集中营的生活艰苦寂寞，圭多仍然带给他人许多快乐。法西斯政权即将倾覆，纳粹的集中营很快就要接受最后的清理，圭多骗儿子的游戏该怎么结束？他们一家能否度过那黎明前的黑暗呢？

推荐影评：

怎样的人生可称得上美丽人生？被爱，以及能够投入全心去爱。就算在最艰难、最黑暗的日子里，就算了无希望，死亡近在眼前，他依然深爱着并用生命与智慧保护着他的妻子与儿子。他的勇气与智慧，即使在战争的硝烟弥漫中，即使在集中营的暗无天日中，即使在最后死亡来临的那一刻，依然闪现着耀眼夺目的光芒。

7. 片名：《姐姐的守护者》　　导演：尼克・卡索维茨　　主题：亲情、伦理

剧情简介：

如果挚爱之人得了不治之症，你会选择让他顺其自然离开，还是拼了命都要让他多活一天？《姐姐的守护者》就是这样一个为“爱”陷入两难的故事。电影中的母亲就是抱着一定要让女儿活下去的信念活着，她把悲伤化为力量：生下小女儿救大女儿。小女儿安娜的诞生主要是为长大后实施骨髓移植，拯救姐姐的生命。

推荐影评：

当我们挚爱的亲人患了危及生命的病时，谁有权力决定他是否应该接受治疗和应该进行怎样的治疗？当一个人到了生命末期，无论怎样都要让他活下去，是不是一定正确？爱是一种力量，但有时太强的爱反倒成为负担，过度坚持不小心就变成了一意孤行的偏执。故事最后女儿选择了死亡，不是自暴自弃，而是顺应自然。母亲让女儿安然离去，不但救了她女儿的灵魂，让她得以去美丽的天堂，也让自己从伤痛中解救出来。

8. 片名：《心灵病房》　　导演：迈克・尼科尔斯　　主题：生死、永恒

剧情简介：

薇薇安是一位学识渊博的博士，让年轻的她没有想到的是，经医生确诊她患

上了卵巢癌，病情已经发展到了末期，几乎没有治愈的可能。从悲伤、抗拒到最后的接受，薇薇安的内心犹如踏过了千山万水。

推荐影评：

心灵的救赎最不重要的反而是肉体的层面，影片中的癌症患者薇薇安在疾病的折磨和医生的冷漠中，最后的日子过得很是煎熬。心灵病房，其实是癌症患者最希望拥有的病房，是心灵能得到护理的地方，每个人的内心都有一块柔软的禁地，触碰不得，只能呵护。

归家、离家、归家，是小兔子对生命的遐想，也是生命最真实的轮回。在一位学者人生最后的时光里，面对死亡带来的种种恐惧和忧伤，却是这样一本小小的绘本，给了她最纯粹的平静、安宁，以及抚慰。

9. 片名：《入殓师》　　导演：泷田洋二郎　　主题：生死、礼仪与尊严

剧情简介：

某日，一则广告吸引了大悟的注意：NK代理公司，帮助旅行，高薪、短工时。大悟来到NK代理公司面试，佐佐木社长告诉他是入殓工作！这样的工作对普通人谈何容易，一方面要适应特殊的环境，一方面又要对妻友隐瞒自己的工作，小林大悟不平凡的工作就这样开始了。影片讲述了日本入殓师的生活，以一名入殓师新手的视角，去观察各种各样的死亡，凝视围绕在逝者周围的充满爱意的人们。

推荐影评：

该片看似通篇在说不同的死，但其实更是提醒生者：不惧死，才能更好地生活。影片另一个巧妙之处在于将入殓过程的一举一动加以艺术化呈现，使得入殓成为一种道，一种因为仪式感而使得死亡升华的道。以入殓之道，拉响生命的挽歌。响应了电影的主题：死亡只是一扇门，它不意味着生命的结束，而是穿过它进入另一个世界。

10. 片名：《生之欲》　　导演：黑泽明　　主题：死亡、生命意义

剧情简介：

市政府市民科科长渡边堪治是一名近三十年全勤的模范公务员，然而他和同事们每天忙碌却人浮于事，不知道自己在忙些什么。一个月后，渡边身体不适，去医院检查身体，被查出得了胃癌，时日无多。几个月后……

推荐影评：

死亡焦虑，是一种原始的焦虑，具有自我意识的人类都会存在这样的焦虑。本影片中主人公渡边，因为患了胃癌，时日无多，才惊觉自己活成了“一句废话”，才开始思索自己生命的意义。影片的最后：渡边死了，新课长上任了，办公室的一切似乎又回到了原来的轨道上……这也给了我们一个继续的思考：在大环境没有改变的情况下，个人的努力是否有意义？人是否还拥有选择权？从渡边身上我们看到，任何时候，人都可以为自己做出选择，而不是做环境的牺牲品。我想这也是影片带给观众最重要的意义。

11. 片名：《雨中的请求》　　导演：桑杰・里拉・布汗萨里　　主题：爱情、生命尊严

剧情简介：

著名魔法师伊森・马斯卡雷在一次舞台表演中因遭朋友的陷害而就此瘫痪。14年来他坚强不息，主持着一个关于幸福的电台节目，他的鼓励带给了很多坐在轮椅上或处于绝望边缘之人安慰，结果他自己提出了安乐死的请求。

推荐影评：

人到底有没有结束自己生命的权力？没有品质的人生是否可以放弃？这部热闹的、带给人视觉享受的宝莱坞电影，最终要表现的却是如此冷峻的一个主题。到底什么样的情况下，法律应该允许安乐死，让生命有尊严地离去呢？这实在是一个关系到人们未来老年生活品质的严肃命题。或许我们的法律能更文明些，并且慎重考虑到当事者的感受与需求，别让生命在痛苦中做着毫无意义的延续。

12. 片名：《呼喊与细语》　　导演：英格玛・伯格曼　　主题：亲情、理解与沟通

剧情简介：

该片讲述了身患不治之症的艾格尼丝自知时日无多，她希望在临死之前让关系紧张的两个妹妹学会珍爱彼此的故事。伯格曼用一间红屋、四个白衣女人、一场死亡，不动声色地展现着人类的痛苦与孤独、绝望与渴望。

推荐影评：

我们一直在渴求情感，却无法挣脱自身的藩篱。这部电影史上最令人深省的作品之一淋漓尽致地表现了人性深处的痛苦、自私和无奈。影片中三姐妹尝试走

向彼此的心灵之路是曲折而艰辛的，但是女仆人安娜在艾格尼丝生命的最后给予爱和陪伴，也给我们带来另一个启示：所谓天堂，就是人与人能够互相交流，互相理解，互相爱。有了交流，有了理解，有了爱，即使我们最终不免死亡，孤独也可以缓解，疼痛也可以减轻。

13. 片名：《永生之法》　　导演：古斯塔沃·罗恩　　主题：死亡、生命永恒

剧情简介：

12岁的山姆是白血病晚期病人，在第三次发病后他停止了上学，也不再住院化疗，而是每天由护士为他送血小板到家里，观察病情发展，度过生命的最后一年。山姆有位同样已经晚期、只能坐轮椅的伙伴菲利克斯。两个男孩的家长专门请了家庭老师辅导他们，安排每天的学习活动。老师鼓励他们写日记，列出愿望清单。不管是成为科学家、看第一部成人恐怖片、跟女生接吻、搭乘飞船……山姆和菲利克斯都不畏病痛地一个个实现，同时还从自己的视角探索生死疑难。他们的人生旅程虽然短暂，却无比精彩和绚烂。

推荐影评：

生死之间是人类探寻已久的终极哲学问题，这部电影没有给出答案，也没有多么深刻的认识。在死亡的灰暗背景上，两个白血病男孩演出了他们多彩的生命故事。该片借山姆提的八个问题，从或天真顽皮或成熟无奈的视角真切、诚挚地寻找美好、寻找面对死亡的勇气。

14. 片名：《特别响，非常近》　　导演：史蒂芬·戴德利　　主题：思念、亲情与疗愈

剧情简介：

九岁男孩奥斯卡·史埃尔的父亲在911事故中丧生，这在他幼小的心中留下了阴影。无意间奥斯卡发现了一个写着“布莱克”的信封和一把钥匙。奥斯卡认为这是父亲给他留下的寻找线索，钥匙背后一定隐藏着什么秘密。此后的每个周末，奥斯卡开始在五个城区里寻找“布莱克”这个人。父亲生前跟奥斯卡一起规划了寻找第六城区的“侦查探险”游戏，告诉奥斯卡：不要停止寻找。

推荐影评：

《特别响，非常近》是难得的一部触及人们情感底线——如何面对亲人的突

然去世、如何从伤痛中恢复的疗伤影片。人生充满了意外和伤害，但生者唯一可以做的，就是坚强和感恩。

15. 片名：《遗体：面向明天的十天》　导演：君塚良一　主题：灾难、尊重生命

剧情简介：

大海啸过后，一具具遗体被运到体育馆，其状恐怖而惨烈。一个即将退休的老人请求加入志愿者行列，帮忙安放遗体和协助家人认领。本片描述的就是灾后安置所的人员在安置所成立到陆续进行遗体火化之间的十天所发生的故事。

推荐影评：

灾难过后，相叶老人自愿担当志愿者，帮助消防队员、政府人员摆放遗体、安慰家属、祭祀超度。对他来说，他们不是死者，是亟须关爱和尊重的遇难者。在混乱与悲恸中，宁静和庄严慢慢升起，逝者由此获得尊严，生者因之得到抚慰。

16. 片名：《遗愿清单》　导演：罗伯·莱纳　主题：生命价值与意义

剧情简介：

老富翁爱德华·科尔近年来在公立医院的私有化改造中获利颇丰，他为节省成本，规定病房“一床两房”的做法颇受非议，但性格强势的科尔不以为意，岂料他不久被检查出罹患癌症，本欲入住单间的科尔在舆论的压力下只得与另一位病人——老卡特同处一室。汽车修理师老卡特博闻强识，将三个子女培养成才，但代价是牺牲了年轻时要做历史教授的梦想。曾经结婚多次如今却孤身一人的科尔逐渐对卡特产生了兴趣，两位病人在病房中结下了友谊。科尔偶然发现了卡特的“遗愿清单”，他决定运用自己的力量，让那些纸面上的疯狂构想一一实现，去发现人生的真正意义……

推荐影评：

追寻幸福任何时候都不会太晚，我们每个人都应该有这样一张敢于追梦人生的遗愿清单，每个人都有着自我特立独行的人生轨道，谁都无法下结论，所以人生才丰富有趣而值得期待。

第九章

生命教育师资的培养

生命教育的意义在于帮助学生更好地理解生命的价值、维护生命的尊严、感悟生命的意义，而这一切都离不开教师生命素养的提升。教师的生命素养体现在教师要拥有强健的身体、美善的心灵、蓬勃的生命力，同时能习得较强的生命理论，在自己的职业生涯中实施生命教育，创造生命课程，培养一批具有生命素养的学生，与此同时，教师能在教学活动中获得自主生命活力。教师的生命素养是教师对生命的关怀能力和生命智慧，是教师核心素养的时代诉求，是培养、提高学生生命素养的重要保证，更是追求本真教育的题中之义。

在一定意义上，教育就是生命教育。所以，教育的进行需要依赖所有教师生命素养的提升，同时，生命教育的进行也需要培养专门的生命教育教师。

一、教师生命素养的价值

当前生命教育研究主要集中在培养学生的生命素养上，很多学者对学生的生命教育素养的内涵、课程设置、评价体系提出了相当多的建议，但对教师生命素养的探讨却非常少。以“生命”为原点和核心开展的教育归根到底不仅要润泽学生的生命，更要关照教师的生命。教师的生命素养既是生命教育成功的保证，也是新时代教师核心素养的重要构成因素。因而，教师生命素养是特定时代的产物，其理念有着时代特征，体现了时代对教师素养和生命教育的关照。

（一）教师生命素养是提高自身生命质量的关键

教育有助于生命成长，从逻辑上说，就是首先有助于生命教育的实践者获得生命成长。生命教育的目的是惠泽每一个鲜活的生命，教师是教育中的生命体，应该具有作为生命主体的意义和活力，生命教育当然不能排除教师的个体生命。重视生命的价值，追求“生命至上”的价值理念，从而实现对每个生命的尊重是生命教育的根本追求。教师首先是一个活生生的、个性鲜明的个体生命，他们有作为个体人的生命热情和生命信念，教师的生命素养对自己的幸福生活具有重要的意义。

然而近些年，随着教师的职业倦怠、亚健康乃至自残、他杀现象被媒体频繁报道，教师群体的生命质量也逐渐开始被关注。繁重的工作、社会的期待、各种考核和来自多方的压力，使得很多教师的身体处于亚健康状态，职业倦怠比较严重，自杀是低质量的生命的宣泄性爆发。

教师生命质量低下的主要原因在于社会各界放大了的教师的工具化价值，对教师进行精神的压制，造成了对教师生命质量的轻视。当然，这种放大了的工具化价值的言论也得到教师群体的自我认同，造成了教师对自我生命的不重视。“国将兴，必贵师而重傅”是从国家兴盛的角度来关注教师对社会、国家的价值，而“蜡烛论”“春蚕论”“园丁论”等从道德高地强调教师的奉献精神。这些言论固然认识到教师职业的特点，看到了教师职业对国家、对文化传承和人类精神的价值，但无论是物质的价值还是精神的价值，从某些方面来说，都是一种工具价值。在这种工具思维的影响下，外界包括教师自身都对教师的自我生命得不到肯定，所有的价值只是与自我价值割裂的被规定的价值，教师只能通过奉献甚至牺牲体现自己的生命价值，也就无法提升自己的价值。因而，提升教师素养首先关照的是教师群体的生命质量，指向每一个活生生的教师，拒绝将教师和教育工具化、功利化。关心教师的生命素养，就是关心教师的幸福和快乐，关心教师对自己灵魂的塑造，关怀教师思想素质和境界的提高，从而滋润教师的生命，让教师感觉到生活的美妙和活力。

当然，教师生命素养的提升也是生命教育的题中之义，华特士在《生命教育》一书中所言：“生命教育旨在引导人们回到生命之中，生命本身就是一个大教室，不只是孩子，包括我们自己，都应该听听生命怎么说。”作为教育工作者的教师，作为直接与学生进行生命对话的教师，其生命素养的提升就显得尤为重要。

（二）教师生命素养是学生的生命发展的前提

基于学生生命发展的生命教育区别于其他学科知识的习得，更关注学生生命的全面发展。学生的生命需求具有独特性、完整性，是作为一个人的所有需要的集中体现。基于生命需求的满足而展开的教育，更强调教师用生命去启迪、温暖、砥砺、滋润学生的生命，旨在促进两个生命的共同提升。

正如德国文化教育学家斯普朗格指出的，“教育就是唤醒，一个生命唤醒另一个生命，一个灵魂唤醒另一个灵魂。”在此意义上，如果教师生命素养“缺席”，生命教育无疑就会成为无源之水，只能在精神的干涸中培养一个个对生命冷漠的个体。试想，一个缺乏生命素养的教师，自身缺乏生命活力，何以能激发学生的生命活力？“如果教师的生命之源枯竭，学生的生命之洲也终会因得不到滋润而干涸。只有内心丰富、生命力强的教师才会在日常教学中萌发出强烈的生命意识，从而也才能关注到学生作为个体生命的存在。”①

一个缺乏生命素养的教师，自身尚且对生命不敬畏、不尊重，身陷痛苦中，又怎么能要求学生具有生命活力，怎么能给学生带来高质量的幸福生活以促进学生的生命发展？一个生命状态不乐观的教师，不仅难以培养学生的生命素养，难以有效地开展生命教育，而且在一定程度上会使得生命教育畸形，影响学生生命质量的提升。教师的生命素养不仅是提升学生生命质量的前提，也是生命教育得以开展的重要保证。

教师是学生生命中的重要他人，学校、课堂是师生生命互动的重要场域，提升教师生命素养、关注教师的生命状态是学生生命发展的重要前提，理应成为学校和教师个人的自觉追求。具有生命情怀的老师，生机勃勃、充满朝气的学生才能促进生命教育的真正发生，才能从各自生命完整性上碰撞出爱的火花，从而提升学生的生命。

① 沈琪芳，夏雪梅：《教师生命素养：一种课程架构》，载《当代教育科学》，2012（10）。

（三）教师生命素养是对本真教育的回归

生命与教育联系紧密，人类通过教育不断超越自我，发展生命。故而，广义的生命教育，既不是指教育的内容，也不是指教育的模式，而是一种教育理念。这种理念与本真的教育是相一致的。顾明远先生提出的“教育的本质是生命教育”[①]，叶澜教授把教育定义为“直面人的生命、通过人的生命、为了生命质量的提高而进行的社会活动”[②]，冯建军提出“教育即生命”[③]，就是基于生命对教育的重新认识。“教育的本质是生命教育”与“人的全面发展作为教育的根本价值追求”也是高度一致的。人的全面发展就是生命质量的全面提升，教育的目的就在于使得下一代的生命得到更好、更全面的发展。

当教育转向人、关注人的生命时，教育的重点也就发生了转移，“成为一个人”就是人的最高价值追求，也是教育的根本指向。“教育的重心不是知识，而是儿童的生命。教育不是知识的传授，而是促进儿童生命的发展，缔造儿童新的生命。”[④]因而，生命教育不应该只作为解决社会问题的工具，而应该指向人的整体发展，成为全人教育。在此理念下，教师的劳动价值就不仅是在传授知识层面，更是“育人”，关怀学生生命，激发生命潜能。只有内心充满生命情怀的教师才能点燃学生的生命激情，才能真正唤醒学生的生命能量，也才能真正打动学生的灵魂，走近学生的精神世界。教师通过对学生生命的关怀，也促进自身的生命成长，提升了自身的生命质量。如果教师缺乏生命素养，此教育过程就无法形成，真正的教育就无法发生。因而，教育的真谛要求教师提升生命素养，完成从“知识型教师”向“生命型教师”的角色转换，要求教师关怀生命以实现教育人生的内在价值。[⑤]

① 顾明远：《教育的本质是生命教育》，载《课程·教材·教法》，2013（9）。
② 叶澜等著：《教育理论与学校实践》，高等教育出版社，2000，第136页。
③ 冯建军：《教育即生命》，载《教育研究与实验》，2004（1）。
④ 冯建军：《做生命型教师》，《中国教育报》，2008年5月10日，第3版。
⑤ 冯建军著：《教育的人学视野》，安徽教育出版社，2008。

二、教师的生命素养及其养成

（一）教师生命素养

教师生命素养既包括教师作为个体人的生命素养，也包括教师作为教师的生命素养。由于教师职业的特殊性，教师的生命既是他自身的，也是教育的资源。“德高为师，身正为范”，“德高”“身正”既是教师自身的生命状态，也是对教师提出的要求，是教师自身生命价值与专业发展的统一。

生命的内涵在于人的生命是多层次、多方面的整合体：生理的、心理的、社会的、精神的、认知的、情感的、行为的、价值的，人的生命素养包含在生命的各个方面。教师的生命素养是教师生命在教育活动中的体现，是教师的生命认知、生命意识、生命行动和生命意义（价值）的综合。教师生命素养具有整体性、内生性、潜隐性和教育性的特点。教师生命素养是一个各部分相互关联的整体，素养不是外在的，而是内生的，具有潜隐性。教师就是靠这个整体结构向教育对象施加影响，而这种影响具有教育性，常常是潜移默化、润物无声的。教师是通过提高个人的生命素养来提升个人的教育影响力，从而影响学生生命的发展，并促进学生生命的发展。

1. 生命认知

教师要成为自我生命发展的主体，成为促进学生生命和谐发展的专家，就必须对自我和学生的生命构成、生命发展特点、生命发展规律有充分的认识。只有这样，才能热爱生命、发展生命、完善生命。

人和动物都是生命，但人和动物生命的不同在于：动物只有自然生命，动物的生命就是其本能的表现；但人不仅具有动物的自然生命，还具有超越自然的社会生命和精神生命。因此，人的生命具有三重性：自然的、社会的和精神的。自然生命指向生命时间的长短，是生命的长度；社会生命指向人的社会关系、职业发展，是生命的宽度；精神生命指向人的精神追求、人生意义，是生命的高度。生命只有长、宽、高的结合，才能够成为立体的人、完整的人。只关注生命的某一方面，或者以一个方面压制甚至牺牲其他方面，都是对生命的摧残和异化。

正是因为人具有社会生命和精神生命，所以，人能够超越自然生命的局限，具有发展的潜能和发展的自觉性、自为性、超越性。人能够不断地超越自我，成就一个最好的自我。因此，人是能动的、发展的主体，具有发展的自觉性。人的精神生命，使人超越世俗，追求精神的无限和人生的意义和价值，进而丰盈生命，完善生命。

生命的这些特点为每个人所有，也自然适用于教师和学生。教师不仅自己成为生命发展的主体，还承担着引导和教育学生的职责。所以，教师还应该具备相应的生命教育知识，尤其是安全、健康、交往、心理等方面的知识，以保证学校教育中能够最有效地将认识生命、珍爱生命的相关知识传递给学生。

2. 生命意识

马克思认为，“动物和它的生命活动是直接同一的。动物不把自己和自己的生命活动区别开来。它就是自己的生命活动。人则使自己的生命活动本身变成了自己意志和意识的对象。他具有有意识的生命活动。……正是由于这一点，人才是类的存在物。”[①]因此，马克思把“自由的有意识的活动”视为人的类特性。意识是人的生命与动物生命的根本区别。生命意识是人对自己生命状态、生命活动的反思和觉悟，意识使人反思自己发展中的问题，明确发展的未来方向。

苏格拉底的名言“未经反思的生活，是不值得过的”，说明人的生活必须是有意识的生活。生命意识是每一个生存个体对生命的自觉认知，是个体对自然生命、社会生命和精神生命的珍惜和尊重，包括健康意识、生存意识、安全意识、死亡意识等部分。生命意识不仅使个体能够健康地活着，而且活得更有劲头，更有精神，更有追求，更加热爱生活。缺少生命的意识，人就会变得无精打采、萎靡不振，即便有着健全的身躯，也宛如行尸走肉。

教师的生命意识不仅表现在对自己要有生命的意识，还表现在对学生要有生命的意识。教师对学生要有生命意识，首先表现在要把学生视为一个生命体，尊重学生的生命，唤醒他们的生命潜能，使学生意识到自己作为一个生命体的价值和存在感；其次，教师的生命意识表现为教育影响中的意识，包括平等对待每个学生的公正意识，对学生的人文关怀意识和对学生的师爱。教育的人格影响力，

① 马克思著：《1844年经济学哲学手稿》（第3版），人民出版社，2000，第57页。

传递着对学生的一种期待，是学生精神成长的重要推动力。最后，教师的生命意识还表现在师生生命的共生意识。教育不是传递没血没肉的科学知识，而是传递生命的气息，是一种师生生命间的影响，这种影响不是单向的教师对学生，而是双向的师生之间，寻求的是师生生命的共成长。

3. 生命行动

生命意识解决了“我为什么活着”的问题。如果只具备生命意识，人的生命就停留在黑格尔所说的“优美灵魂”阶段。“想活”是前提，但还需要解决“怎么活”的问题，这就需要生命的行动，具有生命行动力。

生命行动在较低层次就是生存。生命首先是生存，然后才是生活。没有生存的本领，就难以有美好的生活。生存能力是一个人保存自然生命、拓展社会生命和超越精神生命的基本能力，诸如应对挫折、面对困难的能力，接受挑战、战胜自我的能力，有效沟通、协调人际关系、解决问题的能力，自我调节、自我控制、自我管理、自我激励的能力，等等。当然，还有在非常态的恶劣环境下保存自身、挑战极限的能力。这些能力主要是为保存生命所必要的一些野外生存技能、避险避难技能、逃生自救能力、安全防范能力等。教师必须具有这些生存能力，一方面这是教师作为一个人的基本生存需要；另一方面，在面对危险的时候，教师才能够有效地保护学生。中小学生开展生命安全教育、生命健康教育等就是为了教给学生基本的生存能力。

生命行动的另一个层次就是生活。生活与生存不同，“人有了物质才能生存，人有了理想才谈得上生活”。[①]生存只是为了维持和延续生命，生活蕴含着意义和追求，美好的生活才能使生命之光得以展现和灿烂。教师如果只把自己的职业定位于养家糊口，履行必要的职责，这是生存的境界；如果把教师视为自己喜欢的事业，值得终身托付的事业，愿意为之付出和奋斗，这就是生活的境界。生活力是对生活的一种积极向上的态度和行动力，生活力中有着愉快的情绪体验、积极的投入和有意义的生活。具有生活力的教师，是充满生命活力的教师，充满智慧和创造力的教师。只有充满生活力的教师，才能够实现生命的意义和价值。

① 周之良著：《德育新论》，北京师范大学出版社，1994，第99页。

4. 生命意义（价值）

生命行动解决了“我怎么活着”的问题，但“我如何活得有意义，活出生命的价值”也是人必须思考的问题。人是精神生命的存在。不同于自然生命时间的长度，也不同于社会生命交往的宽度，精神生命是生命的高度，是一种精神的价值、意义的追求。有了人生的价值与追求，人的生命就有了发展的动力，就能够以积极的态度生活，成为一个完美、生活幸福的人。所以，人的精神生命要求追问生命的意义和价值，活出生命的精彩。

“生命意义是个体作为生命存在的目的和价值，指个体不断地肯定自我、实现自我并超越自我，是人的生命在其活动中的自我确证感和自我实现感。”[①]对于教师来说，个体的生命意义与其职业生命的价值是统一的，是教师在学校、课堂和专业发展中实现的自我成就感和幸福感。

教师的生命意义定向于教师专业发展的生命自觉。专业发展既是为了自己生命价值的实现，也是为了更好地培养学生。具有生命意义追求的教师，一定具有专业发展的自觉性，具有强烈的专业发展愿望，也会主动寻求发展的方式、方法和资源，在发展中不断自我超越，提升自己的专业水平。

教师的生命意义实现于教育教学活动之中。教师生命意义的实现离不开他的职场，学校是教师职业生命的场域，课堂教学是其职业生活的最基本构成，学生是教师生命的共生体。教师生命意义的实现离不开学校，离不开课堂，离不开学生。课堂活动的状态、教学质量、学生生命发展状况，乃至课堂、班级、学校的文化、氛围等，都直接影响教师对职业的感受与态度、专业水平的发展。学生在课堂中获得发展，教师的生命价值也在课堂中实现。

教师的生命意义体现在教师的成就感和幸福感。什么样的人生是值得追求的？幸福是一个选择，而且是终极的选择。亚里士多德说过，“幸福是我们一切行为的终极目标。”费尔巴哈也认为：“一切的追求，至少一切健全的追求都是对于幸福的追求。”[②]人生以幸福为指向，但幸福不只是物质上的富有，幸福一定是人生目标的实现。教师的幸福是一种指向教育生活的幸福。追求师生的幸福是学

① 杨翠娥：《论教师生命意义的追寻》，载《当代教师教育》，2010（2）。

② 费尔巴哈著，荣震华，李金山译：《费尔巴哈哲学著作选集》（上卷），商务印书馆，1984，第543页。

校教育生活的目标，也是教师专业发展的最高境界。

（二）教师生命素养的养成

素质与素养，虽然都是人的特质，但二者比较起来，素质具有外在性，素养更具有内生性。因此，素质主要靠教育，素养主要靠养成。但养成也不是自我修炼、自我反省，它也需要依靠素质的教育。所以，教师生命教育素养的养成，既需要教师的自我养成，也需要教师的生命教育和职场实践。

1. 自我养成

素养是内生的，是在生活中滋润生成的，它依靠于个体的养成。教师的生命素养，依赖于作为一个完整的人，作为一个有生命自觉的教师。前者是就教师个体而言的，后者是就教师职业生命而言的。前者是基础，后者是前者在教师职业中的体现。

教师作为一个完整的生命个体，就是要做到热爱生命，积极生活，成就人生，三者分别对应于生命的长、宽、高。热爱生命，要认识到生命的意义、生命的特征和生命的价值。生命因独特而弥足珍贵，生命因自主而积极发展，生命因超越而有意义，生命因意义而丰满和幸福。热爱生命，既要珍爱自己的生命，又要尊重他人的生命，敬畏自然生命。积极生活，就是以积极的心态，主动适应社会，与他人健康地交往，勇敢地面对挫折，养成良好的生活习惯，具有良好的人际沟通能力。成就人生，就是要合理规划人生，具有远大的理想和坚定的信仰；具有生命超越性，激发生命的潜能，直面生死，超越死亡，追求生命的崇高与伟大；超越“小我”，关心国家、社会和人类，具有世界的胸怀、人类情怀和天人合一的境界。

个体的生命素养是教师生命素养的前提，教师生命素养的个人养成表现在其专业发展的自觉追求中。有研究生通过对国内20多位特级教师专业的叙事分析，概括出了教师专业发展生命自觉的五个维度[①]：第一，自觉体认。自觉体认指教师全身心地投入教育，将专业发展视为实现人生追求、释放生命能量的过程。第二，主动发展。主动发展是衡量教师专业发展生命自觉水平的关键。这意味着教师以积极的形象、自主的态度开展实际的专业成长活动，即教师的发展是

① 仲玉凤：《论教师专业发展的生命自觉：理想样态与现实分析》（未出版），南京师范大学硕士论文，2015，第18—32页。

源于自身的需要而非外部的驱动。第三，自律自制。自律自制是指教师在专业发展过程中能够有效地进行自我管理、自我控制和自我调节，不断地实现自我的优化。第四，自主反思。自主反思指教师综合分析专业成长的经验，对专业发展的全过程进行合理评价，并予以批判性地思考与总结。第五，自我超越。自我超越是教师专业发展生命自觉水平的根本体现。它指教师在专业发展中充分挖掘自己的全部潜能，不断突破自身的极限，在向更高的目标前进的过程中，实现自我的生命价值。教师通过这五个维度的自我修炼，确立了教师专业发展的生命自觉，形成良好的职业生命素养。

2. 生命素养教育

生命素养的养成不是一朝一夕的事，更不是通过开设一门课程、一个活动能够解决的。但生命素养也不是自发的，它需要教育，而且是持久的教育。教师生命素养的教育包括两个方面，一方面是教师作为人的生命素养教育，另一方面是教师作为教师的生命素养教育。

生命素养是人的基本素养，因为每个人都是一个生命存在，没有了生命就没有了一切，所以，教育必须关注生命。在已经公布的中国学生发展的六大核心素养中列入了“健康生活”。健康生活主要是学生在认识自我、发展身心、规划人生等方面的综合表现，具体包括珍爱生命、健全人格、自我管理等基本要点，这三个方面都是生命素养的内容。提升人的生命素养，就应该从小在学校开展生命教育，设置生命教育课程，开展生命教育专题活动，同时，也在各科教学中渗透生命教育的内容，使生命教育全面贯穿在中小学教育中，使每个人都能够养成良好的生命素养。

教师的生命素养，尤其是教师对学生教育所需要的生命素养，需要教师教育来培养。为此，需要在教师的职前教育和职后培训中开展教师的生命教育。在职前教师的培养中，一方面要面向每个大学生开设大学生生命教育的通识课程，提升大学生的生命素养；另一方面，针对教师培养，开设教师生命教育课程，纳入教师的专业课程之中。通过这一课程，教师掌握生命教育的知识、技能，具有影响学生生命发展的意识和能力。在职后培训中，应该将生命教育纳入教师的专业发展中，建立教师自主发展、自主反思探究学习提高模式，引导教师走上自觉、可持续的专业发展之路。

3. 职场实践

虽然生命教育有助于教师生命素养的形成，但正如一个人只有在做正义之事中学会正义一样，教师的生命素养也在教师的职场中形成。教师职场是生命素养的实战场。

学校是教师职业生命成长的重要场所，也是实现职业生命价值的地方。学校领导要特别重视生命生态环境的建设。领导、教师、学生乃至家长都是生命生态环境的建设者，也是生命生态环境的共同享用者。学校管理者要具有人文关怀，关注教师的基本生存需要及更高层次的生命发展需要，为教师专业发展创造良性生态环境，提供生命成长的空间和发展的机遇。学校要建设学习和研究共同体，营造浓厚的学习氛围，激发生命成长的正能量。一个糟糕的生态环境，不能有效地激励教师砥砺奋进，无疑是对教师生命的摧残。学校不仅应该是学生生命的乐园，也应该是教师生命的乐园。在这里，教师应该能够实现人生的价值，具有幸福感。

课堂是教师教学的阵地，但并不是任何课堂都有助于教师生命素养的养成。传统的知识课堂，以传授知识为目标，且知识是标准化的“死”知识。这样的课堂，教师机械讲授，学生死记硬背，课堂机械化、模式化、静止化，没有生机，没有活力，教师不愿教，学生不愿学。涵养生命的课堂，不是知识的课堂，而是生命化课堂。生命化课堂基于学生生命成长的需要，关注师生的生命发展，是师生生命的对话、交流，是师生心灵沟通、情感交融的过程；是师生合作学习、生命共度的历程。生命化课堂中充满着激情，充满着期待，充满着生命的力量和希望。只有生命化课堂，才能展现生命的风采；只有生命化课堂，才能培育生命素养。所以，教师只能在生命化课堂中实践生成生命的素养。

当然，教师的阵地不只有课堂，还有班级、生活、管理等方方面面，无论什么方面，核心只有一个，那就是生命化教育——一种直面生命、通过生命、为了生命的教育[①]。只有在生命化教育中才能实现生命素养的养成。

---

① 冯建军著：《生命化教育》，教育科学出版社，2007，第21页。

三、生命教育师资的培养

生命教育要求一大批有着生命素养的合格的师资力量以提高生命教育的质量。当前我国教师的生命素养普遍不高，生命教育的师资力量严重匮乏且缺乏专业标准，这些都制约着生命教育深入推进。为此，需要重视教师生命教育，加快生命教育师资力量的培养。

（一）生命教育教师培养的三种形式

中小学生命教育已经起步，生命教育的师资可以通过三种形式进行培养。

1. 专业化培养

专业化培养就是在师范院校开设生命教育专业。目前我国承担生命教育任务的师资力量非常薄弱，有的学校是语文教师、思想品德教师兼职，有的学校是外聘的相关人员，有的则将生命教育仅作为临时性的、事务性工作，各学科的教师在需要的时候以活动的方式开展……这些都无法满足生命教育深入持续开展的需要，也无法体现教育发展的时代诉求。因而，专业化培养生命教育师资，是当前我国开展生命教育的紧迫而重大的任务。生命教育专业要与师范院校开设的学前教育专业、小学教育专业、应用心理专业等一样，招收优质生源，严格制订课程计划，并将理论学习与见习、实习等结合起来。生命教育需要高水平的师资力量，有硕士点培养的师范院校，要有计划地招收此专业的教育硕士，开始更高水平的生命教育研究。这些经过专业化培养的生命教育师资力量，完全可以成为生命教育教师职后培训的种子力量。因而，在职前的专业化培养过程中，就要有意识地以“一体化”的观点在生命教育专业知识的建构和生命教育行为技能训练上进行有侧重点的培养。

2. 学科化培养

学科化培养就是在相关专业中增设生命教育，培养生命教育的学科教师，以小教专业为例，目前有语文、数学、英语、科学等课程，可以加开生命教育，培养小学生命教育的师资。在中学生物、中学体育、应用心理学等专业中可以增设生命教育，培养中学生命教育师资。

此外，在不具备开设生命教育学科的情况下，还可以通过学科渗透生命教育的内容，培养教师的生命意识和素养。如英国生命教育的学科渗透性，就是把生命教育的基本内容融入其他课程当中去，使生命教育成为日常教学活动的重要组成部分，也成为学生的日常学习行为。其实，所有的教育都应该是生命教育，所有的课程都具有生命教育的资源。师范院校的专业课教师要充分挖掘所教学科的生命教育资源，以多种方式向学生渗透生命教育的意识；师范生应将生命教育与专业课程的学习相结合，将生命教育理念融入专业思维方式中，将生命情感融入专业情感中，使生命教育在专业学习中落地生根。

3. 通识化培养

通识化培养就是在大学开设生命教育的通识教育课程，提高大学生（包括师范生）的生命素养，为他们从事教师工作做准备。教师的生命素养是教师工作的资源，包括教师的生命认知、生命意识、生命行动和生命意义（价值）等。要在大学生中开设生命教育通识课程，以生命教育理念统整原有的高校思想政治教育课程、心理健康教育课程、社会实践类课程等，提高大学生的生命素养，建立正确的生命价值观，使他们能够正确对待自己的生命，也能够正确对待他人的生命。

此外，可结合教师资格证考试，把生命教育纳入通识考试内容之中。如果把生命教育理念和生命教育知识放在教师资格证考试中，就会让考生认识到生命教育的重要性，从而积极学习相关的生命教育通识课程。教师资格证的考试要积极进行考试制度改革，从结果性考核转为重视过程性考核，以促进教师不断提高相关的生命教育素养。

总之，未来我国生命教育师资的培养需要实现“两化”的目标：一方面，要在包括职前培养与在职培训在内的师范教育中，增加生命教育内容，实现生命教育在师范教育中的普及化；另一方面，要满足生命教育教学需要，实现生命教育师资队伍的专业化。[①]

（二）通过课程培养师范生的生命教育理念

师范生是未来生命教育的主导者，也是当下生命教育的受益者。今天师范生的生命素养关系到未来教师的生命素养，关系到中小学生命教育的推进。师范院

① 孙卫华、许庆豫：《生命教育研究进展述评》，载《中国教育学刊》，2017（3）。

校承担着中小学教师的职前培养任务，虽然当前我国的师范教育已经从旧的三级师范体制晋升为新的三级师范体系，但教师职前培养的理念、模式和课程设置依然是以教学知识技能为主，忽视教师生命素养培育和完整人格的培养。因而，师范生的培养要向教师生命教育的目标转向，“教师生命教育企图直面教师精神生命缺失的弊端，探讨教师教育中为了达成教师自我实现和职业能力提升而应有的基本关注点，并主张教师教育关注人的整体发展”。[①]

1. 以生命教育理念设计教师教育课程

当前师范院校的课程设计主要由公共基础课程、专业基础课程和专业核心课程组成，其设计原则是基于学科教师的任职能力。但这种设计更多的是从培养知识传授者的角度出发，将教师培养仅仅看成了学科知识的增加以及教学技能的获得。这表明师范生课程设计还仅停留在传统的知识课程观阶段，其目的还是培养知识人，遮蔽了生命的完整性。现有的教师教育课程是职业培训课程，忽视了教师生命意识的培养。“现代教育关注学生生命发展，生命成为教育的核心，这就决定了现代课程应该成为生命课程。”[②]因此，教师教育课程也应该实现从职业技能转向整体生命，以生命教育理念引导和设计教师教育课程。

当前教师教育类的课程设计要彰显对教师的生命关怀，要以生命为原点进行课程设计，强调课程与生活的关联，强调课程的经验作用，强调课程对生命的整体关照。

首先，要基于教师生命发展设计课程。现有的教师教育课程过分强调教师的职业化，是从教师的职业要求出发，把职业适应能力作为终极目标和追求，而且对教师职业的理解窄化为“知识的传授”。无论是本体性课程、条件性课程还是实践性课程都关乎怎样有效地传授知识，把教师职业当作外在于教师生命的职业，忽视了教师职业的特殊性和教育的本真。教育是教师生命影响学生生命的活动，教师生命本身既是教师本人的，又是教育的资源和手段。因此，教师教育课程不是职业课程，而是生命课程、人格课程。教师不是传授知识的职业人，而是影响生命、培养人格的生命人。因此，教师教育课程必须从职业人的培养转向生

① 罗生全、张莉：《教师教育生命课程体系建构》，载《教师教育研究》，2010（4）。

② 冯建军：《从知识课程到生命课程：生命教育视野下课程观的转换》，载《课程·教材·教法》，2013（9）。

命人的培养。

其次，教师教育课程要关注教师生命的完整性。人的完整生命有三重：一是自然生命，二是社会生命，三是精神生命。它们代表生命的长、宽、高，共同构成立体的、完整的生命。反思我们已有的教师教育课程，除了教师职业道德关注教师的社会生命外，少有课程关注教师的自然生命和精神生命，而且教师职业道德关注的也是教师生命的外在工具价值，而不是教师内在的生命价值。可以说，教师教育课程教给未来教师“何以为生”的职业本领，放弃教他们“为何而生”的人生思考。故而，培养的教师可能会教书，但却把教师当职业，而不是事业；可能是很好的“教书工匠”，但不是一个合格的“心灵导师”。所以，教师教育课程必须基于教师生命发展的需要，关注生命的完整性，全面设计教师教育课程。

再次，教师教育课程目的是培养一个完整的人，而不是一个从业者。很多人一直以为高等教育是职业教育，目的在于培养职业人。这是对高等教育的误解。爱因斯坦说，学校教育的目标应当是青年人离开学校的时候，是作为一个和谐的人，而不是作为专家，应该把人格的发展始终放在首位，而不应当把专业知识放在首位。[①]曾任耶鲁大学校长的理查·莱文曾说过：“如果一个学生从耶鲁大学毕业后，居然拥有了某种很专业的知识和技能，这是耶鲁教育最大的失败。专业的知识和技能，是学生们根据自己的意愿，在大学毕业后才需要去学习和掌握的东西，那不是耶鲁大学教育的任务。”莱文认为，本科教育的核心是通识，是培养学生批判性独立思考的能力，并为终身学习打下基础。我国学者甘阳在清华大学新雅学院开学典礼上也告诫同学们：“大学四年意味着接受一个完整的高等教育，通过高等教育让学生成为一个丰富的人，而不是一个贫乏的人；成为一个相对全面发展的人，而不是一个单方面发展的人。这是高等教育的全部目标所在。”因此，高等教育必须回归生命的本体，才能彰显其本真。这样的认识，对于教师教育来说尤为恰当。因为教育的根本是育人，它依赖的是教师的生命、人格，而不是外在于教师生命的其他工具。

2. 开设专门的教师生命教育课程

以生命教育理念设计教师教育课程，使生命教育理念渗透在教师教育课程之

① 爱因斯坦、许良英等编译：《爱因斯坦文集》（第3卷），商务印书馆，1979，第147页。

中，这样的教育可以提升教师一般的生命素养，但生命教育教师的培养还需要生命教育的专门课程，通过这些课程，一方面提升教师的生命质量，另一方面也赋予他们从事生命教育的能力。

根据人的完整生命的三重属性，教师的生命教育课程应该着眼于三个方面：首先是关爱教师自然生命。自然生命指向人生命的自然性，是要处理人与自己身体的关系。自然生命教育就是要给教师保持身心健康的方法，预防职业疾病。其次是丰盈教师的社会生命。人作为社会关系的综合，社会生命关注人的社会性和交往关系。拓展教师的社会生命，就是要使教师正确处理好师生关系，教师与教师之间的关系，个人与社会的关系，教师的家庭关系，以良好的社会关系丰盈他们的社会生命，提升教师的幸福感。再次是激扬教师的精神生命。精神生命是人的动力和灵魂，代表着生命的高度。教师的精神生命品格主要包括自我意识，至“善”的信念、价值观，美的感知与表达能力，以及批判性的思维能力。[①]教师只有追求精神生命的崇高，实现专业发展的生命自觉，才能活出生命的价值，成就幸福的教育人生。

当前我国的生命教育才刚刚起步，而且多在中小学之中。大学教育也有关注生命教育的，但都源于大学生的生命危机，诸如大学生的自杀、杀人、精神颓废、“空心病”等，生命教育被用作治疗的处方，虽然有效，但不治本。开设教师生命教育课程，不是为了治疗师范生的生命危急症，而是教师人格成长和对学生生命影响的需要。试想，一个生命不健全的教师，怎么可能对学生的生命产生健全的影响；一个生命有问题的教师，又怎能从事真正的教育？因此，教师教育必须高度重视生命教育课程的开设。

生命教育是融通式的广域课程，既包括生死、生活意义等哲学问题，也涉及生物学、医学、保育、教育学、心理学、管理学、社会学等领域，需要综合汲取各学科养分，才能建构科学的生命教育课程体系。因而，需要围绕生命教育主题进行相关学科的课程群研发。课程群包括：大学生生命教育（针对一般人的通识课程）、教师生命教育（针对教师的专业课程）、青少年生命教育（针对教育对象的专业课程），还要针对师范院校女生开设女性生命教育课程。

---

① 罗生全、张莉：《教师教育生命课程体系建构》，载《教师教育研究》，2010（4）。

3. 在教育实践活动中增强师范生的生命体验

生命教育不是生命知识的堆积，而是生命的体验。没有体验的生命教育，不是真正的生命教育。因此，生命教育必须注重生命体验活动，这既包括课程学习中的生命体验，也包括教育实习中的生命体验，以及专题生命体验活动。

首先，在课程学习中体验生命。无论是教师教育课程，还是教师生命教育课程，都贯穿着生命教育理念，因此，也应该用生命化的教学方式，增强师范生的生命体验。如果一个教师自己都没有体验过基于生命关怀的课，没有感知过何为润泽生命的课堂，其所受的师范教育仅停留在机械冰冷知识的习得阶段，自己工作后又何以能从关注知识到关注生命，从传授知识到润泽生命呢？为此，师范教育要变革技术型教师的培养模式，改变知识灌输的教学方式，建构涵养生命的生命化课堂教学模式。生命化课堂基于学生生命成长的需要，关注师生的生命发展，是师生生命的对话、交流，是师生心灵沟通、情感交融的过程；是师生合作学习、生命共度的历程。生命化课堂中充满着激情，充满着期待，充满着生命的力量和希望。只有生命化课堂，才能有生命的体验。

其次，在教育实习中体验生命。对师范生来说，实习也是非常重要的生命体验过程。师范生可以在实践中反思生命，肯定自己对教师职业的认同感，而且在实习中实现自己的生命生长。这需要师范生在实习中与实习的学生和指导教师一起分享自己的生命教育实践的感受，聆听指导教师分享生命教育的经验。要让师范生在实习的过程中不仅走进生命教育，去研究生命教育，而且在实习结束后一定要重视交流、分享实习中的生命故事。实习的过程要真正了解丰富多彩的生命，感受到不同儿童的生命状态。实习结束后的反思更加能促进师范生对教育的责任，明确自身的使命，认识到教师生涯的神圣性和使命感，这也能促进其更加努力学习专业知识，提高自己的专业素养和生命素养。

再次，在社会实践中体验生命。生命教育可以与各种主题实践相结合，把大学生人生观教育、心理健康教育、法制教育、安全教育、公民教育、环境教育、禁毒教育、红十字教育、国际理解教育等与生命教育相结合，成为生命教育活动的重要资源。以“教学做合一”的理念，通过摄影、制作微电影、手工课、音乐会、摄影展、剪纸等主题活动，开展以生命为主题的相关活动。利用团日活动、班队活动、社团活动以及各类社会实践活动，开展丰富多彩的生命体验活动。

（三）在职后培训中提升教师的生命素养

1. 将生命教育纳入教师的职后培训

当前教师的职后培训中，缺少生命教育的内容，也少有针对生命教育教师的专题培训。因此，亟待制定生命教育师资的专业标准，将生命教育的教师培训作为教师培训的重要组成部分，列入国家教师培训计划。教育行政部门要加强对生命教育重要性的认识，要在生命教育师资培训中发挥主导作用，进行自上而下的推进。和其他学科一样，生命教育的行政推进也需要设立生命教育教研员制度，这些教研员要发挥研究和服务的中介作用，将最新的生命教育研究成果运用到生命教育师资培训中。

教师的培训要从理念上发生改变，从原有强化知识、训练技能的模式转为生命关怀的人文模式。将教师的自主生命教育纳入教师的专业发展中，建立教师自主发展、自主反思探究学习提高模式，引导教师走上生命自觉、可持续的专业发展之路。生命教育师资培训要提供更为个性化的菜单式服务，其培训内容既要从不同学科挖掘生命教育资源，让教师对自己所执教课程的生命教育内容和特征有所了解，也要针对不同学科师资的特点，进行有针对性的、个性化的生命教育教师培训。总之，生命教育师资培养要遵循生命教育的核心精神，强调教师自身的主体参与，让教师培训转变为教师的自主研修，进而激发教师的生命活力，实现教师的生命价值。

2. 发挥高校在生命教育师资培训中的作用

生命教育师资力量的培育，我国台湾地区的经验可以借鉴。台湾把生命教育作为高中的选修课程，其高中生命教育师资培育是整合多所大学力量完成的。2004年，台湾大学、台湾教育研究院、辅仁大学、台北教育大学、台湾生命教育学会等机构针对2010年实施高中生命教育类选修课程的师资需求，提出了《师资培育专门课程研发实验暨种子学校与种子师资培育计划》，设计了一套长达一年半的生命教育师资培训方案，该方案设计了26学分的培训课程，教师参与全程培训后进行统一考试，考试合格者被授予生命教育教师资格证书。[①]我国现

① 蔡勇强、孙建荣：《台湾高中生命教育类课程师资培育的研究及启示》，载《中国教育学刊》，2014（11）。

在已经有不少省市中小学开展生命教育，但都缺少生命教育的专业培训机构，只是一些民间社会团体，如中国宋庆龄基金会、中国陶行知研究会生命教育专业委员会利用学术会议的平台，开展短期而没有系统的师资培训。也有些班主任培训、心理教育师资培训中间或开设相关的讲座，更不系统。适应中小学对生命教育师资的需求，在高校没有设置生命教育专业的情况下，有条件的高校应该承担起生命教育在职教师培训的任务。培训要针对中小学一些相关课程的教师，如思想品德、体育与健康、心理健康教育、生物科学等学科的教师或班主任，开设较为系统的生命教育课程，使他们尽快能够从相近学科转变为生命教育的师资。当然，这些培训只是发挥临时过渡的作用，理想的生命教育教师还需要高等学校专业化的系统培养。

高校还应该做好生命教育的研究和推广工作。有条件的高校可以设置生命教育推广中心，通过课题形式、学生论文选题等，对生命教育进行专题研究。高校要参与生命教育课程资源的开发工作，接受当地教育行政部门和学校的委托开发生命教育课程资源，编写相关的提高教师生命教育素养的教材。

附录一

国内生命教育的相关规定

辽宁省中小学生命教育专项工作方案

为进一步贯彻落实《中共中央国务院关于进一步加强和改进未成年人思想道德建设的若干意见》《教育部关于学习贯彻〈中共中央国务院关于进一步加强和改进未成年人思想道德建设的若干意见〉的实施意见》和《中共辽宁省委、辽宁省人民政府关于贯彻落实〈中共中央国务院关于进一步加强和改进未成年人思想道德建设的若干意见〉的实施意见》（以下简称《实施意见》），结合我省实际，制订本实施方案。

一、指导思想

以邓小平理论和“三个代表”重要思想为指导，深入贯彻十六大精神，落实中央和省委加强未成年人思想道德建设的重大决策，坚持以人为本、关怀为首、遵循规律、注重实效，建立未成年人生命教育体系，改进教育方法，切实把我省中小学生的生命教育工程落到实处。

二、工作目标

（一）遵循未成年人身心成长规律，建立健全全省未成年人生命教育关怀与指导的工作网络和工作机制，进一步促进学生全面发展。

（二）引导学生认识自己生命的独特性、生命的可贵和人与自然的关系，感受生命的喜悦，体验生命的意义，树立正确的人生观和价值观。使学生正确认识生死悲欢，珍爱生命，乐观向上，积极参加社会实践活动。

（三）教师能够将生命教育融入各科课程，并通过教育教学研究，主动探讨生命教育的方式、方法与策略。同时，与学生建立“民主、和谐、合作”的师生关系。

（四）学校要构建以生命关怀为核心的教育理念，使生命教育成为学校文化的重要组成部分，建设关怀生命的校园环境和校园文化。

三、工作内容

（一）开展生命教育与指导

1. 将中小学心理健康、青春期、毒品预防、法制、安全、公共卫生、预防艾滋病、环境保护、性教育、国际理解教育等专项教育作为生命教育的重要组成部分，严格执行省教育厅《关于确定义务教育地方课程课时的通知》（辽教办发〔2003〕100号）的有关规定，结合不同年级的实际需要，开展系列专题教育。开展生理取向教育，使学生懂得维护自己的身体健康，了解自己的身体变化，适应生理的发展变化；开展心理取向教育，为充分发挥自我潜能、实现自己的人生价值打好心理基础；开展生涯取向教育，树立正确的人生价值观；开展社会取向教育，使学生做到与他人、自然、环境和谐相处。

2. 充分挖掘生命教育资源，开展经常性的生命教育活动。联系学生生活实际，把生命教育有机地融入学生的生活之中；把学生作为生命教育的主体，注重对学生的人文关怀，强调学生的切身体验，通过各种途径开展成功教育与抗挫折教育，培养学生旺盛的生命力、坚强的意志力，以及积极乐观向上的人生观。

3. 积极组织未成年人参加各种生动活泼的主题教育活动，让他们崇尚科学文明的生活方式，自觉抵御毒品，不涉足社会网吧，不唱灰色童谣，不参加危害身心健康的游戏活动。

4. 增强未成年人的安全意识，提高自我保护能力。通过生命知识学习、生命安全体验以及生存拓展训练，未成年人初步了解来自于各方面的不安全因素，掌握一些简单易行的防范与自救办法，规避危险与伤害。

5. 中小学校长、全体教职员工要关注学生的成长状况，全身心地关心、热爱每一位学生，尊重学生的人格、个性和自尊心，要禁止体罚和变相体罚学生。对学生成长过程中出现的一些心理问题，认真分析，及时解决，每一位教育工作者都要成为学生精神生活的指导者、教育者和鼓舞者。

6. 充分发挥家庭在生命教育中的优势，对未成年人的生命发展变化给予及时、必要的指导和关怀。家长要将生命教育内容作为学习的必修课。要不断提高学生家长实施生命教育的意识和能力。

（二）建立生命教育指导机构

1. 用三年时间，分期分批在全省一百个县区，成立未成年人生命教育指导中心，负责对未成年人的心理问题、青春期困惑、危机状况进行有效的咨询、指导和帮助。其工作方式主要是面询、非面询、协调、救助。人员可采取专职和兼职相结合的方式，有条件的地方可招募志愿者。

2. 加强生命教育师资队伍建设，培训一批未成年人生命教育指导机构的专兼职教师、医生和志愿者，使他们能对未成年人常态的生命状况有详细的了解，并能对其中的危机状况实施准确而有效的指导、干预和救助。

3. 在生命教育指导中心的领导下，发挥各中小学现有的校医、心理健康教师及相关学科教师的作用，让他们具体承担学校的生命教育任务。

四、保障措施

（一）提高认识，加强领导。各级教育部门要从加强和改进未成年人思想道德建设的高度理解和重视生命教育工程，要从关注未来、温暖民心的角度抓好生命教育工程，以务实的干劲把实事做实做好。

（二）加大经费投入。各地要设立专项资金，加大经费投入力度，确保中小学生命教育工作的顺利开展。

（三）建立生命教育网络和工作机制。各级教育行政、教科研、卫生保健部门和学校要有专人负责未成年人生命教育工作，建立省、市、县（市、区）、学校四级生命教育网络，制定工作实施方案。生命教育指导中心的运转主要依托于县（市、区）教育局体卫科（股）、卫生保健所、教师进修学校的教研室以及条件好的中小学医务室。

（四）开展专项检查和评估。各中小学的生命教育要纳入学校教育的议事日程，作为未成年人思想道德建设的一项重要内容，接受各级教育督导的检查评估。省教育厅将组织有关部门、专家，成立中小学生命教育检查评估小组，对县（市、区）生命教育指导中心进行检查和评估。

辽宁省教育厅

二〇〇四年十一月二十二日

上海市中小学生生命教育指导纲要（试行）

为贯彻实施《中共中央国务院关于进一步加强和改进未成年人思想道德建设的若干意见》（中发〔2004〕8号）和《中共上海市委、上海市人民政府关于加强和改进未成年人思想道德建设实施意见》（沪委〔2004〕11号），牢固树立和落实科学发展观，帮助学生认识生命、珍惜生命、尊重生命、热爱生命，促进中小学生身心健康发展，迫切需要系统、科学地开展生命教育。现结合上海市中小学实际，制定《上海市中小学生生命教育指导纲要》。

一、中小学开展生命教育的重要性和紧迫性

1. 开展生命教育是整体提升国民素质的基本要求。青少年学生是社会主义事业未来的建设者和接班人，青少年学生的生命质量决定着国家和民族的前途与命运。上海要建设现代化国际大都市，率先实现社会主义现代化，实现小康社会的宏伟战略目标，需要培育具有优良的思想道德素质、科学文化素质、身心健康素质以及劳动技能素质的劳动者和专门人才，生命教育是实现人的全面发展的基础条件。在中小学大力开展生命教育，有利于提高广大青少年学生的生存技能和生命质量，激发他们树立为祖国的繁荣富强而努力学习、奋发成才的志向；有利于将中华民族坚韧不拔的意志熔铸在青少年学生的精神中，培养他们勇敢、自信、坚强的品格；有利于提高广大青少年学生的国际竞争意识，增强他们在国际化开放性环境中的应对能力。

2. 开展生命教育是社会环境发展变化的迫切要求。经济全球化和文化多元化的发展趋势，现代科技和信息技术的飞速发展，为不同民族、不同文化的交流与合作提供了有利条件，为广大学生获取信息、开阔视野、培养技能提供了宽广的平台，但随之而来的消极因素也在一定程度上影响了青少年学生的道德观念和

行为习惯，享乐主义、拜金主义、极端个人主义等负面影响，导致部分学生道德观念模糊与道德自律能力下降。此外，校园伤害、意外事故等威胁青少年学生人身安全的各种因素，也在一定程度上影响了青少年的身心健康。因此，迫切需要培养青少年形成科学的生命观，进而为学生树立正确的世界观、人生观和价值观奠定基础。

3. 开展生命教育是促进青少年学生身心健康成长的必要条件。现代社会物质生活的日益丰富和社会环境的纷繁复杂，使青少年学生的生理成熟期明显提前，极易产生生理、心理和道德发展的不平衡现象。长期以来，由于生理发展过程中出现的困惑常常得不到及时解答，对无法预料且时有发生的隐性伤害往往难于应对，导致一些学生产生心理脆弱、思想困惑、行为失控等现象。因此，需要积极引导学生科学理解生理、心理发展的规律，正确认识生命现象和生命的意义。

4. 开展生命教育是家庭教育的重要职责。家庭教育是生命教育必不可少的环节和重要组成部分。当前，现代化进程的迅速推进，使家庭教育面临着新的挑战，家庭教育还存在和青少年成长需要不相适应的方面，相当一部分家长不了解青少年学生身心发展的规律，忽视青少年渴望得到理解与尊重的需求，缺乏科学的家庭教育理念和方法，对孩子或者期望值过高，或者漠不关心，或者过分包揽，或者放任自流，加剧了部分青少年学生心理问题的出现，如厌学、离家出走、自杀等行为，有的甚至走上违法犯罪的道路。因此，迫切需要引导家庭开展科学、正确的生命教育。

5. 开展生命教育是现代学校教育发展的必然要求。多年来，上海市中小学在实施生命教育方面，通过不断尝试和探索，积累了一定的经验。但在生命教育的内容、层次、形式等方面缺乏整体规划和系统构架；学校现有课程教材中的生命教育内容比较单一，对学生身心发展的针对性、指导性尚不明确；对学生生存能力的培养，缺乏有效的操作性指导；部分教师受传统观念的影响，对青少年性生理、性心理、性道德发展的理解和指导存在观念上的误区；对校内外丰富的生命教育资源缺乏系统、有机的整合。因此，必须加快学校教育的改革，从生理、心理和伦理等方面对学生进行全面、系统、科学的生命教育，引导学生善待生命，帮助学生完善人格、健康成长。

二、生命教育的指导思想

上海市中小学生生命教育要坚持以马克思列宁主义、毛泽东思想、邓小平理论和“三个代表”重要思想为指导，以树立和落实科学发展观为宗旨，以全面建设和谐社会为落脚点，促进学生的全面发展。生命教育着眼于全体学生的身心和谐发展，为学生的终身幸福奠定基础；着眼于学生个性的健康发展，为提升学生的生存能力和生命质量奠定基础；着眼于增强学生在自然和社会中的实践体验，为营造健康和谐的生命环境奠定基础。引导学生热爱生命，建立生命与自我、生命与自然、生命与社会的和谐关系，学会关心自我、关心他人、关心自然、关心社会，提高生命质量，理解生命的意义和价值。

上海市中小学实施生命教育的目标是：整体规划小学、初中和高中生命教育的内容序列，形成学校、家庭与社会优势互补、资源共享的生命教育实施体系。通过多种教育形式，对中小学生进行生命与健康、生命与安全、生命与成长、生命与价值和生命与关怀的教育。要让学生学习并掌握必要的生存技能，认识、感悟生命的意义和价值，要培养学生尊重生命、爱惜生命的态度，让学生学会欣赏和热爱自己的生命，进而学会对他人生命的尊重、关怀和欣赏，树立积极的人生观。

三、生命教育的原则

实施生命教育要注重科学性与人文性的统一，必须遵循以下原则：

1. 认知、体验与实践相结合原则

生命教育既要对学生进行科学知识的传授，又要引导学生贴近生活、体验生活，在生活实践中融知、情、意、行为一体，使学生丰富人生经历、获得生命体验、拥有健康人生。

2. 发展、预防与干预相结合原则

生命教育要面向全体学生，以发展性、预防性教育为主，同时又必须对已经发生的青少年学生危机问题进行科学的干预。预防是为了发展，发展是最好的预防，合理、有效的干预也是发展的重要条件，三者之间有机结合、缺一不可。

3. 自助、互助与援助相结合原则

自助注重引导学生进行自救、自律与自我教育；互助重在开展学生之间、师生之间、亲子之间等各种帮助；援助强调教师、家长和社会机构等的积极引导和主动帮助，包括引导学生增强求援意识和应对技能。通过自助、互助和援助的有机结合，形成互动互补效应，为提升学生的生命质量搭建开放式的发展平台，营造生命教育的良好氛围。

4. 学校、家庭与社会相结合原则

生命教育既要发挥学校教育的积极引导作用，又要积极开发、利用家庭和社会的教育资源。在学校课程教学、综合实践活动等方面落实生命教育的同时，还要通过家长学校、社区活动等多种途径，积极引导家庭和社会培养学生健康的生活习惯、与人和睦相处的技能和积极的生活态度，形成生命教育的合力。

四、生命教育的内容

生命教育是旨在帮助学生认识生命、珍惜生命、尊重生命和热爱生命，提高生存技能，提升生命质量的一种教育活动。生命教育要形成各学段有机衔接、循序递进和全面系统的教育内容体系。

（一）小学阶段

小学阶段着重帮助和引导学生初步了解自身的生长发育特点，初步树立正确的生命意识，养成健康的生活习惯。

1. 1—2年级的教育内容重点为：

（1）初步认识自然界的生命现象，喜爱充满生机的世界；初步了解自己的身体，有性别意识。

（2）喜欢自己，乐于与同学交往；懂得关心家人、尊敬老人。

（3）亲近大自然，爱护人类赖以生存的自然环境。

（4）初步掌握交通安全、防溺水的基本技能；了解家庭用气用电安全、饮食安全等自我保护知识。

2. 3—5年级的教育内容重点为：

（1）了解身体的生长情形，具有积极乐观的心态；进一步理解性别认同。

（2）了解友谊的意义；懂得同情、关心，力所能及地帮助弱者；学习与他人合作。

（3）初步认识和体验人的生命是可贵的，能珍惜生命；学会劳逸结合；远离烟酒和毒品。

（4）养成良好的生活习惯和学习习惯，树立时间观念；合理使用网络。

（5）学习必要的自我保护技能，学会识别可疑的陌生人，初步掌握突发灾害时的自救能力。

（二）初中阶段

初中阶段着重帮助和引导学生了解青春期生理、心理发展特点；掌握自我保护、应对灾难的基本技能；学会尊重生命、关怀生命、悦纳自我、接纳他人；养成健康良好的生活方式；学会欣赏人类文化。教育内容重点为：

1. 了解人体的构造与各器官的功能、分娩过程及染色体对遗传特征的决定作用；认识青春期的生理现象，认识性别差异。

2. 培养积极的自我认同，包括自尊、自信、自我评价意识和社会角色认同，学会悦纳自我。

3. 认识友情与爱情的区别和联系，建立自然美好的性别角色形象；学会健康的异性交往；控制性冲动，懂得对自己的行为负责。

4. 学会用恰当的方法保护自己，避免受到性伤害，防止性骚扰；学会拒绝别人的性要求；初步了解避孕的基本原理；学会应对敲诈、恐吓等突发事件的技能。

5. 与人为善，学会理解和尊重父母、老师和同学，学习建设性地与他人沟通与交往；培养与他人的合作精神。

6. 学习调节和保持良好的情绪状态，能够承受挫折与压力；钦佩顽强的生命。

7. 积极锻炼身体，养成健康的生活方式，文明上网；学会拒绝烟酒和毒品，掌握预防艾滋病的方法。

8. 理解地球是人类共同的家园，珍惜水资源和其他自然资源，保护生态环境。

9. 认识生与死的意义，了解生命的意义与价值，懂得尊重生命；学习并掌握应对灾害的技能。

（三）高中阶段

高中阶段着重帮助学生掌握科学的性生理和性心理知识，引导学生形成文明的性道德观念；培养对婚姻、家庭的责任意识；学会用法律和其他手段维护自己的合法权益；学会尊重他人、理解生命、热爱生命；提高保持健康、丰富精神生活的能力，培养积极的生活态度和人生观。教育内容重点为：

1. 认识和遵守异性交往的道德规范，学会妥善处理和认识两性关系中的情感问题和价值问题。

2. 了解生育过程和避孕的方法，认识人工流产或在非正规医疗机构中止妊娠对身心的危害。

3. 学会尊重、理解和关爱他人，能够妥善处理人际交往中的冲突和矛盾，建立良好的人际关系。

4. 学习和了解每个人在婚姻、家庭与社会中的责任、权利和义务。

5. 学会用法律和其他手段保护自己，学会正确应对性侵犯；培养良好的网络道德素养，远离“黄、赌、毒”。

6. 学会应对挫折的方法与技能；学习应对精神创伤的危机干预技能。

7. 关心人类生态危机，理解生态伦理，自觉参与环境保护；关心和积极参与社会活动，拓展自己的精神世界。

8. 理解生与死的意义，培养积极的生命态度，树立正确的生命观和人生观；学会在日常生活中充实自己，学习规划自己美好的人生。

9. 掌握防灾和应对灾害的技能。

五、生命教育的实施途径

中小学生生命教育要有机渗透在学校教育的各门学科、各个环节、各个方面，既要充分利用学科教学，传授科学的知识和方法，又要突出重点，利用课内课外相结合等方式开展形式多样的专题教育，更要坚持以实践体验为主，开展丰富多彩的课外活动。要重视营造学校、家庭和社会的和谐人际环境，发挥环境育人的作用。

（一）学科教学

1. 显性课程

小学的自然、体育与健身、品德与社会等学科，初中的生命科学、科学、思想品德、社会、体育与健身、历史等学科，高中的生命科学、思想政治、社会、体育与健身、历史等学科，是生命教育的显性课程。要在这些学科的教学中增强生命教育意识，挖掘显性和隐含的生命教育内容，分层次、分阶段，适时、适量、适度地对学生进行生动活泼的生命教育。

（1）小学低年级（1—2年级）

《自然》：初步了解人体的组成、感觉器官及其功能，以及人的生长过程。引导学生养成良好的个人卫生和饮食习惯，培养保护环境意识和公共卫生习惯。通过了解动植物，直观地了解生命现象。

教学中要通过观察、模拟、游戏等活动，探究人体及其他生物体的生命活动，要在学生行为习惯的养成和积极的情感、态度体验上下功夫。

《品德与社会》：初步了解家庭、学校和社区的生活，懂得个人成长与家庭、学校的关系，认识个人与集体的关系，初步了解公共生活的规则。

教学时要更多地关注儿童生活本身，要在大自然和社会生活中汲取生命教育的鲜活素材，并通过游戏、录像、讲故事等喜闻乐见的方法进行教学。

《体育与健身》：从基本的身体活动入手，学习户外健身、游泳等的卫生与安全知识，了解简单的生存技能与方法，掌握浅易的自我保护知识和技能。培养抗挫能力，学会游戏。

教学时要采用讲解、示范、游戏、比赛和活动等方法，帮助学生了解学习要点和技能方法。

（2）小学中高年级（3—5年级）

《自然》：了解人体主要器官及其功能，人的生命周期和身体发育的特点。了解合理饮食、适量的运动和休息对身体成长发育的重要性，以及吸烟、酗酒、滥用药物等对身体的主要危害。了解一些常见疾病及其防治方法，有一定的自我保护能力。了解人类对自然环境的依赖，树立人与自然和谐相处的意识。

教学中应为学生提供真切的情景或场景，通过观察、调查、参观、模拟、游戏、讨论等活动，增强学生对人的生命活动及其他生命现象的了解和体验。

《品德与社会》：了解个人生活、家庭生活、学校生活、社会公共生活的一些基本常识与道德规范。初步了解社会机构、公共设施及其功能。初步了解人与自然、人与社会的依存关系。知道一些与生活有关的法律常识，使学生初步了解不同社会角色的权利、义务和责任。

教学时要从学生熟悉的生活现象出发，注重通过生活实践学习知识，养成良好的生活习惯。

《体育与健身》：以发展基本活动能力为线索，学习少儿健身的安全常识和部分生存技能与方法。尝试合作与互助，明白健身、保健和安全等所必备的常识。

教学时要采用讲解、示范、设境、比较、提问、体验、游戏和讨论等方法，帮助学生了解所涉内容的学习要点和技能方法。

（3）初中阶段（6—9年级）

《科学》：知道生命体的基本结构单位、新生命的诞生和婴儿发育过程以及青春期生理发育与性心理变化的过程。了解与生育有关的健康知识以及与人口发展有关的政策。知道现代健康人的特征，养成健康的饮食与作息习惯。了解环境污染与人类健康的关系，培养保护环境的责任感和行为习惯。懂得安全使用水电煤，具有自我保护的意识和技能。

教学中要充分重视让学生体验与感悟真实生活，要给学生更多的观察、探究与调查等体验活动的时间与空间，采用讨论、交流、辩论、讲座、参观、举办专栏小报等多样形式，提高学生的活动兴趣和参与能力。

《生命科学》：了解人体的组织结构，理解人体的整体性。认识人体遗传和变异现象。懂得健康的概念，学习制订健康计划。了解常见病和传染病的危害及其预防方法，了解安全用药的常识。学会对意外伤害进行应急处置的基本方法。了解生物与人类的关系，了解人类活动对生态的影响，树立人与自然和谐发展的观念。

教学时要注重实践体验，教学活动形式力求多样化，为学生提供真切的活动情景或场景。要充分利用现代信息技术和社区资源，注意把课内的学习活动与学生日常生活及行为习惯紧密联系起来。

《思想品德》：知道生命既属于自己，也属于家庭和社会。认识每个人只有一次生命，要爱护自己的生命，尊重和关爱他人的生命。懂得具备生活的自理能力和掌握为社会服务的本领，是生命价值的重要体现。能够合理安排学习生活和闲暇生活，保持良好的心境。善待自己，关心、理解和尊重他人。知道公民的人身权益受法律保护，了解公民获得法律保障的途径。

教学时要紧密联系学生的家庭生活、学校生活和社会生活实际状况，采用课堂讨论、典型案例分析、社会现象观察和调查、实践体验等各种生动的教学形式。

《社会》：引导学生形成良好的生活态度，正确处理个人与他人、个人与社会的关系，进而对个体生命在社会中的价值和意义有所感悟。

在教学过程中，要通过案例教学、课堂讨论、社会现象观察和调查、实践体验等各种生动的教学形式，帮助学生将学习内容内化为自身的认识。

《体育与健身》：学习体能常识、青春期体育健身常识、体育健身安全、体育锻炼与青少年机体发展、体育锻炼与自然环境、体育健身与卫生常识、生存技能和方法等内容，发展基本运动能力，引导学生关注青春期身体的各种变化，留下成长记录，形成文明、健康的生活方式。

教学时要运用讲述、演示、观察、比较、设问、分析、讨论和实践等方法，借助个案分析及信息技术等手段，调动学生积极的情感因素。

《历史》：通过学习中外优秀历史人物的主要事迹，学生认识人类在求生存、求发展的文明历史进程中的创造活动，感悟历史人物对真理和正义的执着追求和精神风貌，进而了解生命的意义与价值。

在学习过程中，要根据初中学生的知识基础和年龄特点，生动、具体、形象地运用各类材料（史料）创设历史情境，采用图表制作、看图说史、故事演讲、角色扮演等多样化活动方式，围绕相关历史主题搜集整理相关材料，开展专题讨论、参观历史博物馆或展览馆、组织专题讲座、设计板报或网页等活动，拉近历史与现实之间的距离。

（4）高中阶段（10—12年级）

《生命科学》：从物质、能量和信息三方面探讨生命活动的本质。认识生命的延续，了解生命世界的多样性和持续性，建立科学的生命观和进化观。了解人类遗传病和生殖健康。理解保护生物多样性的意义。形成健康的生活习惯和可持续发展的观念。

教学时要注重融科学性与人文性于一体，关注学生的经历和体验，引导学生在投身社会实践中，欣赏生命、热爱生命。

《思想政治》：了解生命活动的本质和人的社会本质，正确认识自我发展与社会发展的关系，认识社会发展规律，树立科学的人生价值观，正确对待人生道路上的困惑和挫折，让生命在参与社会主义物质文明、政治文明、精神文明建设的过程中焕发光彩。

教学时要针对学生在人生道路上遇到的实际问题和思想问题，采用讨论、调查、访谈、阅读、辨析等形式，提高实效性。

《社会》：应注重在研究性学习的基础上，运用小组辩论、演讲、撰写小论文、实践体验等方式开展学习，引导学生关注社会，拓宽视野，提高学生认识社会、适应社会及与社会和谐相处的能力，使学生在认识社会、适应社会中实现知行统一。

《体育与健身》：学习运动损伤的预防与康复、体育健身与疾病防治、体育健身与心理健康、体育健身的环境选择、吸烟酗酒和其他麻醉品与健康、救护的基本知识与方法，培养学生强身健体的综合能力。让学生在体验中明理、学练中获知。

教学时要采用观察分析、交流讨论、问题研究、知识竞赛和社会实践等方法，借助典型事例及信息技术，将知识的传授与技能、方法的学练有机结合。

《历史》：通过中外不同文明发展的横向比较和不同时期人类活动的纵向比较，学习社会结构、社会生活和社会风俗等人类生活内容，法律、人文科学等人类文化内容，认识人类文明面临的挑战和发展机遇，关心人类命运和全球伦理。

教学时要理论联系实际，采用社会调查、主题辩论、史学论坛、小论文交流等活动形式和合作、研究的学习方式展开学习。

2. 隐性课程

语文、音乐、美术等学科也蕴含着丰富的生命教育内容。教师要结合教学内容，对学生进行认识生命、珍惜生命、尊重生命、热爱生命，提高生存技能和生命质量的教育活动。同时充分运用与学生密切相关的事例作为教学资源，利用多种手段和方法开展生命教育活动。

语文课要通过文学作品中的典型人物和典型事件，联系现实生活，让学生认识自我，学会调适，感悟人与他人、人与社会、人与自然和谐相处的重要性，陶冶学生心灵。

地理课要帮助学生了解人类与赖以生存的环境之间的关系，学会珍惜资源，保护环境，树立可持续发展观。

音乐课与美术课要利用艺术美感陶冶学生的情操，提高学生的审美情趣，从而使学生保持乐观积极的心态，激发学生对生命的热爱之情和对生活的创造热情。

（二）专题教育

生命教育要充分利用青春期教育、心理教育、安全教育、健康教育、环境教育、禁毒和预防艾滋病教育、法制教育等专题教育形式，开展灵活、有效、多样的生命教育活动。要从学生的兴趣、经验、社会热点问题或历史问题出发，结合区域、学校和学生的特点，力求将相关内容整合起来，形成校本课程。倡导自主探究、实践体验、合作交流的学习方式。

小学阶段的专题教育，要符合小学生的身心特点，进行人与自然、人与家庭的启蒙教育，探究生命的可贵、生活的意义以及自我保护等内容。

初中阶段的专题教育，要结合学生青春期的成长特点，探究生命伦理、生命的意义与价值等内容。培养健康的审美观念，正确对待成长过程中的困惑和压力，探讨关爱他人、保护自己的途径与方法等。

高中阶段的专题教育，要适应高中学生世界观、人生观、价值观形成阶段的特点，整合相关学科的知识，探讨与生命有关的社会伦理、科学伦理、人生信仰等问题，规划人生目标。

（三）课外活动

课外活动是学生体验生命成长的重要途径。要充分利用班团队活动，节日、纪念日教育活动，仪式教育，学生社团活动，社会实践活动等多种载体，开展生命教育活动，让学生感悟生命的价值。

1. 班团队活动

少先队和共青团组织要积极创造条件，增强团队组织的凝聚力，为学生提供有意义的集体活动，使学生真正懂得集体组织对个人健康成长的作用，进而在中学生尤其是高中生中激发起对政治生命的追求和向往。

小学阶段的班队（儿童团）活动，要结合“争章”活动，运用游戏和情景体验的方式进行自我保护、网络安全、性别意识等教育。

初中阶段的班团队活动，要发挥学生的主体作用，运用自主活动和同伴教育的形式，帮助学生学会建设性地与他人沟通与交往。

高中阶段的班集体活动和团学组织，要针对高中生思维日趋活跃、思想日渐成熟的特点，通过党课学习、团校学习等途径，让学生学会规划自己美好的人生。

2. 节日、纪念日教育活动

学校要充分利用现有法定的各种节日和纪念日，特别要以世界环境日、禁毒日、预防艾滋病日、清明节、重阳节等为契机，从青少年学生的终身幸福和健康发展出发，关注各年龄阶段学生的不同需求，解决学生的各种困惑，整体设计和开展教育活动，进行有针对性的生命教育。

3. 仪式教育

学校要通过十岁生日、十四岁青春营、十八岁成人仪式以及入队、入团、入党、开学典礼、毕业典礼等各种仪式，精心组织设计，力求规范长效，使学生了解自己的成长历程，激发对生命成长的自豪感，培养积极的生命价值观，唤起对未来生活的美好憧憬。

4. 学生社团活动

学生社团是帮助学生认识生命、体验生命的重要载体。学校要重点发展绿色环保社团、生物科技社团、心理互助社团、体育健身社团等，指导学生广泛开展与生命教育相关的校园文化活动，使学生形成积极的生活态度，进而欣赏和热爱生活。

小学阶段要大力发展内容丰富、形式多样的兴趣小组，逐步培养小学生参与、组织社团活动的能力，提高学生对自然、生命的探究兴趣，丰富学生对自然、生命的认识。

初中阶段要广泛开展社团活动，增强学生的参与度，引导学生在实践中自觉学会关心生命、珍惜生命、尊重生命，提高生存技能。

高中阶段的学生社团要充分发挥学生自主管理的作用，以发展学生良好个性和健全人格为主，引导学生积极思考生命的价值，投身社会实践。

5. 社会实践活动

学校要充分利用各级各类青少年教育基地、公共文化设施开展生命教育活动，拓展学生的生活技能训练和体验。在动物园、植物园、自然博物馆、绿地和农村劳动中，让学生感受自然生态保护和休闲对促进个人身心健康的重要性；通过对人的生老病死有关场所的了解，引导学生理解生与死的意义，珍爱生活，关心他人；通过情景模拟、角色体验、实地训练、志愿服务等形式，培养学生在遇到突发灾难时的人道主义救助精神。

要积极引导家长参与家庭生活指导，通过亲子关系沟通、青少年身心保健等方面的服务，帮助家长掌握家庭管理和人际沟通的知识与技能，提升家庭情趣，营造健康和谐的家庭氛围。

要充分利用社区生命教育资源。发挥社区学院、社区老年大学的作用，提供环保、居家生活设计、人文艺术欣赏、传统艺术欣赏制作和婚姻伦理等教育服务活动。宣传科学的生活方式，引导家长开展亲子考察等实践活动。

小学阶段的实践活动要引导学生侧重体验对父母、长辈以及对邻里的关爱，引导学生亲近大自然，养成有规律的起居和运动习惯。

初中阶段的实践活动要引导学生学会与人合作，关爱社会弱势群体，锻炼生存能力，通过角色体验丰富其对人生意义的感悟。

高中阶段的实践活动要引导学生关心他人、关心社会，主动把知识和技能服务于社区，在社会公共生活中学习生存技能，提高适应社会生活的能力。

六、实施生命教育的保障机制

（一）组织保障

建立市、区县、学校三级生命教育的管理网络。组建生命教育领导小组和专家委员会，注重发挥卫生局、体育局、公安局、科委、计生委、禁毒委、科协等相关部门和专业学术团体的力量。区县教育行政部门要从实际出发，制订生命教育的实施计划，整合教师进修学院德育室、教研室、科研室等部门的力量，进行生命教育的研究和实践；学校要建立校长（或分管校长）负责制，把生命教育作为课程改革的重要内容，确保课时，保证质量。

要开展中小学实施生命教育的课题研究，针对不同学生的特点，形成具有区域和学校特色的实践成果，要及时推广先进经验。

加强督导评估。要把区县、学校开展生命教育的效果作为对区县、学校的督导、评估指标之一，把教师开展生命教育的实绩作为教师考评、表彰的重要依据。

（二）资源保障

各区县教育行政部门和学校要多方面地开发和利用校内外丰富的生命教育资源，加强生命教育的软件建设，积极开发图文资料、教学课件、音像制品等教学资源；利用网络、影视、博物馆、图书馆、自然和人文景观、爱国主义教育基地等社会资源，丰富生命教育的内容和手段。

（三）队伍保障

依托各区县教育行政部门、教师进修学院和教师德育培训基地，对全体教师进行有关生命教育基本知识和必备能力的基础培训；对学科教师、团队辅导员要加强人文素养、生命伦理的培训；对心理辅导教师要加强生命科学和生命伦理的培训；对生命科学（自然）课程教师要加强教育心理和专业技能的培训；对班主任要加强心理辅导专业技能和家庭教育指导的培训。

（四）服务保障

市、区县教育行政部门要充分依托医院、计生委、卫生保健所、心理咨询机构等社会专业机构的力量，为广大中小学生提供心理辅导、预防、干预、家庭教育咨询等专业支持，提高心理服务的质量。

（五）政策保障

各区县教育行政部门和学校要认真贯彻落实中央8号文件，遵循《上海市未成年人保护条例》和其他相关法律和政策，制定相应的规定，保障学生的合法权益。

要确保经费投入，用于教师培训、软件开发、课题研究等，以推动学校生命教育的有效进行。

（六）社会保障

各级教育行政部门要积极协调社会资源，提供充足的教育设施和条件，为学生的健康安全营造良好的环境，开展适合中小学生体育健身、消防安全、交通安全、动手实践等的生存训练活动。

社区要发挥好在家庭教育指导中的重要作用，指导家长在依法履行监护义务的基础上，科学地对学生进行认识生命、尊重生命、热爱生命的教育和指导。社区要建造适合青少年锻炼运动的场所或设施，让学生利用节假日及寒暑假开展丰富多彩的活动。

要加强对报刊、影视、出版、网络等媒体的监管，禁止不健康的网络游戏和出版物的传播，防止不利于青少年身心健康的文化产品对学生产生不良影响，采取保护学生合法权益的有力措施，营造有利于青少年健康成长的社会环境。

中共上海市科技教育工作委员会
上海市教育委员会
二〇〇五年六月十七日

黑龙江省中小学生命教育指导意见

各市（行署）教育局，有关企业教育局（处）：

为贯彻落实《中共中央国务院关于进一步加强和改进未成年人思想道德建设的若干意见》（中发〔2004〕8号）精神，不断增强中小学德育工作的实效性，帮助中小学生认识、理解生命的意义，进而尊重生命、爱护生命，提高生命质量，促进身心健康发展，现结合我省实际，就全省中小学生中开展生命教育提出如下意见。

一、生命教育的重要意义

（一）生命教育是旨在帮助学生认识生命、理解生命、尊重生命、热爱生命、提高生存技能、提升生命质量的一种教育活动，是中小学德育工作的重要内容，是素质教育的重要组成部分。

（二）在中小学开展生命教育，有利于加深广大中小学生对生命的理解，帮助学生走出成长、发展、学习、交往中的困惑，从而尊重生命、珍惜生命、热爱生命，提高生存技能和生命质量，为学生的终身幸福奠定基础；有利于将中华民族自强不息、厚德载物的优良传统根植于中小学生心中，培养中小学生勇敢、自信、坚强的品格和身处逆境坚韧不拔的意志；有利于提高中小学生的竞争意识、协作意识、自律意识以及在日益开放的竞争环境中生存发展的应对能力。开展生命教育，是提升国民素质、增强民族竞争力的基本要求，是振兴老工业基地、建设文明社会、全面奔小康的重要举措。

（三）当前，社会环境中仍然存在着一些不利于青少年健康成长的消极因素；学生伤害事故和安全事故仍时有发生；家庭教育还存在和青少年成长需要不相适应的方面；随着青少年学生的生理成熟期明显提前，一些成长和发展过程中产生的困惑和问题常常对学生造成困扰；在学校教育中，仍有一些学校素质教育实施不彻底，部分教师受传统观念影响，对学生的身体和心理发展重视不够。受这些不利方面的影响，部分中小学生在人生观、世界观、价值观、是非观上容易产生偏差，不能正确处理各种矛盾，缺乏直面挫折和克服困难的勇气，有些甚至走上危害自身、危害社会的极端。在此情况下，大力加强生命教育，使中小学生能够远离伤害，掌握应对困难和危险的方式方法，懂得生命的可贵，明了生命的价值与内涵，进而尊重生命、热爱生命、珍惜生命。

（四）各级教育行政部门和中小学校一定要以为国家和民族负责的态度，以为学生全面发展和终身幸福奠定基础为出发点，以科学发展观为指导，整体规划中小学生生命教育，加强保障机制建设，形成学校、家庭与社会优势互补、资源共享的生命教育实施体系。通过多种教育形式，对中小学生进行生命与健康、生命与安全、生命与成长、生命与价值和生命与关怀的教育，学生学习并掌握必要的生存技能，认识、感悟生命的意义和价值，学会欣赏和热爱自己的生命，进而学会对他人生命的尊重、关怀和欣赏，树立积极的人生观，建立生命与自我、生命与自然、生命与社会的和谐关系，学会关心自我、关心他人、关心自然、关心社会，提高生命质量，理解生命的意义和价值。

二、生命教育的原则

开展生命教育必须坚持“以育人为本”“以学生发展为本”，注重科学性和人文性的统一，强调促进学生认知、体验、实践相结合，在实施中应遵循以下原则。

（一）分层推进原则

在内容设置上，要根据小学、初中、高中学生身心发展规律和接受程度，从最基础的内容着手，逐步加深理解；在推进实施上，也要按照城市和农村的不同特点，分区规划，分层推进，逐步在全省推广。

（二）知行统一原则

既要对学生进行科学知识的传授，让学生理解生命教育的内涵，又要引导学生贴近生活、体验生活，在生活实践中融知、情、意、行为一体，使学生丰富人生经历，获得生命体验，拥有健康的人生。

（三）帮教与互助、自助相结合原则

学生既要通过教师的传授接受教育，通过家长、社区、医院等机构、团体的帮助使生命教育的内容内化为学生的自觉行动；又要倡导开展学生之间、师生之间、亲子之间的相互帮助，还要引导学生注重自救、自律和自我教育，增强在困境中的应对技能和求援意识。

（四）与学生身心发展一致原则

在中小学开展生命教育，要依据中小学生身心发展基本规律，选择贴近学生生活和实际，与学生成长、发展、学习、交往密切联系的内容，进行科学组织与编排，既要有利于学生学习，又要方便教育教学，不增加学生负担。

（五）学校、家庭、社会相结合原则

生命教育既要发挥学校教育的积极引导作用，又要积极开发、利用家庭和社会的教育资源。在学校课程教学、综合实践活动等方面落实生命教育的同时，还要通过家长学校、社区活动等多种途径，积极引导家庭和社会培养学生健康的生活习惯、与人和睦相处的技能和积极的生活态度，形成生命教育的合力。

三、生命教育的内容

在中小学开展生命教育，必须着眼于全体学生的身心和谐发展，着眼于提升学生的生存能力和生命质量，着眼于增强学生在自然和社会中的实践体验，按照学生的年龄阶段和心理特征，以生命教育为主线，整合各种教育资源，合理确定各项内容，有效开展生命教育活动。

（一）小学阶段着重帮助和引导学生初步认识自然界和自我，掌握在各种灾害条件下的自我防护知识与技能，形成健康的行为习惯。

1. 认识自然界的生命现象，热爱自然，具有初步的环保意识。

2. 了解自己的身体，具有性别意识，并能够根据性别进行角色定位。

3. 初步了解友谊的真谛，学会在交往中扮演不同的角色，具有同情心，乐于帮助他人。

4. 初步掌握交通安全、防火、防溺水、防电、防煤气中毒、食品安全的基本知识与技能，具有初步的预防自然灾害的能力，学会识别可疑的陌生人并进行预防。

5. 积极锻炼身体，远离烟酒和毒品，形成良好的生活习惯和乐观向上的心态。

（二）初中阶段着重帮助和引导学生了解青春期生理、心理发展特点；掌握自我保护、应对灾难的基本技能；学会尊重生命、关怀生命、树立积极的生活态度、以一种积极的心态与人交往；养成健康良好的生活方式。

1. 了解人体的构造与各器官的功能、分娩过程，认识青春期的生理现象，认识性别差异。

2. 认识友情与爱情的区别和联系，学会健康的异性交往，控制性冲动，懂得对自己的行为负责。

3. 学会用恰当的方法保护自己，避免受到性伤害，防止性骚扰；学会拒绝别人的性要求，初步了解避孕的基本原理。

4. 懂得克服不良嗜好，学会拒绝烟酒和毒品；掌握预防艾滋病的基本知识与方法；学会拒绝不良诱惑，能够正确应对敲诈、恐吓等事件。

5. 引导学生正确认识成长、学习、发展中的困惑与问题，增强抵御挫折、克服困难的能力；培养学生具有积极的自我认同观、自我评价观和勇于进取的精神。

6. 教育学生学会感恩，理解与尊重父母、师长；学会尊重他人、关心他人，学会与他人沟通和交往，培养协作精神。

7. 了解环境、爱护环境，维护社会公德，具有初步的法律意识。

（三）高中阶段

高中阶段着重帮助学生树立正确的两性观念、家庭观念和社会观念，培养学生的责任意识、法律意识，树立正确的生命观，提高规划人生、设计人生的能力。

1. 帮助学生掌握科学的性生理和性心理知识，学会妥善处理两性交往中产生的问题，引导学生形成文明的性道德观念，懂得哪些性行为是有害的并加以预防，学会正确应对性侵犯。

2. 理解友谊的真谛，正确认识与评价社会中的真、善、美和假、丑、恶，积极参与有益的社会活动。

3. 树立法律意识，自觉遵守法律并运用法律维护自己的合法权益。

4. 理解生与死的意义，培养积极的生命态度，树立正确的生命观和人生观；学会在日常生活中丰富、充实自己，学习规划自己美好的人生。

5. 对生态危机有清醒的认识，理解生态伦理，自觉参与环境保护。

6. 掌握防灾和应对灾害的能力，在灾害发生时既能保护好自己，又能尽可能地去帮助他人。

四、生命教育的实施途径

中小学生命教育要充分发挥学校教育的主渠道、主阵地作用，有机渗透到各个学科、各个环节、各个方面，一方面要加强学科教学，以学科渗透为主，在课堂领域落实生命教育的内容，另一方面要利用课内课外相结合等方式开展形式多样的专题教育，还要坚持以实践体验为主，开展丰富多彩的课外活动，更要充分利用各种社会资源，重视营造学校、家庭和社会的和谐人际环境，发挥环境育人的作用。

（一）学科教学

要将中小学生命教育作为学校思想品德、思想政治课的重要内容，与小学的品德与生活、品德与社会、初中的思想品德、高中的思想政治课有机融合。小学的自然、体育与健身，初中的生物、社会、体育与健身、历史、地理等学科，高中的生物、体育与健康、历史、地理以及其他学科，都要渗透生命教育的内容，要在这些学科的教学中增强生命教育意识，挖掘显性和隐含的生命教育内容，分层次、分阶段，适时、适量、适度地对学生进行生动活泼的生命教育。要充分利用文学、艺术类课程蕴含的丰富的生命教育内容，提高中小学生对生活的热爱，和对人性的赞美。

（二）专题教育

生命教育要充分利用心理健康教育、安全教育、健康教育、环境教育、禁毒和预防艾滋病教育、法制教育等专题教育形式，开展灵活、有效、多样的生命教育活动。小学阶段的专题教育，要符合小学生的身心特点，进行人与自然、人与家庭的启蒙教育，探究生命的可贵、生活的意义以及自我保护等内容。初中阶段的专题教育，要结合学生青春期的成长特点，探究生命伦理、生命的意义与价值等内容，培养健康的审美观念，正确对待成长过程中的困惑和压力，探讨关爱他人、保护自己的途径与方法等。高中阶段的专题教育，要适应高中学生世界观、人生观、价值观形成阶段的特点，整合相关学科的知识，探讨与生命有关的社会伦理、科学伦理、人生信仰等问题，规划人生目标。

1. 健康教育

小学阶段主要培养学生良好的生活习惯，使他们形成锻炼身体的意识，注意饮食卫生，学习必要的应对危险和自我保护技能；初中主要培养学生健康的生活方式，使他们了解对常见疾病的预防，学会调节压力，保持乐观心态；高中阶段使学生学会如何健体，培养学生正确的健康审美，远离烟酒等不良嗜好，有积极的心态，能够关心、参与到全民健身、集体活动中来。在中小学开展健康教育，除体育、课间操等常规课程外，还可以通过讲座、观看影视资料、运动会、参观、社会调查、志愿服务等形式，培养学生的健康意识、良好的习惯以及关注他人健康及群体健康的意识。

2. 安全教育

小学阶段主要培养学生的安全意识，帮助学生初步了解交通、消防等方面的基本知识，能够正确区分安全行为与不安全行为，在特定安全环境中拨打119、110等求助电话，农村的中小学生要了解野外的安全常识，懂得哪些地方可以去，哪些地方不可以去，在野外遇到危险应该怎么办；初中阶段主要学习必要的预防意外伤害和在困境中求生的技能，在困境中能够正确选择应对措施，了解常见自然灾害产生的原因，做好自我防护并力所能及地帮助他人；高中阶段要帮助学生正确应对各种危害人身安全的不法行为，掌握独自应对突发事件和野外生存的知识技能，培养学生见义勇为的品格。低年级的安全教育要从交通和消防安全着手，通过专题讲座、情境设置、亲身体验和观察等形式，达成教育目标，高年级阶段要逐步深入，通过法律法规的讲解，到监狱、劳教所现场参观，聘请公检法等人员讲解案例，参加社会调研等活动，提高学生关注自身和他人安全的意识和技能。每学期的开始和结束，各中小学都要开展一次以安全为内容的主题教育活动。

3. 法制教育

小学法制教育要对学生进行法律启蒙教育，运用生动、形象的教学方式，向学生普及有关法律的基本常识，培养他们的爱国意识、交通安全意识、环境保护意识、自护意识，以及分辨是非的能力，从小养成遵纪守法的好品德；中学法制教育要着重进行社会主义民主与法治观念教育，增强学生的爱国意识、权利义务意识、守法用法意识，进行预防未成年人犯罪教育，使学生明辨是非，提高自我约束、自我保护能力，预防和减少违法犯罪行为。在中小学开展法制教育，除巩固课堂主渠道外，一是要积极开展法律知识竞赛、有奖征文、模拟法庭等学法用法活动，对青少年学生进行生动、直观、形式多样的法制教育；二是要完善兼职法制副校长和法制辅导员制度，在中小学推行兼职法制副校长制度；三是要加强青少年法制教育基地建设，为学生提供参观、学习、考察的现场；四是要利用网络开展法制教育，提高自我保护意识，最大限度地消除网络不良内容对青少年产生的负面影响。

4. 心理健康教育

在低年级开展心理健康教育，要以帮助学生适应环境，正确处理交往、学习中遇到的困惑为主，培养学生开朗、合群、乐学、自助的性格和乐于交流、合作、分享的品质；高年级要加强青春期教育，帮助学生正确处理异性间交往产生的困惑，掌握应对压力、自我调控的方式方法，学会尊重、理解和关爱他人，能够妥善处理人际交往中的冲突和矛盾。在中小学开展心理健康教育，要以课堂教学为心理健康教育的主渠道。各中小学校要将心理健康教育贯穿于教育教学的全过程，随时、随地、随机地对学生心理健康状况进行监控与指导。有条件的学校要开设心理健康教育课程；各学科教学都要注重加强对学生的心理健康教育。要以活动为心理健康教育的载体，积极开展心理训练、心理辅导、心理咨询等活动，帮助学生提高调控自我、发展自我的能力。积极创设有利于学生心理健康成长的环境，使学生得到潜移默化的影响。对有较严重心理疾病或倾向的学生，要会同家长、医院等有关人员和机构共同研究，个别诊治。

5. 艾滋病预防、毒品预防及环境专题教育

艾滋病预防教育主要在七年级到高中二年级进行，平均每学年2课时。初中主要是了解艾滋病的基本知识、预防方法和措施，培养自我保护意识。高中主要是进一步了解预防与控制艾滋病的相关知识，正确对待艾滋病病毒感染者，学会保护自己，培养对自己、他人及社会的责任感。

毒品预防教育主要在小学五年级到高中二年级进行，平均每学年2课时。小学阶段主要了解毒品危害的简单知识，远离毒品危害。初中阶段主要了解有关禁毒的法律知识，拒绝毒品诱惑。高中阶段要学会自我保护，培养禁毒意识和社会责任感，发现可疑情况能够及时报告。

环境教育从小学一年级到高中二年级进行，平均每学年4课时。小学低年级阶段主要让学生亲近、欣赏和爱护自然；了解周围环境，以及日常生活与环境的联系。小学高年级阶段要让学生了解社区环境和其他环境问题，感受自然环境变化与人们生活的联系，养成爱护环境的习惯。初中阶段要使学生了解区域和全球主要环境问题及其后果；思考环境与人类社会发展的相互联系；理解人类社会必须走可持续发展的道路；自觉采取对环境友善的行动。高中阶段要使学生认识环境问题的复杂性；理解环境问题的解决需要社会各界在经济、技术、政策、法律、伦理、道德等多方面的努力；培养保护环境的意识和社会责任感。

专题教育的课时，一般要从地方课时和活动课时中进行安排。

（三）课外活动

课外活动是学生体验生命成长的重要途径。要充分利用班团队活动，节日、纪念日活动，仪式教育，学生社团活动，社会实践活动等多种载体，开展生命教育活动，让学生感悟生命的价值。

要充分发挥少先队和共青团组织在生命教育中的作用，在安排团队活动内容

时，要以生命教育为主要内容，增强团队组织的凝聚力，为学生提供有意义的集体活动，充分发挥学生的主观能动性，引导学生积极参与，使学生真正懂得集体组织对个人健康成长的作用，激发学生的集体意识、参与意识和团结意识。高中阶段要充分发挥学校党组织的重要作用，针对高中生思维日趋活跃、思想日渐成熟的特点，通过党课学习、团校学习等途径，让学生学会规划自己美好的人生。要充分发挥学生社团在生命教育中的重要作用，学生社团是帮助学生认识生命、体验生命的重要载体。学校要重点发展绿色环保社团、生物科技社团、心理互助社团、体育健身社团等，指导学生广泛开展与生命教育相关的校园文化活动，使学生形成积极的生活态度，进而欣赏和热爱生活。

充分利用法定的各种节日和纪念日，特别要以世界环境日、禁毒日、预防艾滋病日和春节、清明节、端午节、中秋节、重阳节等为契机，从青少年学生的终身幸福和健康发展出发，关注各年龄阶段学生的不同需求，解决学生的各种困惑，整体设计和开展教育活动，进行有针对性的生命教育。学校要通过十岁生日、十四岁青春营、十八岁成人仪式以及入队、入团、入党、开学典礼、毕业典礼等各种仪式，精心组织设计，力求规范长效，使学生了解自己的成长历程，激发对生命成长的自豪感，培养积极的生命价值观，唤起对未来生活的美好憧憬。

（四）实践体验

学校要充分利用各级各类青少年活动基地、公共文化体育设施开展生命教育活动，拓展学生的生活技能训练和体验。在动物园、植物园、自然博物馆、绿地和农村劳动中，让学生感受自然生态保护和休闲对促进个人身心健康的重要性；通过对与人生老病死有关场所的了解，引导学生理解生与死的意义，珍爱生活，关心他人；通过情景模拟、角色体验、实地训练、志愿服务等形式，培养学生在遇到突发灾难时的人道主义救助精神；要重视磨炼教育和挫折教育的重要作用，通过情景设置，学生学会正确应对困难和危险的方式方法。要培养学生吃苦耐劳的精神，提高心理素质。

要积极引导家长参与家庭生活指导，通过亲子关系沟通、青少年身心保健等方面的服务，帮助家长掌握家庭管理和人际沟通的知识与技能，提升家庭情趣，营造健康和谐的家庭氛围。要充分利用社区生命教育资源，发挥社区学院、社区老年大学的作用，提供环保、居家生活设计、人文艺术欣赏、传统艺术欣赏制作和婚姻伦理等教育服务活动，宣传科学的生活方式，引导家长开展亲子考察等实践活动。

小学阶段的实践活动要引导学生侧重体验对父母、长辈以及对邻里的关爱，引导学生亲近大自然，养成有规律的起居和运动习惯。初中阶段的实践活动要引导学生学会与人合作，关爱社会弱势群体，锻炼生存能力，通过角色体验丰富其对人生意义的感悟。高中阶段的实践活动要引导学生关心他人、关心社会，主动把知识和技能服务于社区，在社会公共生活中学习生存技能，提高适应社会生活的能力。

五、生命教育的保障

（一）机构保障

各级教育行政部门和中小学校要提高对生命教育的认识，加强领导，将生命教育纳入德育工作范畴，由主要领导或分管领导负责，相关的职能部门分工，抓好落实。要主动协调配合文化、卫生、体育等部门，成立生命教育领导、指导机构，构建生命教育指导网络，制定生命教育实施方案，认真开展生命教育。

（二）经费保障

要确保经费投入，用于生命教育的教师培训、软件开发、课题研究等。有条件的市（地）、县（区）设立生命教育的专项资金，确保生命教育顺利进行。

（三）资源保障

各级教育行政部门和中小学校要积极协调文化、卫生、体育、医疗等部门，选择条件好的青少年活动场所、基地、博物馆、图书馆、体育馆、少年宫、医院、殡仪馆、社区活动站等作为生命教育基地，对中小学生进行生命教育。加强生命教育的软件建设，积极开发图文资料、教学课件、音像制品等教学资源；利用网络、影视、博物馆、图书馆、自然和人文景观、爱国主义教育基地等社会资源，丰富生命教育的内容和手段。

（四）队伍保障

依托各区县教育行政部门、教师进修学院和教师德育培训基地，对全体教师进行有关生命教育基本知识和必备能力的基础培训；对生命科学（自然）课程教师要加强教育心理和专业技能的培训；对学科教师、心理辅导教师、团队辅导员要加强生命科学、人文素养、生命伦理的培训；对班主任要加强心理辅导专业技能和家庭教育指导的培训。要教育教师转变传统德育观念，从学生的健康成长和终身幸福出发，按照“以人为本”的教育理念，将生命教育作为德育工作的重要内容抓实抓好。

（五）督导保障

各级教育督导部门要将生命教育作为评价学校素质教育推进落实的重要依据，作为教育督导评估的重要内容，进行督促检查。

黑龙江省教育厅

二〇〇五年九月一日

湖南省中小学生命与健康教育指导纲要（试行）

为贯彻《中共中央国务院关于进一步加强和改进未成年人思想道德建设的若干意见》精神，落实“学校教育要树立健康第一的指导思想”，指导和规范我省中小学生命与健康教育工作，特制定本纲要。

一、开展生命与健康教育的紧迫性和重要性

随着社会的发展，经济的繁荣，科技的进步，青少年身心发展出现了新的特点，成长环境发生了新的变化。在中小学校中开展适宜、适时的生命与健康教育，意义重大，任务紧迫：

——是提高民族整体素质的必然要求。青少年的生命质量与健康素质关系到未来社会主义事业的全局，关系到国家的前途和民族的命运。开展生命与健康教育，促进青少年身心健康、和谐地发展，使他们成为充满生命活力，具有健全人格、鲜明个性和创新智慧的一代新人，提高他们在经济全球化和文化多元化趋势中的应对能力，是事关民族振兴的大事。

——是促进青少年健康成长的迫切需要。热爱生命、注重健康，是现代人应当具备的基本素质。长期以来，由于生命与健康教育的缺失，中小学生在成长过程中出现的生命困惑与健康问题得不到及时、有效的指导，一些学生心理脆弱、思想困惑、行为失控，校园伤害、意外事故、自杀等危及青少年学生人身安全的事件时有发生。开展生命与健康教育，促进学生身心健康发展，为学生的终身幸福奠定基础，是现代教育追求的根本目标。

——是推进我省中小学德育整体建设工程的重要举措。开展生命与健康教育，有助于拓展中小学德育工作的途径，完善德育内容，更新德育方法，对于培养青少年形成科学的生命与健康观，进而树立正确的世界观、人生观和价值观，具有重大而深远的意义。

二、生命与健康教育的指导思想和基本原则

1. 开展生命与健康教育的指导思想：全面贯彻党的教育方针，落实《中共中央国务院关于进一步加强和改进未成年人思想道德建设的若干意见》精神，遵循中小学生身心发展特点和规律，科学有序地组织生命与健康教育的内容，引导学生树立正确的生命与健康观念，提高维护健康、防范侵害的能力，提升学生的生命价值，为学生的健康成长与终身幸福奠定基础。

2. 开展生命与健康教育应坚持如下基本原则：

——以人为本、健康第一的原则。对生命的尊重是生命与健康教育的基础。校长和教师必须确立生命关怀的情怀，将学生的生命与健康放在首位，热爱学生、关怀学生、赏识学生，努力创造一个师生之间民主平等、温馨和谐、充满生命活力的学生成长环境，按照学生的生命成长、健康发展的规律和社会需求实施教育。

——教育在先、预防在前的原则。要引导学生认识社会的复杂性，联系学生可能遭遇的不良诱惑、潜在危险、非法侵害，教给学生应对方法，提高他们自我保护的意识和能力，防范可能发生的危害，努力提升学生的生存能力和生命质量。

——突出重点、尊重差异的原则。在坚持面向全体学生的同时，因材施教，关注学生的个性差异，对个别学生发生的危机问题进行科学的干预。要因地制宜，从不同地区的实际出发，从学生最关心的问题入手，开展形式多样的教育活动，体现城镇和农村中小学生命与健康教育的不同特色。

——整合资源、协调力量的原则。生命与健康教育是一项系统工程，要充分整合和利用学校、家庭、社会的教育资源，在发挥学校教育优势的同时，协调家庭、社区的力量，形成教育合力，给予正在成长中的中小学生必要的、及时的关怀与指导，提升学生的生命与健康质量。

三、生命与健康教育的目标

1. 生命与健康教育的总目标：整体规划义务教育阶段和高中阶段生命与健康教育的内容序列，形成学校、家庭与社会优势互补、资源共享的生命与健康教育实施体系，引导学生认识、感悟生命的意义和价值，掌握必要的保护生命、维护健康的知识和技能，增强自我保护的意识，形成尊重生命、爱惜健康的态度，进而尊重、关怀他人的生命与健康，为学生的终身幸福和终身发展奠定基础。

2. 义务教育1—4年级教育目标：帮助学生初步认识自然界的生命现象，初步认识自己的身体，了解必要的卫生保健和安全常识，初步掌握基本的自护自救技能，培养亲近自然、爱惜资源的基本意识，引导学生逐步养成良好的生活行为习惯，促进学生健康成长。

3. 义务教育5—6年级教育目标：帮助学生初步认识自身生长发育特点，了解必要的生理和心理健康知识，引导学生崇尚健康安全的生活方式，具有基本的自我保护能力，懂得敬畏自然，爱护环境，珍视人的生命与健康权利，富有爱心和责任感。

4. 义务教育7—9年级教育目标：引导和帮助学生了解青春期身心发展的特点；正确认识自我，悦纳自我；珍爱、尊重自己和他人的生命；懂得维护健康的重要性，培养健康的生活方式和良好的生活习惯；学会拒绝诱惑，远离危险，防范侵害，逐步提高自我保护的意识和能力。

5. 高中阶段的教育目标：引导和帮助学生认识青年性生理、性心理的特点，形成科学的性道德观念；提高维护生命健康、丰富精神生活、应对灾害的能力；学会运用法律和其他适当的方法维护自身的合法权益；掌握科学的心理调适方法；珍爱生命，培养积极的生活态度和正确的人生观，努力提升生命价值。

四、生命与健康教育的主要内容

1. 实施生命与健康教育，要遵循学生的身心发展特点和教育规律，整体规划义务教育和高中生命与健康教育的内容序列，并实现各学段教育内容的有机衔接，循序渐进，螺旋上升，落实到学生学习、生活和社会实践的各个环节。

2. 义务教育1—4年级的主要内容

（1）初步认识自然界的生命现象，了解浅显的生命孕育常识；知道“我从哪里来”，生命对每个人来说都只有一次，要珍爱生命。

（2）了解自己的身体，关注自己的身体发育情况，有初步的性别意识；初步认识自己的独特性，喜欢自己，对自己有信心。

（3）初步懂得爱生命、惜光阴的道理，培养良好的学习和生活习惯；学习面对生活中的困难和变故，学会坚强。

（4）了解有关卫生保健常识，养成良好的个人卫生习惯；具有初步的食品卫生与安全意识，防止食物中毒；讲究环境卫生；积极锻炼身体。

（5）初步了解本年龄段常见传染病及其预防方法，积极预防疾病。

（6）了解简单的家居安全常识，掌握基本的紧急求助和自救方法；与陌生人接触注意安全。

（7）认识常见的安全警示标志，了解有关安全避险的方法；在校内外活动及有关生产劳动中注意安全。

（8）初步感受人与自然和谐相处的重要性，亲近自然，爱护环境，爱惜资源；了解常见的自然灾害，学习简单的应对办法。

3. 义务教育5—6年级的主要内容

（1）了解有关生理卫生的常识，为进入青春期做好必要的知识和心理准备。

（2）正确面对生活中的困难与挫折；心胸开阔，性格开朗。

（3）崇尚健康、安全的生活方式，拒绝陋习；认识毒品的危害性，远离毒品。

（4）与陌生人交往注意安全；掌握必要的自我保护技能，在非常情况下能见义勇为。

（5）初步了解人与自然相互依存的关系；初步掌握突发灾害时的生存自救办法。

（6）知道生存权是人最基本的权利，不轻视、践踏、残害自己和他人的生命；知道法律保护公民的生命和健康不受侵害，学习用法律来保护自己。

（7）初步了解生、老、病、死等生命现象，学会正确面对生命的缺失；理解、体会别人的痛苦，同情和关心弱小，尊重并为他们提供力所能及的帮助。

（8）感谢父母的养育之恩，有初步的家庭责任感；认识到自己的成长离不开社会的关爱，懂得好好学习、服务社会是生命价值的重要体现。

4. 义务教育7—9年级的主要内容

（1）了解生命是丰富多彩的，认识人的生命的独特性，爱护自己的生命，尊重和关爱他人的生命。

（2）正确认识青春期的生理、心理特点，掌握青春期卫生保健知识，了解青春期常见的心理障碍和心理疾病，学会科学的调适方法。

（3）了解男女性别特征，学会与异性交往的基本规则，提高应对性侵犯的自我保护能力；初步了解避孕的方法，认识到人工流产对身心造成的伤害。

（4）正确认识自己，悦纳自我，培养自尊、自信、自立、自强的良好品格。

（5）正确认识顺境与逆境，懂得人生难免有挫折，提高承受挫折的能力。

（6）了解健康的价值和意义，掌握基本的卫生知识，合理膳食，积极锻炼，了解自我保健、预防疾病的基本方法，养成有益于健康的行为习惯。

（7）学会选择健康文明的生活方式，拒绝烟酒和“黄赌毒”的诱惑，反对迷信，远离邪教。

（8）了解艾滋病对个人、家庭及社会的危害，正确认识艾滋病，了解预防艾滋病等性传播疾病的方法和措施。

（9）了解居家安全、饮食安全、交通安全、户外活动安全的基本知识，掌握常见的安全事故应急处理方法。

（10）了解当地常见灾害的常识，加强应对洪水、泥石流、火灾、地震等突发事件的应急训练，学会紧急逃生，提高自救自护能力。

（11）认识社会的复杂性，学会识别骗术，防止被骗、被拐卖，了解一些应对敲诈、抢劫、绑架、恐吓等突发事件的方法。

（12）了解假冒伪劣产品对人身安全和健康构成的威胁，学习识别假冒伪劣产品的简单方法，拒绝购买假冒伪劣产品。

（13）知道法律对未成年人实行特殊保护，学会运用法律保护自己的生命和健康权益。

（14）懂得个人的生命既属于自己，又属于家庭和社会，认识个人生命在集体和社会生活中的价值和意义，知道要从日常的小事做起，实现人生的价值。

（15）理解地球是人类共同的家园，了解生态环境与人的健康的关系，关注家庭、社区环境与资源问题，懂得善待环境就是善待自己，选择对环境友善的行为方式。

5. 高中阶段的主要内容

（1）理解生与死的意义，培养积极的生命态度，树立正确的生命观。

（2）培养积极的自我意识，努力规划自己的美好人生。

（3）树立正确的爱情观，遵守异性交往的道德和法律规范，正确认识并学会妥善处理两性关系中的情绪和情感问题。

（4）维护性心理健康，学会控制性冲动，进一步提高应对性侵犯的自我保护能力，学会避孕的方法，了解预防性传播疾病的方法与措施。

（5）认识个人卫生习惯、营养、体育锻炼、防病保健、环境卫生、心理卫生、安全措施等诸因素与个体健康的关系及影响作用，逐步形成对自己生命健康负责的观念。

（6）了解各种重大自然灾害的常识，学会紧急避险，提高应对灾害的能力。

（7）认识个人在婚姻、家庭和社会生活中的权利与义务，逐步学会履行责任。

（8）知道法律对公民生命与健康的保护作用，运用法律保护自己的合法权益。

（9）树立生态伦理观，善待自然，促进人与自然的和谐发展。

（10）正确处理升学、就业过程中的矛盾，以积极的生命姿态迎接人生挑战，努力提升生命价值。

五、开展生命与健康教育的途径和方法

1. 融生命与健康教育于学校教育教学的全过程

学生的生命质量与健康素质与他们的日常学习、生活，与平等、和谐的师生关系、同学关系等密切有关。生命与健康教育要融合到学生的日常教育教学活动之中，特别要与青春期教育、安全教育、环境教育、禁毒和预防艾滋病教育、法制教育等专题教育有机整合。要加强各学科的协调和配合，注重发挥其蕴含的丰富的生命教育内容，分层次、分阶段，适时、适量、适度地对学生进行生动活泼的生命与健康教育，使课程学习成为学生有思想、有智慧的生命感悟和健康成长的过程。

2. 寓生命与健康教育于丰富多彩的教育活动中

要积极组织青少年学生参加各种生动活泼的主题教育活动，引导学生崇尚科学文明的生活方式，自觉抵御毒品，不涉足营业性网吧，不唱灰色童谣，不参加危害身心健康的游戏活动；我们要通过班团队活动、学生社团活动、社会实践活动等多种途径，指导学生进行生命体验和生存拓展训练，让学生掌握一些简单易行的安全防范与自救办法，以规避危险与伤害。要采用多样化的活动形式，如讨论、交流、辩论、讲座、参观、举办专栏小报等，提高学生的活动兴趣和参与能力。

3. 建设凸显生命与健康关怀的校园文化

学校是教书育人的场所，所以首先必须给学生提供一个安全健康的环境。要以实施素质教育为基础，以建设优良校风、教风、学风为核心，加强校园环境建设，努力培育校园文化，建立健全科学的管理制度，清理和废除旨在卡、压、罚的规章制度，提供民主、自主管理，开展丰富多彩的校园文化活动，努力形成关爱生命、珍视健康、关注安全的良好氛围，使生命与健康关怀成为校园文化的重要内容。

4. 构建学校与家庭、社会共同实施教育的机制

各级教育行政部门和中小学校要切实担负起指导和推进家庭实施生命与健康教育的责任，帮助家长树立正确的亲子观和人才观，普及道德修养、营养健康、

体能训练、心理指导等方面的知识，提高学生家长实施生命教育的意识和能力；充分发挥社区在生命与健康教育中的优势，引导社区参与生命与健康教育，解决学生成长过程中出现的一些问题，化解出现的生命困惑或危机，为青少年生命成长与健康发展营造良好的环境。

5. 优化生命与健康教育的方式、方法

学校应根据自身的实际情况灵活选择生命与健康教育的方式，注意多种方法的综合运用，以增强生命与健康教育的效果。要探索符合学生年龄特点的教育教学方法，小学提倡以游戏和活动为主，营造关怀、尊重的良好氛围，让学生感受生命与健康的可贵，培育开朗、合群、自立的健康人格。初中倡导以活动和体验为主，引导学生克服青春期的烦恼，逐步适应生活和社会的各种变化。高中以体验和研究性学习为主，并提倡课内与课外、教育与指导相结合，引导他们理性分析和处理在学习、生活、人际交往、升学就业等方面遇到的各种困惑和问题，培养积极进取的人生态度。要充分利用现代信息技术，更新生命教育的方法和手段。

六、生命与健康教育的组织实施

1. 加强生命与健康教育的领导和管理

各级教育行政部门和中小学校要把生命与健康教育纳入各自的工作计划，加强制度建设，落实管理责任，建立生命与健康教育的长效机制；要与文化、工商、新闻出版等部门密切配合，集中治理好中小学周边环境和净化校园文化环境。要与共青团、妇联和各新闻媒体一道，积极营造全社会共同关心青少年健康成长的良好氛围；积极探索建立有利于生命与健康教育实施的评价体系，充分发挥评价的诊断、导向和发展功能，确保生命与健康教育的顺利实施。

2. 加强生命与健康教育师资队伍的建设

师资队伍是搞好生命与健康教育的关键。学校要逐步建立在校长领导下，以班主任和专兼职生命与健康教师为骨干，全体教师共同参与的生命与健康教育工作机制。教育行政部门和中小学校，要把生命与健康教育师资培训作为师德建设和教师业务培训的重要内容，纳入工作计划，通过培训提高教师生命与健康教育的意识和实施能力。

良好的师德是生命与健康教育取得实效的重要保障。各级教育行政部门和学校都要关心教师的工作、生活与健康，减轻教师的心理压力，提高广大教师的健康水平。全体教职员工要树立育人为本的思想，关爱学生，言传身教，为人师表，以高尚的情操引导学生健康成长。严禁教师体罚、虐待学生，或采用辱骂、讽刺、挖苦等形式对学生的身心造成伤害。

3. 加强生命与健康教育资源的开发和利用。各级教育行政部门和学校要多方面地开发和利用校内外丰富的生命与健康教育资源，积极开发图文资料、教学课件、音像制品等教学资源；利用网络、影视、博物馆、图书馆、自然和人文景观、爱国主义教育基地等社会资源。

4. 加强对生命与健康教育教学的研究。各地教育行政部门要支持教研部门和广大教师结合自己的工作实际，积极开展生命与健康的教育实验。中小学校要以学生成长过程中遇到的各种问题和需要为主线，通过校本教研活动，明确生命与健康教育的重点、难点，运用科学的方法，以提高教育的质量。要逐步建立省、市、区县、学校生命与健康教育的教育科研网络，通过开展课题研究，形成具有区域和学校特色的理论和实践成果，为实施生命与健康教育探索一种有效的实践途径。

湖南省教育厅

二〇〇五年十月十七日

中共云南省委高校工委 云南省教育厅
关于实施生命教育、生存教育、生活教育的决定

各州、市教育局，各高等学校，省属中等专业学校：

为深入学习贯彻党的十七大精神，坚持和落实科学发展观，全面推进素质教育，大力发展现代教育事业，中共云南省委高校工委、云南省教育厅决定在全省各级各类学校学生中实施生命教育、生存教育、生活教育（以下简称“三生教育”）。

一、实施“三生教育”的重要意义

（一）“三生教育”的内涵

“三生教育”就是要通过教育的力量，使受教育者树立正确的生命观、生存观、生活观的主体认知和行为过程。也就是要通过整合学校教育、家庭教育、社会教育的力量，激发学生的主体认知，最终达到帮助学生确立正确的生命观、生存观和生活观的目标。

生命教育是帮助学生认识生命、尊重生命、珍爱生命，促进学生主动、积极、健康地发展生命，提升生命质量，实现生命的意义和价值的教育。生存教育是帮助学生学习生存知识，掌握生存技能，保护生存环境，强化生存意志，把握生存规律，提高生存的适应能力和创造能力，树立正确生存观念的教育。生活教育是帮助学生了解生活常识，掌握生活技能，实践生活过程，获得生活体验，树立正确生活观念，确立正确生活目标，养成良好生活习惯，追求个人、家庭、团体、民族和人类幸福生活的教育。

生命教育、生存教育、生活教育三者之间互为条件、密不可分、相辅相成。生命教育是前提、是根本，生存教育是基础、是关键，生活教育是方向、是

目标。

“三生教育”的内涵极其丰富、深刻。它既是教育规律的反映，又是教育本质的回归；既是对学校教育的必然要求，又是家庭教育、社会教育应有的自觉行为；既承认教育者的主导作用，又突出受教育者的主体地位；既肯定外因的作用，又强调内因的作用。“三生教育”是系统工程，涉及教育工作的各个方面、各个层次、各个环节。

（二）“三生教育”是全面推进素质教育的基本要求

“三生教育”是实施素质教育的内在需要，是全面推进素质教育的有效切入点。实施素质教育，就是要全面贯彻党和国家的教育方针，以提高国民素质为根本宗旨，以培养学生的创新精神和实践能力为重点，培养德智体美全面发展的社会主义建设者和接班人。素质教育的核心是解决好“培养什么人、怎样培养人”的根本问题，根本理念是坚持育人为本、德育为先，根本任务是立德树人。素质教育关注人的素质提升和内在发展、和谐成长，具有基础性、主动性、发展性、实践性、创新性等特征。“三生教育”着眼于学生的健康成长、成人、成才，着力开启学生心智，培养学生的创新精神和实践能力，提高健康水平，培养学生的爱心、感恩之心和责任感、正义感，促进学生全面发展，与素质教育的基本要求一脉相承。

（三）“三生教育”是现代教育的基本任务

现代教育是以人为本，与现代社会发展相适应，培育人的心智、创新精神和实践能力，推动和引领时代进步的事业。现代教育具有人本化、大众化、社会化、国际化、现代化和公平性、民主性、科学性、法制性、创新性等特点。现代教育的根本目的是实现教育现代化，本质是促进人的现代化，核心是培养适应当代社会和未来社会需要的人。发展现代教育必须坚持以人为本的科学发展观，以民生为本，以教师为本，最终以学生的发展需要为本，一切为了学生、为了学生的一切。“三生教育”立足于帮助个体成长，着眼于促进个人发展与社会发展的统一和人与自然的和谐发展，着力于培养建设现代社会所需要的现代公民。

（四）“三生教育”是促进学生全面发展的基本途径

人的全面发展是马克思主义教育理论的立足点，更是当代教育实践的共同价值追求。培养德智体美全面发展的社会主义建设者和接班人是我国教育的根本目的。“三生教育”站在人文精神和科学精神融合的高度，从人文关怀的角度出发，关注人类发展面临的普遍问题，关注个体生命、生存、生活的基本问题，关注学生主动、健康、全面发展的问题，从小事做起，从点滴入手，由表及里、由浅入深地开展教育，从人生的起点上逐步构建个体成长的基础，为人的全面发展提供了可能性和现实性。

二、实施“三生教育”的指导思想和基本原则

（一）指导思想

实施“三生教育”要坚持以邓小平理论和“三个代表”重要思想为指导，深入贯彻落实科学发展观；坚持建设社会主义核心价值体系，弘扬以爱国主义为核心的民族精神和以改革创新为核心的时代精神；坚持遵循学生身心发展规律和教育规律，培养学生的高尚心智、创新精神和实践能力。

（二）基本原则

1. 坚持人本性原则。实施“三生教育”必须牢固树立以人为本的思想。以人为本是对人主体地位的充分肯定和尊重；以人为本是一种思维方式；以人为本是一种价值取向。要树立以人为本的教育理念，做到以人为中心，突出人的发展；把教育和人的自由、尊严、幸福、终极价值紧密联系起来，使教育真正成为发展人的教育。

2. 坚持求真性原则。实施“三生教育”必须坚持求真务实的科学精神。要遵循规律、求真唯实，崇尚创新、勇于探索，敢冒风险、宽容不足，平等待生、和谐宽松，真抓实干、执着追求。总之，要以科学的态度、思维、精神和方法来扎扎实实、锲而不舍地推进“三生教育”。

3. 坚持实践性原则。实施“三生教育”必须坚持实践育人的思想。要按照贴近实际、贴近生活、贴近学生的根本要求，着眼于知、情、意、行的统一，以

实践性教学为主要方式开展“三生教育”。要尊重学生的主体地位，使学生在实践中获得感悟、丰富体验、学到知识、形成技能、掌握能力、树立观念。

4. 坚持开放性原则。实施“三生教育”必须根据“面向现代化、面向世界、面向未来”的战略方针，大胆借鉴和吸收古今中外的一切优秀文明成果、教育成果及成功教育经验，在立足学校、立足课堂的同时，注重面向社会、面向家庭，把家庭引入学校，把学生带入社会，把社会引进课堂，以开放的思维来推进工作。

5. 坚持整合性原则。实施“三生教育”必须整合各种教育要素，优化教育资源配置。要整合管理资源、教师资源、课程资源、活动资源、环境资源；整合显性教育资源和隐性教育资源；整合学校教育资源、家庭教育资源和社会教育资源，使各种教育资源既各尽所能、各展所长，又优势互补、互为延伸，构建整体合力。

三、实施“三生教育”的主要内容

（一）生命教育的主要内容

生命教育的主要内容是认识生命、尊重生命、珍爱生命和发展生命。认识生命是前提，尊重生命是基础，珍爱生命是关键，发展生命是目的。要让学生认识人类自然生命、精神生命和社会生命的存在和发展规律，认识个体的自我生命和他人的生命，认识生命的生老病死过程，认识自然界其他物种的生命存在和发展规律，最终树立正确的生命观，领悟生命的价值和意义。要以个体的生命为着眼点，在与自我、他人、自然建立和谐关系的过程中，促进生命的和谐发展。

（二）生存教育的主要内容

生存教育的主要内容是使学生认识生存及提高生存能力的意义，把握生存规律，提升生存适应能力和创造能力，强化生存意志，树立人与自然、社会和谐发展的正确生存观。通过生存教育，要帮助学生学习生存的有效知识和技能，建立适合个体的生存追求，学会判断和选择正确的生存方式，学会应对生存危机和摆脱生存困境，善待生存挫折，形成一定的劳动能力，能够合法、高效和较好地解决安身立命的问题。

（三）生活教育的主要内容

生活教育的主要内容是使学生认识生活的意义，热爱生活，幸福生活，树立正确的生活观。要使学生理解生命的终极意义就是追求幸福生活。要帮助学生确立为个人、家庭、国家和人类的幸福生活而努力奋斗的理想。要让学生理解生活是由物质生活和精神生活、个人生活和社会生活、职业生活和公共生活等组成的复合体。要让学生了解生活常识，学习生活技能，提高生活能力。要培养学生的良好品德和行为习惯，培养学生的爱心和感恩之心，培养学生的社会责任感。要帮助学生形成立足现实、着眼未来的生活追求。要教育学生学会正确的生活比较和生活选择，理解生活的真谛，能够处理好收入与消费、学习与休闲、工作与生活的关系。

四、实施“三生教育”的基本途径和方法

（一）实施“三生教育”的基本途径

1. 抓好学校教育。充分发挥学校教育在实施“三生教育”中的主渠道作用，有目的、有计划，分层次、分阶段，适时、适量地对学生进行联系实际、针对性强的“三生教育”。

强化课堂教学。省教育厅集中力量编写以“三生教育”为主要内容的云南省素质教育基础工程系列教材，供各级各类学校使用。各校要以适当的方式开设“三生教育”必修课或限定选修课，保证必要的学时，进行灵活的考核评价，给予一定的学分，真正使“三生教育”内容进教材、进课堂、进学生头脑。同时，要充分挖掘其他各门课程中有关“三生教育”的内容，在教学中有机渗透生命教育、生存教育、生活教育。

突出实践活动。要根据各级各类学校的具体培养目标和学生年龄特征，在教师的指导下，充分尊重学生的主体地位，调动学生的主动性、积极性和参与性，开展以提高理论联系实际的能力和从实践中获取知识的能力，特别是以服务社会能力为关键的实践活动。要结合实际，组织开展内容丰富、形式多样、生动活泼

的课外活动和校外活动，使学生在实践中了解自我、认识社会、开阔视野、拓展知识、磨炼意志、增长才干，学真知、做真人、长真才。

注重文化育人。要以精神文化为核心，以物质文化为基础，以制度文化为保障，以行为文化为重点，大力加强学校文化建设。要以塑造学校形象和提炼学校精神为重点，以比较优势和特色创新为核心，以培育优良的校风为目标，深入开展高品位、宽覆盖、多形式、主题鲜明、雅俗共赏、特色明显的校园文化活动。要提升学校环境建设的文化内涵和层次，营造有利于“三生教育”的良好校园文化环境。

2. 抓好家庭教育。教育部门要主动引导、帮助和协同家庭实施“三生教育”。要通过建立健全家长委员会、家长会、家长信箱、家长热线电话、家校联系制度等，密切学校与家庭的联系。要帮助家长转变家庭教育观念，选择适合的家庭教育内容，开展正确的家庭教育。特别是要帮助家长提高综合素质，用积极、良好的行为给孩子做榜样和示范。要通过开办家长学校，举行家长交流会和个案分析会，召开家庭教育咨询会、研讨会，推介家庭教育书籍和家庭教育影视片，开展家访、与家长交心谈心等方式，形成有利于实施“三生教育”的家庭氛围。

3. 抓好社会教育。教育部门要主动参与优化社会环境，最大限度地调动和发挥社会对实施“三生教育”的正面影响和积极作用。要主动争取党委、政府和各有关部门的支持，形成治理校园周边环境的长效机制。要主动争取文化等部门的支持，多创作和生产有利于青少年健康成长的文艺作品和影视作品。要充分利用爱国主义教育基地、革命纪念馆、科普基地、文化馆、图书馆、博物馆、科技活动中心、少年宫等公益性文化单位和社会教育单位，对学生实施“三生教育”。要主动争取社会各界支持，为组织开展“三生教育”营造良好的社会环境。

（二）实施“三生教育”的基本方法

1. 主体教育。要整合学校教育、家庭教育和社会教育的力量，鼓励、引导受教育者成为“三生教育”的主体，把教育的过程和受教育者主动积极地进行自我认知和行为实践的过程统一起来，培养和提高学生的自我教育、自我管理、自我服务、自我发展能力，使学生实现自身的教育利益。

2. 认知教育。要根据受教育者知、情、意、行统一发展的规律，着眼于知行统一，通过学校课堂教学、家庭教育和社会教育等，学生了解了“三生教育”的意义、目的、内容，掌握了方法，为动之以情、成之以意、固之以行奠定良好的基础。

3. 行为教育。要对学生进行“三生教育”，教师和家长首先就要认识生命、尊重生命、珍爱生命、发展生命，就要增强生存意识、保护生存环境、提高生存适应能力和创造能力，就要热爱生活、幸福生活，树立正确的生命观、生存观和生活观，从而用自身的行为给学生做出示范、树立榜样，以此来教育学生、感染学生、影响学生。

4. 差异教育。在实施“三生教育”过程中，要充分考虑到不同区域之间、学校之间、家庭之间、学生群体之间、学生个体之间的差异性，注意分类指导、分层实施和因材施教。

5. 全面教育。实施“三生教育”要依靠和整合学校、家庭、社会各个方面的力量，面向全体学生，为了学生的全面发展。

五、实施“三生教育”的组织领导保障

（一）解放思想，更新观念，深化认识，创新体制机制

各级教育行政部门和各级各类学校领导要深入学习党的十七大精神，贯彻落实科学发展观，抓住开展解放思想大讨论活动的有利契机，树立改革开放、与时俱进的观念，崇尚务实、和谐共振的观念，敢为人先、奋发有为的观念，以人为本、科学发展的观念。要不断创新和完善推进“三生教育”的领导体制和经费投入机制、人员培训机制、工作运行机制、部门联动机制、目标管理机制、绩效评价机制、激励惩处机制。同时，要建立健全实施“三生教育”的各项具体工作制度，为“三生教育”的顺利开展和健康发展提供制度保障。

（二）加强领导，统筹协调，抓好指导，构建整体合力

各级教育行政部门和各级各类学校要建立一把手负总责、亲自抓，分管领导负主管责任、主要抓，职能部门负直接责任、具体抓，各个部门配合抓，全体干

部教师共同抓的良好工作格局。省委高校工委、省教育厅成立由主要负责同志为组长的“三生教育”领导小组。各地各校也要成立一把手任组长的“三生教育”领导小组。各级教育行政部门要主动向党委、政府领导汇报“三生教育”工作，主动争取各有关部门的支持、帮助和配合，协调好各个方面的力量，努力构建“三生教育”的整体工作合力。省委高校工委、省教育厅成立云南省“三生教育”专家指导委员会，对全省各地各校实施“三生教育”给予专业指导。

（三）强化研究，探索规律，宣传引导，营造良好氛围

省委高校工委、省教育厅和各地各校要对“三生教育”的理论研究和应用研究给予大力支持。要积极争取国家和省有关方面对“三生教育”研究的帮助。要在各级各类科研和教研项目中，设立专项课题，给予专款资助。要鼓励广大一线教师对“三生教育”开展行动研究。要通过召开专家咨询会、研讨会、成果交流会和出版研究专著、论文集等方式，对“三生教育”的研究成果进行交流。要主动协调各类新闻媒体和利用校报、学报、简报、宣传栏、电子屏幕、广播、校园网等校内宣传媒体，对“三生教育”加强正面宣传，营造良好的舆论氛围。

（四）精心策划，提供条件，培训队伍，落实具体工作

各地各校要认真谋划，精心组织，周密安排，抓好落实。要发挥校内党、政、工、团、学等组织的作用，形成齐抓共管的局面，为顺利开展“三生教育”提供必要的人力、物力、财力等条件。要积极选派管理人员和骨干教师外出培训。要开展全员性、阶梯式、渐进式的校本培训。要组织教师进行集体备课，完善听课、评课制度，开展教学竞赛，不断提高教师的教学水平。要组织好学生的主体实践活动，建设好校园文化环境，引导好家庭教育，协调好社会教育。

（五）试点先行，总结经验，以点带面，不断引向深入

要在总结试点经验的基础上全面推行“三生教育”。今年秋季学期开展“三生教育”试点工作。每个州、市至少安排1个县（市、区）进行“三生教育”区域试点。条件好的州、市可以多安排试点。各州、市安排的“三生教育”区域试点县（市、区）报省委高校工委、省教育厅“三生教育”领导小组办公室备案。高校和省属中专学校的试点工作由省委高校工委、省教育厅直接安排。明年在全省各级各类学校逐步全面推行“三生教育”。各地各校要通过多种方式，不断总

结实施“三生教育”的新做法和新经验，及时解决实施“三生教育”过程中可能出现的各种问题，纠正可能出现的各种偏差，把“三生教育”不断引向深入，切实抓紧、抓好，抓出成效。

中共云南省委高校工委

云南省教育厅

二〇〇八年五月二十三日

苏州市中小学生命教育指导意见

为深入贯彻《中共中央国务院关于进一步加强和改进未成年人思想道德建设的若干意见》和《国家中长期教育改革和发展规划纲要（2010—2020年）》等文件精神，全面推进素质教育，引导中小学生理解生命的意义，懂得珍爱生命、尊重生命，培养适应学习与生活环境的能力，形成良好的意志品质，促进他们健康成长，就我市中小学生命教育工作提出如下意见。

一、中小学生命教育的指导思想与原则

生命教育是我市中小学校德育工作的重要组成部分和素质教育的重要内容。

1. 指导思想

遵循中小学生身心发展的特点和规律，引导学生树立“生命第一”的观念，以“保护生命”为第一原则，提高其防范侵害的能力，提升生命价值，为他们的健康成长与终身幸福奠定基础。

2. 遵循原则

正面引导、生活体验与社会实践相结合原则；发展、预防与干预相结合原则；自助、互助与援助相结合原则；学校教育、家庭教育与社会教育相结合原则。

二、中小学生命教育的基本目标和内容

1. 基本目标

引导中小学生认识、感悟生命的意义和价值，懂得珍惜生命，增强生命保护意识，并掌握必要的保护生命的知识和技能；教育学生珍爱自己、关爱他人、关

爱自然，具有自觉的人文精神。

2. 基本内容

中小学生命教育要围绕学生的学习生活、个体生命成长和环境适应能力，并按照不同学龄段的不同特点有计划、有步骤地开展。

小学阶段：培养学生的学习兴趣，体验克服困难后获取学习成绩的快乐；养成良好的生活和行为习惯，养成开朗、合群的性格，懂得孝敬父母、尊重老师；初步了解自己的身体，形成健康的性别意识；初步掌握如交通安全、居家安全、饮食安全、运动安全、伤害预防等安全知识和技能，学会自我保护；初步了解疾病与安全使用药物的一般常识；知晓烟草、酒精、毒品等对人体的危害；培养同情心，能爱护动、植物，关爱弱势群体。

初中阶段：具有适应学习环境的能力，能自我调整学习心态，改善学习方法，提升学习质量；学会调节和控制自己的情绪，能抑制自己的冲动；能积极与同学、老师和家长进行有效沟通，能正确理解家长和老师的教育；认识青春期的生理和心理现象，学会克服青春期的烦恼；学会用恰当的方法保护自己，避免受到侵害；学会拒绝毒品和不健康书刊、影像、游戏的诱惑；学会应对各种暴力行为，防止意外伤害，掌握基本的急救知识和技能；了解所在的社区，积极参与社区公益活动。

高中阶段：适应学习环境，具有创造性学习能力；能正确认识并建立自己的人际关系，学会正确对待和异性同伴的交往；具有承受挫折和应对挫折的能力；抵制烟草和酒精饮料，具有禁毒意识；掌握防灾和应对灾害的知识，在灾害发生时具有抵御伤害的能力，并尽可能去帮助他人；懂得生命多样性对人类的意义，珍惜并参与保护生态环境；正确理解生命的意义与价值，学会规划自己的美好人生；具有公民意识，主动融入社会；秉持社会正义，具有人道精神，善于关心和帮助弱势群体。

三、中小学生命教育的基本途径

1. 学科渗透

中小学的语文、音乐、美术、体育与健康等学科，小学的科学、品德与生活、品德与社会等学科，中学的生物、思想政治（思想品德）、历史等学科，蕴含着丰富的生命教育的内容，教师要结合教学内容，正面引导学生认识生命、尊重生命、珍惜生命、热爱生命，提高他们的生存技能和生命质量。

2. 专题教育

中小学生命教育专题主要包括：健康教育、心理健康教育、青春期教育、安全教育、环境教育、毒品预防教育、预防艾滋病教育、绿色上网教育、法制教育、慈善教育等，其课时一般应从地方课时和活动课时中安排，并排入课表。其中，环境教育从一年级到九年级每学年安排4课时，毒品预防教育从五年级到九年级每学年安排2课时，预防艾滋病教育从七年级到九年级每学年安排2课时。每学年，中小学校专门用于生命教育的班会课不少于6课时。

学校可结合世界艾滋病日、国际禁毒日、世界环境日、国际志愿者日、世界精神卫生日和全国中小学生安全教育日等纪念日宣传倡导主题，从学生的兴趣、经验，社会热点问题或历史问题出发，结合区域、学校和学生特点，开展灵活、多样、有效的生命教育活动，力求将相关内容有机整合，形成校本课程。

3. 校园文化

学校作为培养人的场所，其校园文化在启迪心智、确立人生价值等方面起着潜移默化的作用。中小学校要以人为本，求真务实，努力创建和谐校园，引导师生建立民主、平等、和谐的师生关系，相互尊重、相互激励、相互学习、平等互助、共同进步的同学关系，营造良好的育人氛围，辐射生命正能量。

4. 课外活动

课外活动是学生体验生命成长的重要途径。中小学校要携手家庭、社区等，充分利用班团队活动、学生社团活动、社会实践活动、重大节日和纪念日活动等，开展生命教育活动。

四、中小学生命教育的推进措施

1. 加强师资培训工作

各地各校要把中小学生命教育的有关内容纳入教师通识培训，提高各学科教师开展生命教育的意识和能力；要重点面向中小学班主任队伍开展心理健康教育、安全教育、健康教育等知识普及工作，提高班主任的生命教育指导能力。

2. 加强家庭教育指导

各地各校要办好各级各类家长学校，加强家庭教育指导，引导家长掌握科学的家庭教育方法和与子女有效沟通交流的技能，提高家庭教育质量，促进学生和谐发展。

3. 加强资源开发利用

各地要积极引导社会力量在中小学校、校外教育场所（少年宫、活动中心、实践学校等）建立公益性生命教育专题活动馆（室），指导中小学校充分利用各类场馆资源开展生命教育。

4. 建立首批实验学校

建立一批生命教育实验学校，以实验研究的方式引领全市中小学校生命教育的实施工作，有效推进全市中小学生命教育。

5. 开展相关课题研究

确立一批中小学生命教育市级重点规划课题，了解国内外生命教育动态，研究我市中小学生生命成长中存在的问题，组织各校开展课题攻关，推广生命教育研究成果。

苏州市教育局
2013年6月5日

石家庄市学校生命教育指导纲要（2014—2018年）

为深入贯彻党的十八大、十八届三中全会精神，落实《中共中央国务院关于进一步加强和改进未成年人思想道德建设的若干意见》《国家中长期教育改革和发展规划纲要（2010—2020年）》和《中小学心理健康教育指导纲要（2012年修订）》的要求，全面推进我市生命教育工作，提高幼儿园、中小学校实施生命教育的科学性、规范性和实效性，不断探索素质教育新模式，结合我市教育实际，制定本纲要。

一、生命教育的内涵与意义

（一）生命教育的内涵

生命教育是促进广大师生健康成长、素质提升及身心和谐可持续发展的教育，旨在帮助师生珍视生命、善待生命、尊重生命，提升生命质量，实现生命价值，成为幸福人生的创造者。

（二）实施生命教育的意义

一是学生健康成长的需要。学前幼儿、中小学生正处于身心发展的重要时期，对生命的体悟逐渐深刻。在经济全球化、文化多元化的社会背景下，其生活方式及生命价值取向受多种因素影响，他们会遇到各种困扰和挑战，需要正确认识生命现象和意义，完善人格，健康成长。

二是学校教育可持续发展的需要。我市学校（含幼儿园）在尝试探索生命教育中积累了一定经验，在此基础上需有机整合校内外资源，从组织、内容、途径等方面进行科学规范和系统构架，以生命教育理念推动学校教育改革，更好地满足人民群众接受高质量教育的需求。

三是优化家庭教育的需要。家庭教育是生命教育中必不可少的环节和重要组成部分。家长需要了解孩子的身心发展规律，优化教养态度和方式，建立良好的亲子关系，将生命教育理念融入到家庭教育生活中，为孩子的健康成长营造良好的家庭环境。

四是建设和谐社会的需要。学生是社会主义事业的建设者和接班人，其生命质量是决定国家和民族前途与命运的重要因素之一。实施生命教育是以提高国民素质为根本宗旨，进一步解放思想，更新观念，深化改革，促进石家庄教育科学发展，为建设幸福石家庄培育德智体美全面发展的人才。

二、生命教育的指导思想和基本原则

（一）开展生命教育工作的指导思想

必须高举中国特色社会主义伟大旗帜，以十八大、十八届三中全会精神为指导，全面贯彻党的教育方针，坚持立德树人，践行社会主义核心价值体系，继承中国优秀传统文化，弘扬以爱国主义为核心的民族精神和以改革创新为核心的时代精神，遵循学生身心发展规律和教育规律，构建科学的生命教育体系、和谐的教育生态环境。

（二）实施生命教育要遵循以下原则

一是坚持理论与实践相结合的原则。在开展实际工作的同时加强课题研究、实践研究、行动研究，以科研为引领，逐渐规范生命教育的重点、内容、途径、方法、教材等。

二是坚持发展、预防与干预相结合的原则。实施生命教育要面向全体师生，以发展和预防为主，对生命危机进行保护性科学干预为辅，三者有机结合，齐抓共管。

三是坚持知识学习与生活体验相结合的原则。既要进行科学、系统的知识培养，还要引导学生积极参与实践活动，将普及生命教育知识、增强生活体验与提升生命素养有机结合在一起。

四是坚持开放性和地方性相结合的原则。以开放的眼界和心态吸纳国内外生命教育的先进理念和经验，同时立足本土的教育历史、文化等现状，积极探索具有地方特色的生命教育内涵与外延。

五是坚持继承与创新相结合的原则。学校要立足本校历史传统、校情学情和原有经验，在保持稳定、继承优良的前提下，应教育改革要求而发展，应生命教育实践需求而创新，做出实效，形成特色。

六是坚持学校教育、家庭教育与社会教育相结合的原则。发挥学校、家庭和社会机构等各自不同的教育作用，形成优势互补、资源共享的生命教育体系。

七是坚持试点先行与整体推进相结合的原则。依托生命教育先行单位构建生命教育试点校、指导中心等，在不断总结经验的基础上，在全市中小学和幼儿园同步开展、区域推进。

三、生命教育的目标和任务

（一）实施生命教育的目标

立足于广大师生生命个体与团体的需求，致力打造以优秀传统文化、心理健康教育和社会实践活动为特色的石家庄生命教育模式，实现以下教育目标：

一是优化生存状态。帮助学生学习生存知识，掌握自护与救助技能，懂得卫生保健知识，认识生与死，树立科学的生存观；在安全、信任、自由的成长环境中，体验生命的珍贵。

二是提升生活质量。帮助学生适应社会，掌握生活技能，养成良好习惯，培养实践能力，树立健康的生活观；倡导学生之间、师生之间、亲子之间互为生命支撑，建立良好的社会支持系统，体验爱与被爱。

三是实现生命价值。帮助学生树立人生目标，进行生涯规划，拥有健康的社会伦理、道德观念，培养良好心理品质、实践能力和创新精神，充分发挥生命潜能，为家庭、集体和社会做出贡献，体验需要与被需要以及实现价值过程中的幸福和高峰状态，从而树立积极的生命观。

四是维护生态和谐。引导学生认识生命的独特与可贵，敬畏生命，热爱大自然，自觉保护生态环境，尊重自然界所有生物生存与健康的权利，体验人与人、人与社会、人与自然的和谐相处。

（二）实施生命教育的主要任务

一是树立以生命关怀为核心的教育理念，将其融入学校日常教育教学和管理中，营造全员参与、全程跟进、全方位实施生命教育的氛围。

二是整体规划和构建学前教育、义务教育和高中阶段生命教育的管理制度、内容序列、评价体系等，并在实践中不断完善生命教育理论架构。

三是探索实施生命教育的方法、策略、途径、载体等，不断完善工作机制，创建生命教育新模式，推出新举措。

四是提升教师和家长实施生命教育的意识、理念和操作能力，积极关注教师的生存状态，提升其职业价值感和幸福感，促进自我生命觉醒，自觉将生命教育理念运用于日常工作生活中。

五是探索生命教育的石家庄模式，从优秀的传统文化中汲取资源，与心理健康教育相融合，突出实践性特点，深化生命教育的内涵与实效。

四、生命教育的主要内容

生命教育设置分阶段的具体教育内容，从不同地区的实际和不同年龄阶段学生的身心发展规律出发，做到循序渐进，相互衔接。

（一）学前阶段生命教育主要内容

认识常见的安全警示标志，初步形成安全意识；认识自己身体的隐私部位，懂得自我保护；学习和掌握基本的生活自理方法，树立自己的事情自己做的意识；喜欢参加游戏活动，动作协调、灵活；尊重父母与长辈，乐意与人合作和分享，学会倾听和表达，守规矩，懂礼貌；逐渐培养阅读兴趣，能运用各种感官探究问题，了解日常生活中基本的社会行为规则；爱护动、植物，关心周围环境，亲近大自然，懂得珍惜和节俭，有初步的环保意识。

（二）小学阶段生命教育主要内容

认识常见自然灾害，了解家居安全、交通安全、食品安全、常见传染病等常识，懂得如何防止侵犯，掌握基本的紧急求助和自救方法；养成良好的生活学习习惯，积极锻炼身体，培养良好兴趣爱好；培养真诚友好的交往品质，学会尊重与体谅，以礼待人，与同学、老师建立良好关系；初步认识个人与集体、家庭的关系，建立集体荣誉感与家庭责任感，懂得感恩；初步了解劳动的价值，积极面对失败与困难，学会劳逸结合；认识自我的独特性，喜欢自己，了解性生理卫生与生命孕育知识，建立并维持良好异性同伴关系；认识生命的独特性，感受人与自然和谐相处的重要性，爱护周围环境，爱惜资源。

（三）初中阶段生命教育主要内容

了解常见的安全事故和生活中安全隐患的应急处理方法，掌握逃生自救和救护他人的措施；了解基本的法律常识，认识毒品、艾滋病等的危害，拒绝陋习，崇尚健康安全的生活方式；正确认识自己的优缺点，理性对待外界评价，悦纳自我；认识青春期的生理和心理特征，积极与老师、父母进行沟通，把握与异性交往的尺度，建立良好的人际关系；学会时间管理和情绪调控的基本方法，辩证认识和积极对待挫折与压力；初步理解个人、集体与国家的关系，培养集体归属感和荣誉感；认识生、老、病、死等生命现象，尊重和关爱自己和他人的生命；认识人与自然相互依存的关系，了解生态危机，积极参与保护环境的实践活动。

（四）高中阶段生命教育主要内容

具备发现、辨别和预防生活中安全隐患的能力，提高应对突发事件的求救、自救、互救技能，树立用法律保护自己和他人合法权益的意识；认识影响身心健康的因素，逐步形成对自己和他人生命健康负责的观念；确立正确的自我意识，树立人生理想和信念，形成正确的世界观、人生观和价值观；正确认识人际关系状况，妥善处理人际矛盾与冲突，强化沟通能力和利他行为，了解性生理、性心理知识，知道友谊和爱情的界限；进一步提高承受压力和挫折的能力，形成良好的意志品质；认识个人在集体、家庭和社会中的权利与义务，培养社会责任感和民族自豪感，自觉履行公民责任；树立生态伦理观，理解人与自然、环境与健康的关系，自觉在生活中善待自然、优化环境、珍爱所有生命。

五、生命教育的途径和方法

（一）进一步深化心理健康教育。在完善学校心理健康教育辅导室的建设与使用、专题课程的设计与实施、师资队伍的培训与考核等基础上，从生命的高度提升心理健康教育实效性，融入积极心理学理念，实施启动达标校、示范校创建工作，找到新的增长点和深化点。

（二）将生命教育融入学校日常教育教学和管理工作中。教育行政人员、学校管理者及所有教职工都应全面了解并践行生命教育，将关爱生命的思想与情怀融入日常行为，在班级建设和课堂教学中注重学生思维、情感、个性、品德、能力等健康发展，构建和谐的师生、生生、亲子、家校关系，从而满足学生的安全、爱与归属、尊重、自我实现的需求。

（三）打造凸显关爱生命的学校文化。以建设优良校风、教风、学风为核心打造各具特色的生命教育文化，充分发挥校园景观、规章制度、文体活动等教育功能，形成充满生命关怀的教育生态环境，在潜移默化中提升学生对生命的理解和热爱，激发追求并实现生命价值的内在动力。

（四）创新生命教育社会实践活动。整合各种社会资源，建立生命教育实践基地，并根据基地特点研发特色课程，做到有教案、有效果、有评估，此外要积极探索研学旅游活动，让学生在实践中体悟生命、在体悟中内化品质，不断提升对生命意义和价值的认知。

（五）开设生命教育校本课程。通过生命教育专题课、选修课等，学生对生命知识有全面、系统的学习、了解和掌握。此外要不断探索不同学段教法，幼儿园和小学提倡以游戏和活动为主，重在营造关怀、尊重的氛围；初中以自主参与活动为主，重在认识调整和品质内化；高中以研究性学习为主，重在培养积极进取的人生态度和价值观。

（六）开展生命主题教育活动。学校要加强和卫计委、体育局、公安局、禁毒委等相关部门和专业学术团体的合作，将生命教育与青春期教育、安全教育、环境教育、法制教育、禁毒和预防艾滋病教育等有机整合，通过班团队会、兴趣小组、社团、广播、节日仪式等途径，让学生在喜闻乐见的教育情境中感悟生命。

（七）构建家校共施的教育机制。通过家长学校、家长会等途径开设专题课程，普及生命教育基本知识和理念，帮助家长建立良好的亲子关系，优化教子观念和方法，指导和推进家庭实施生命教育，从而形成家校联盟，为学生健康成长创建良好的环境。

六、生命教育的组织实施

（一）加强组织管理。建立市、县（市）区、学校三级管理和指导生命教育的组织网络、专家委员会，县（市）、区教育行政部门要建立生命教育长效机制，学校要建立校长负责制，设有专兼职教师，加强制度建设，落实管理责任。积极探索生命教育评价制度，将其纳入年度考核和学校督导评估指标体系，对开展生命教育情况进行实绩考评和评估，充分发挥评价的诊断、督导和发展功能。

（二）加强经费保障。各级教育行政部门和学校要在师资培训、课题研究、教材研发和普及推广等方面给予经费保障。

（三）加强师资建设，开展分层、分级、分梯队的培训。对全体教师进行有关生命教育基本知识、必备能力的基础培训；对心理辅导教师加强生命科学和教育的培训；对班主任加强人文关怀和家庭教育的培训；对生命教育课程教师进行系统的生命理论和教法的培训。

（四）加强对教师的生命关怀。各级教育行政部门和学校要关心教师的工作、学习和生活，从实际出发，采取切实可行的措施，大力实施“幸福园丁工程”，为教师释放压力、维护身心健康提供必要的条件和支持。

（五）加强资源整合。多方开发和利用校内外生命教育资源，加强软件建设，研发网络课程、教学课件、音像制品、图文书刊等；加强与文化、卫生、医疗、体育等部门联合，选建生命教育基地；加强国际化合作与校际间交流，学习借鉴先进经验和理念。

（六）加强科学研究。各地教育行政部门逐步健全市、区县、学校生命教育的科研网络，设立生命信息管理和使用机制，积极组织相关课题申报和优秀成果的评选。

（七）加强宣传与经验推广。通过与新闻媒体合作，利用学校橱窗、报纸、广播、校园网、电子屏等多途径广泛宣传。通过组织专家咨询会、研讨会、交流会以及出版专著、论文集等，及时总结推广生命教育实践与研究成果。

石家庄市教育局办公室
2014年1月21日

附录二

新生命教育课程指导纲要

第一部分　前　　言

《国家中长期教育改革和发展规划纲要（2010—2020年）》在战略主题中明确提出了“学会生存生活”“重视生命教育”的概念，并把“生命教育”作为促进人的全面发展的重要内容之一。这为新时期开展生命教育指明了方向。

新教育认为，教育的根本目的，应该培养出既有着民族情怀，又有着全球视野，既拥有本真的生命体验，又拥有全面的科学知识，具有创造能力的未来公民。为此，新教育实验提出了未来新教育的课程体系，它以生命教育为基础，在这一基础上构建公民教育、艺术教育和智识教育。新教育实验遵循让师生“过一种幸福完整的教育生活”的理念，把生命教育作为新教育课程体系的基础，借助生命教育课程，开展新生命教育。

新生命教育，即新教育视野下的生命教育。它区别于以往工具化的生命教育，是一种发展性的生命教育。它以“过一种幸福完整的教育生活”为核心理念，以“生命”为中心和原点，围绕人的自然生命、社会生命和精神生命展开教育，旨在引导学生珍爱生命，积极生活，成就人生。

新生命教育课程是在新生命教育的理念指导下研制的课程，它以人的生命发展为主线，以呵护人的自然生命、完善人的社会生命、提升人的精神生命为价值追求，围绕生命活动和生活而组织，旨在帮助学生更好地理解生命的意义，确立生命尊严的意识，高扬生命的价值，提升生命的质量，使他们能拥有一个美好幸福的人生。

一、课程的性质

新生命教育课程是以儿童生命为原点，以其生活为主线而组织的活动性综合课程。

本课程具有如下基本特征：

1. 生活性

生活是生命的动态存在，生命在生活中成长，生活是生命的根基。所以，本课程遵循儿童生活的逻辑，基于生活，在生活中，为了生活。基于生活，是指以儿童生活的需要和问题为出发点；在生活中，是指以儿童的现实生活为生命教育课程的主要源泉，在教师引导下体验生活，参与生活，创造生活；为了生活，是指以正确的价值观引导儿童在生活中发展，在发展中生活，最终使他们过一种幸福完整的教育生活。因此，新生命教育课程是一种生活课程。

2. 综合性

新生命教育课程以儿童生命发展为圆心，以儿童生活为基础，围绕儿童生命发展中的生活问题组织课程内容，具有综合性。课程设计体现了人与自我、人与他人、人与社会、人与自然的内在整合，课程内容涉及中小学的思想品德、政治、体育与健康、自然、科学、社会、历史等多学科的整合，涉及安全教育、心理健康教育、禁毒教育、环境教育、可持续发展教育等多个主题内容的整合，是一门多主题、跨学科的综合性课程。

3. 实践性

新生命教育课程超越单一的书本知识的传授，其教与学的逻辑是实践性的，是一门以社会生活实践为主要形式的活动性课程。课程形态主要是在具体的生活场景中，通过组织学生参与各种活动或通过身临其境的体验，学生掌握保护生命的技能，引导学生去思考、判断、体验他们自身的经验，或在影片欣赏、角色扮演之后，获得生命的体验和心灵的震撼。本课程的目标就是要让学生在活动中体验生命，在活动中感悟生命，在活动中建构生命。

4. 生成性

生命不是预设的，是在生活中不断生成的。新生命教育课程基于儿童的生命发展需要，以儿童生活为核心组织内容，因此，随着儿童生活和活动过程的变化和需要，组织和调整课程目标，课程也随着不同的生命发展阶段的需要，以及不同阶段所面临的生命问题组织相应的内容，使生命教育内容随着年龄阶段的发展呈现螺旋上升的形态。生成性还体现在课程实施上，教与学都是动态的，教学充满生命的活力；课程是开放的，一切有利于生命成长，为生命提供滋养的内容，都可以列入生命教育的课程，或成为生命教育的课程资源。

5. 人文性

新生命教育倡导尊重生命、快乐生活。因此，新生命教育课程，必须树立“生命为本”的理念，尊重生命的特性，满足生命发展的需要，创造充满关怀、激励、温暖的人文环境，让每一个人都能够更加真切和更为丰盈地感到生活的意义和美好，培养一种积极向上的人格，提升儿童的生命质量和幸福生活指数，让他们快乐学习、幸福生活。

二、课程基本理念

1. 过一种幸福完整的教育生活是本课程的价值追求

教育起于生活。在生活中，教育本身就是一种特殊的生活方式，教育的过程与人追求幸福生活的过程应当是相统一的。没有教育，幸福生活只是空想；没有幸福，教育与生命便没有目的；忽视生命，幸福教育就没有意义。因此，新生命教育追求幸福完整的教育生活，要让受教育者拥有健康的身体、积极的生活、有意义的人生，从而实现人的“全面和谐的成长”。

2. 发展性的全人教育是本课程的基本思想

以往的生命教育，主要是作为解决社会发展中出现的种种生命危机和问题（如自杀、暴力、吸毒、艾滋病等）而提出的，是作为应对社会问题和生命伤害的工具，带有工具性和干预性。新生命教育，区别于干预性的生命教育，是基于生命的完整需要，是一种发展性生命教育。它从自然生命、社会生命和精神生命的发展需要出发，致力于生命的统整与和谐发展，呵护自然生命、完善社会生命、滋养精神生命，实现生命全面和谐的发展。因此，新生命教育是一种全人的教育。本课程基于完整生命的动态发展需要而设计。

3. 引导学生珍爱生命、积极生活、成就人生是本课程的重要目标

新生命教育课程以自然生命、社会生命和精神生命为设计原点。针对三重生命发展的要求，生命教育课程必须引导学生珍爱生命、积极生活、成就人生。珍爱生命是基础，积极生活是关键，成就人生是归宿。只有做到了这三个方面，生命才是健康的、幸福的和有意义的。

4. 儿童生活是本课程内容的基础

生命与生活是一体两面，生命寄寓生活的方方面面，生活是生命成长的基础。因此，生命教育课程不能脱离生活，儿童生命的成长源于他们对生活的认识、体验、感悟和行动。生活从范围上包括家庭生活、学校生活和社会生活，从性质上来说，是健康的、积极的、快乐的、幸福的。本课程正是在儿童的家庭、学校和社会生活中，选择生命发展中的关键主题，引导他们面对成长中的问题，体验成长中的美好，过一种积极的、健康的、快乐的、幸福的生活。

5. 实践活动是本课程实施的主要形式

新生命教育既要引导学生认识生命现象，掌握生命发展的知识，还要引导学生掌握生活技能，学会生活，在生活中感悟生命、体验生命、砥砺生命、发展和完善生命。认识生命不是新生命教育的目的，是为了更好地发展生命。新生命教育的目的在于发展生命，生命只能在活动中发展。因此，活动成为新生命教育课程的主要形式，这些活动包括实践活动、体验活动、研讨活动、反思活动等。无论是哪种活动，都要体现出活动中主体的积极性、建构性、反思性。生命的发展是一个自觉的过程，只有通过活动实现生命的觉悟，才能真正促进生命的发展。

三、课程设计思路

新生命教育课程基于完整生命发展的需要，以引导学生珍爱生命、积极生活和成就人生为目标，以儿童的生活为基础，按照“生命——目标——领域——专

题”组建课程体系。

三重生命是：

自然生命

社会生命

精神生命

三重目标是：

珍爱生命

积极生活

成就人生

六个领域是：

自然生命（珍爱生命）

生命与安全

生命与健康

社会生命（积极生活）

生命与养成

生命与交往

精神生命（成就人生）

生命与生涯

生命与价值

六个领域构成新生命教育课程的基本架构，在这样一个基本架构中，结合不同年龄阶段（小学1—3年级、4—6年级，初中阶段和高中阶段）学生生命发展的特点，根据该阶段学生生命发展的需要和面临的问题，设计不同阶段生命教育的主题，这些主题整体上呈现螺旋上升的趋势。每一个阶段的主题既反映生命的本质需要，具有相对稳定性，又能够反映不同时期生命发展面临的问题，具有生成性。

第二部分　课程目标

一、总目标

围绕着让每一个受教育者都能“过一种幸福完整的教育生活”的新生命教育理念，新生命教育课程旨在通过对学生的生命教育，使每个学生能够实现“珍爱生命，积极生活，成就人生”的目标。具体要求为：

珍爱生命：认识生命的特点及其发展规律，珍惜自己生命，尊重他人生命，敬畏自然生命。掌握生命安全与身心健康的知识、技能，保持心理和情绪健康，预防各种可能的生命伤害事件的发生，不自杀和伤害自己生命，也不杀人和伤害其他生命。

积极生活：能够主动适应社会，保持积极心态，与他人健康地交往，勇敢地面对挫折，养成良好的生活习惯和积极乐观的生活态度，具有良好的人际沟通能力；能够遵循社会公共规则，同情和关心弱势群体，具有社会公德、正义感和责任心。

成就人生：认识生命的意义和价值，具有独立之人格、自由之精神；合理规划人生，具有远大的理想和追求；具有生命超越性，激发生命的潜能，直面生死，超越死亡，追求生命的崇高与伟大；超越“小我”，关心国家、社会和人类，具有中国灵魂、世界胸怀和民胞物与的思想。

二、分类目标

分类目标是把“珍爱生命、积极生活、成就人生”按照“情感与态度”“知识与技能”“行为与能力”三个维度加以分解，具体表现为：

1. 情感与态度

珍爱生命，欣赏生命；积极生活，自信向上；具有正确的人生观和人生信仰；具有人文关怀意识。

2. 知识与技能

掌握生命安全、身心健康的知识与技能；掌握生活和生存必需的知识和技能；认识社会规范，具有与他人健康交往的知识和技能；具有规划人生的知识与技能。

3. 行为与能力

具有保护生命的能力；养成良好的生活习惯和行为习惯；能够进行自我管理，具有良好的社会交往能力和人际关系；能够追求幸福生活，实现生命的意义和价值。

三、阶段目标

阶段目标是根据新生命课程的总目标和中小学生生命发展的不同特点，分别确定小学阶段、初中阶段和高中阶段的新生命课程目标。具体表现为：

小学阶段：帮助和引导学生初步了解自身的生长发育特点，掌握安全健康生活的常识和技能，养成健康的生活习惯；初步树立正确的生命意识，学会与老师、同学、家人的交往，形成积极、开朗、乐观的性格；能够形成对自我的初步认识，发展兴趣、爱好和良好的个性特征。

初中阶段：帮助和引导学生了解青春期生理、心理发展特点；掌握自我保护、应对灾难的基本技能；学会尊重生命、关怀生命、悦纳自我、接纳他人；养成健康良好的生活习惯，提高保持健康、丰富精神生活的能力，培养积极的生活态度和人生观；能够对人生有一定的思考，有着初步的人生规划，确立人生的目标。

高中阶段：帮助和引导学生形成科学、合理的性生理、性心理和性道德观念，掌握应对生命危机的知识和技能，增加生命的抗挫能力；培养独立的人格、自由的精神，树立远大的理想，超越生命的局限；学会用法律和其他合适的方法保护自己的合法权益，培养公民需要的社会公德，具有社会责任感、正义感；能够突破自我，具有民胞物与的胸怀以及宽广的人类情怀，谋求人与人、人与社会、人与自然的和谐统一。

第三部分　内容标准

新生命教育的课程内容以人的生命为原点，围绕着人的自然生命、社会生命、精神生命三个层面，设计了“安全与健康”“养成与交往”“生涯与信仰”三个领域。根据生命教育课程的三个领域，遵循横向展开、有机衔接、循序渐进、全面系统的原则，每个领域细化为6个学习模块，共计18个学习模块，根据不同年龄阶段儿童的特征和发展需要，设计相应的课程主题。

“安全与健康”领域，安全包括“居家安全”“校园安全”“社会安全”三个模块。居家安全方面，应让学生在了解居家安全常识外，重点掌握居家如何防电防火、防盗防抢，以及应对突发事件及确保上网安全。校园安全方面，应让学生在了解校园安全常识外，重点掌握在校如何确保游戏和运动安全，防止和应对校园暴力、疾病传染及其他意外。社会安全方面，应让学生在了解社会安全常识外，重点掌握交通安全、野外安全，学会应对自然灾害、暴力恐怖。

健康包括“身体健康”“心理健康”“两性健康”三个模块。身体健康方面，应让学生在了解身体器官、生长发育、疾病危害等基础上，重点掌握营养、运动、治疗等对健康的作用。心理健康方面，应让学生在了解情绪、性格、压力等基础上，重点掌握情绪管理、环境适应、压力舒解等方法。两性健康方面，应让学生在了解生命孕育、两性区别、青春发育等基础上，重点掌握正常异性交往、应对异性骚扰、防止两性行为等方法。

“养成与交往”领域，养成指习惯的养成，包括“学习习惯”“生活习惯”“文明习惯”三个模块。学习习惯方面，应让学生在尊重教师、认真学习的基础上，学会独立思考、合作探究。生活习惯方面，应让学生养成卫生习惯、锻炼习惯、劳动习惯，并学会自我管理。文明习惯方面，应让学生在认识文明行为的基础上，学会礼貌用语、社交礼仪。

交往包括“亲近自然”“沟通父母”“结交朋友”三个模块。亲近自然方面，应让学生在了解生命现象、生命起源的基础上，认识生态平衡，保护自然环境，学会绿色生活。沟通父母方面，应让学生在了解生命诞生、父母养育的基础上，学会理解尊重，懂得孝敬父母，承担家庭责任。结交朋友方面，应让学生在了解集体生活、社区生活、公共生活的基础上，掌握选择良师益友、应对同辈压力、提升社交能力的方法。

“生涯与信仰”领域，生涯包括“生涯规划”“个性自由”“人格平等”三个主题。生涯规划方面，应让学生在培养兴趣爱好、发展兴趣特长的基础上，培养职业素质，提升职业能力，做好生涯规划。个性自由方面，应让学生在认识规则制约、尊重他人意见的前提下，学会保持个性、拥有主见，挖掘自我潜能，追求自我实现。人格平等方面，应让学生在了解人格差异、种族差异、文化差异等前提下，明确权利义务，保持人格独立，追求人格平等。

信仰包括“价值追求”“生死智慧”“精神快乐”三个模块。价值追求方面，应让学生在追求真善美的基础上，学会做出负责任的决定，初步确立人生信仰，共创和谐社会环境。生死智慧方面，应让学生在了解生命由来、生命成长、生命归宿的基础上，了解死亡现象，懂得临终关怀，学会向死而生。精神快乐方面，应让学生在学会体验快乐、分享快乐、传递快乐的前提下，汲取快乐源泉，寻找生活乐趣，追求精神境界。

具体主题分年段呈现如下：

“安全与健康”领域

年段			居家安全	校园安全	社会安全	身体健康	心理健康	两性健康
小学	低年段	一	我有火眼金睛	会说话的标识	交通安全我最棒	了不起的身体	我是班级小主人	男生女生有不同
		二	宠物有时也伤人	课间活动不打闹	出门在外防走丢	爱护我的身体	我有好多角色	男生女生握个手
		三	使用电器莫大意	游戏好玩需谨慎	乘车出行讲安全	吃出营养来	我有两个“自己”	不要随便碰我
	高年段	四	当陌生人来敲门	防范校园踩踏	会“吃人”的水	吃出健康来	我能控制我自己	男生女生都精彩
		五	我要吃得更安全	学会运动保护	我能安全乘电梯	学会预防疾病	懂得悦纳自我	了解青春发育
		六	远离家庭暴力	防范校园欺凌	求助他人我能行	学会安全用药	解决情绪问题	我有异性好友
初中		一	学会火灾逃生	避免运动伤害	畅游网络世界	科学锻炼身体	学会适应环境	克服青春烦恼
		二	防盗防骗记心间	应对疾病传染	拒绝不良诱惑	拒绝烟酒危害	直面困难挫折	正确两性交往
		三	应对地震来袭	注意实验安全	学会见义智为	远离毒品诱惑	培养独立能力	构筑青春防线
高中		一	——	确保住宿安全	学会紧急避险 学会应急救护	制订健康计划	认识自我性格	认识纯真爱情
		二	——	保护财物安全	防范野外危险 学会野外生存	学会健康生活	自信自爱自尊	呵护美丽青春
		三	——	关注舆论安全	远离非法组织 应对暴力恐怖	走出美丽误区	学会压力管理	理解婚姻家庭

“养成与交往”领域

年段			习惯养成	社会交往	与自然相处
小学	低年段	一	我的学习好伙伴	把爱说出来	我和动物做朋友
		二	我有卫生好习惯	我为别人点个赞	我和植物做邻居
		三	学会礼貌用语	说声“对不起”	自然奥秘无极限
	高年段	四	我爱运动	众人划桨开大船	我为垃圾找个“家”
		五	学会自主学习	做一名志愿者	绿色地球是我家
		六	养成文明举止	学会团结协作	懂得敬畏自然
初中		一	优化学习方法	善为家庭分担	享受山水之美
		二	乐享闲暇时光	学会同龄相伴	让城市更美好
		三	学会艺术生活	关爱弱势群体	参与环保维权
高中		一	发展思维能力	承担家庭责任	珍惜自然遗产
		二	学会科学理财	参与社团活动	人类只有一个地球
		三	提升审美情趣	热心公益活动	追求天人合一

“生涯与信仰”领域

年段			生涯规划	价值信仰	生死智慧
小学	低年段	一	我为自己点个赞	我有一颗善良的心	我从哪里来
		二	兴趣爱好伴成长	我与诚信同行	人生四季都精彩
		三	学习身边好榜样	困难我不怕	生老病死是规律
	高年段	四	多彩的职业世界	我有美丽心灵	独一无二的我
		五	我的潜能无限大	正确认识财富	了解生命基因
		六	了解我们的性格	肯定自我价值	挫折助我成长

（续表）

年段		生涯规划	价值信仰	生死智慧
初中	一	认识七彩人生	拥有友善之举	懂得敬畏生命
	二	参加职业体验	明辨是非善恶	懂得悦纳生命
	三	我会管理自己	追寻价值人生	学会临终关怀
高中	一	我的职业兴趣	学会团队合作	懂得生命权利
	二	了解大学专业	启发道德思考	活出生命精彩
	三	规划美好人生	走向知行合一	懂得向死而生

第四部分　实施建议

新生命教育要建立以专设课程为主导，与其他课程的教学及各类教育活动有机渗透、相互配合、共同推进的实施机制。专设课程凸显其完整性、连贯性和层次性，将新生命教育的基本内容系统、完整地呈现出来。学校和教师可以依据自身条件，通过多种途径和多种方式，创造性地达成新生命教育的目标。

一、基本原则

依据本课程性质和基本理念，确立本课程实施的基本原则，作为课程实施的行为指导。

1. 以人为本，发展预防的原则。生命教育尊重生命，在课程实施中首先要做到以人为本。要面向全体学生，平等对待每一个学生，致力于每个学生生命的充分、自由的发展。依据生命发展的需要，开展发展性教育、预防性教育，同时，根据生命发展的困境开展干预性教育。要以发展性、预防性教育为主，干预性教育为辅。

2. 从儿童出发，遵循儿童生命发展规律的原则。生命教育面向生命，首先是尊重生命。尊重生命，在生命教育实施中，就是要树立儿童立场，从儿童出发，遵循儿童生命发展规律，包括生命发展的一般规律、群体规律，尊重儿童生命发展的特点和个体的差异，从儿童的兴趣出发，满足不同儿童和儿童不同发展阶段的需要，正面引导，激扬生命，为生命的发展创造一个阳光的环境。

3. 循序渐进，螺旋提升的原则。生命教育课程的六大领域是相对固定的，适合于各个年龄阶段，但不同年龄阶段的学生在这些领域有着不同的发展需要，生命教育教材的编写和实施，需要根据学生的认知水平及实践能力进行统筹规划、逐步拓展、螺旋上升，满足不同学段学生的生命教育需求，并形成相互联系、循环递进的螺旋系统。

4. 强化生活体验，在生活中养成的原则。生活是生命教育课程的土壤，生命在生活中养成。生命教育既要对学生进行科学知识的传授，又要引导学生贴近生活、体验生活，在生活实践中融知、情、意、行为一体，使学生丰富人生经历，获得生命体验，拥有健康人生。

5. 整合资源，统筹协调的原则。要充分整合和利用学校、家庭、社会的教育资源，在发挥学校教育优势的同时，协调家庭、社会的力量，形成教育合力。要建立以专设课程为主导，并与其他课程的教学及各类教育活动有机渗透、相互配合、共同推进的实施机制。

二、教学建议

教学是落实生命教育课程理念和基本原则，达成思想品德课程目标的主要途径和基本环节。生命教育课程的教学以学生为中心，以活动为教与学的基本形式，发挥学生的主体性和教师的引导作用。学生在教师的引导下通过亲历活动去达到教学目标。

1. 深刻认识本课程的性质、理念和实施原则

课程性质、课程理念是设计课程的指导思想，体现了本课程的核心追求。基本原则是根据课程理念制定的实施原则，是课程理念的具体化。在实施过程中，要引导教师深刻认识课程的性质与基本理念，掌握课程实施的基本要求，这是课

程实施不偏离方向的基本前提，也是保证课程质量的最重要、最基本的条件。

2. 全面准确地把握课程目标

要以课程目标为依据开展新生命教育活动。新生命教育提出的“珍爱生命、积极生活、成就人生”是相互联系、相互递进的有机整体，是在每个阶段都全面出现的，不可以把他们分开。在教学过程中，从情感与态度、知识与技能、行为与能力等方面全面地落实课程目标，并从教学的实际出发对预设的教学目标作适当调整。

3. 不断提升教师的新生命教育理念

教师要树立新生命教育的理念，把学生当作个性各异的生命体对待，转变对师生角色关系的传统认识，尊重学生，保护学生的权利，激扬学生的生命个性，凸显生命的灵动，促进学生积极主动、生动活泼地学习，全面和谐发展。

4. 运用多种教学途径和方法

寓新生命教育于丰富多彩的教育活动中，要充分利用学科教学、班团队活动、节日和纪念日活动、仪式教育、学生社团活动、综合实践活动等，开展生动活泼的生命教育。

围绕活动、体验、省思等关键点，灵活运用多种教学方法，这些方法有：以读书、演讲、辩论、分享等为主的阅读指导法；以参观、情境训练、体悟等为主的亲身体验法；以角色扮演、生命叙事、模拟等为主的模拟想象法；通过对影片的欣赏和有关事件的讨论等，引导学生省思价值观的案例讨论法；利用随时发生的生命教育事件引导学生讨论反思的随机教学法，等等。

5. 创造有利于生命成长的良好环境

要从课程目标和学生生命成长的规律、特点出发，积极改善和创设有利于学生生命成长的安全、健康、丰富的物质环境和融洽、和谐、相互支持的心理情感环境等，发挥环境在生命成长中的潜移默化作用。

三、评价建议

新生命教育评价是促进学校新生命教育的有效措施，它旨在判断新生命教育的目标的实现程度，以改进学校的新生命教育工作，最终促进学生生命质量的提升。

（一）评价原则

1. 单项评价与综合评价相结合，以综合评价为主

新生命教育评价包括对学生与生命有关的学习方式、知识与技能、情感态度以及行为表现的评价，对教师生命教育教学设计、组织和实施的评价，对学校新生命教育管理工作的评价。这些不同方面的评价分别包含若干具体的评价指标，评价者可以通过对新生命教育的不同方面、环节进行单项评价，实现评价指标的多元化，提高评价结果的针对性；但由于生命发展的整体性，新生命教育评价也具有整体性，任何隔离开来的单方面的评价都不足以说明生命发展的状况和新生命教育的成效，因此，评价者需要对学校新生命教育进行全面考察和综合评价。

2. 形成性评价和终结性评价相结合，以形成性评价为主

新生命教育评价的作用主要在于调节和改进学校新生命教育的实施状况。评价必须在各种新生命教育活动的过程中进行，以教师和学生在新生命教育活动中的实际表现为主要的评价内容；评价要充分考虑各个学校、教师或学生的具体情况，力求为改善学校新生命教育实施状况提供依据。各学习阶段的终结性的评价结果要成为下一阶段新生命教育计划的起点。

3. 定量评价与定性评价相结合，以定性评价为主

为了对新生命教育的实施过程和实际成效作出全面而科学的评价，必须综合运用多种评价方式，既要有定量的评价，也要有定性的评价。但是，新生命教育教学评价更要关注课程的整体实施情况和学生生命发展的整体质量，关注学生在新生命教育活动中的情感体验、思想反省，及其认识、分析和解决生命问题的意识和能力的发展，所以，新生命教育教学评价更重视运用描述、评析和指导等方法对课程实施的整体状况和学生生命发展的综合水平作出定性的评价。

（二）评价的要点和方法

1. 对学生生命发展状态的评价

依据新生命教育的总目标与分目标，各年段的评价指标与内容标准的要求相一致。同时，遵照新生命教育的评价原则，以综合性、形成性和定性评价为主，

采用观察、谈话、描述性评语、成长记录袋、情境测验等评价方法。

评价者要在新生命教育活动中观察学生的参与情况，在日常生活中考察其对生命问题的关注程度，通过各种形式的讨论和交流活动让学生陈述其有关生命的观点并阐述理由。评价者还要鼓励学生通过成长记录袋等方式收集和整理自己在新生命教育中的作业或其他学习作品，反思自己的学习过程，并对自己和其他同学的生命意识、态度和情感进行评议和反思。评价者可指导学生在新生命教育活动中记录各自的参与状况、感受与收获，使之成为一项评价依据；评价者还可以采取情境测验方式，让学生对虚拟的生命问题提出解决方案和行动计划。

2. 对新生命教育教学过程的评价

对新生命教育教学过程的评价，既要重视新生命教育课程实施的整体质量，也要重视学校其他课程对新生命教育的渗透，形成整体的新生命教育实施系统。

评价者要对新生命教育课程目标的设定、内容的选择、资源的开发、手段和方法的运用、活动的设计等课程实施情况进行全面的评价。可以参照以下的标准：课程目标的完整性；将新生命教育课程的内容与学生的生活联系起来；引导学生通过多种途径，运用多种资源了解生命问题，并通过图书、报刊、网络等获取有关新生命教育的信息；根据教学内容和学生情况，灵活选用多种教学方法；鼓励学生与同学、教师、心理辅导专家、生命研究专家等相关人士就生命问题相互沟通，并为解决生命问题互相协商合作。

新生命教育的实施也通过各科教学的渗透进行。对各科教学中的新生命教育评价可以参考以下标准：各科教学设计和教学评价的相应部分含有新生命教育方面的要求和学习内容；各科渗透新生命教育要符合本学科的特点，突出本学科在新生命教育中的独特性；各科在实施新生命教育的过程中尽量与相关的其他学科建立联系，为学生提供综合性的学习经验。

3. 对学校新生命教育管理工作的评价

学校要有专门的人员或机构负责新生命教育的计划、实施、协调和评价；学校要通过一定的组织形式保证学生、家长、学校教职工和领导，以及社区代表等共同参与学校新生命教育建设，并对学校新生命教育计划的执行进行监督；各学期的学校工作计划明确规定本学期新生命教育的目标、实施方式、时间安排、评价手段和指标等内容，统筹规划各科课程、综合实践活动和班团队活动中的新生命教育内容；学校的规章制度和日常评价包含新生命教育方面的内容，同时在课堂教学、综合实践活动和班团队活动过程中对新生命教育的实施进行评价；学校为教师和管理人员接受新生命教育的培训给予支持并努力创造条件；学校向全校师生提供足够的新生命教育教学资料、设备和场所，并且保证师生便利而有效地加以利用；学校与家庭、社区、政府部门，及其他教育机构建立广泛的联系，共同开展新生命教育活动；学校通过各种渠道、利用多种媒体向社会宣传新生命教育的经验和成果，并鼓励广大师生向社会各界宣传各种保护生命的行动；学校及时向全校师生、家长以及社区居民发布有关学校生命建设最新进展的信息。

四、教材编写建议

本课程的教材包括学生用书、配套音像资源包和数字化学习平台等。

学生用书是承载教学内容的规范化、系统化的教科书，是基础性资源，是教与学的基本依据。音像资源包作为重要的动态性辅助资源，对丰富学习内容和改变课堂学习方式，有着重要作用。数字化学习平台是实现“人人皆学，时时能学，处处可学”的重要载体。

教材的编写应当以《新生命教育课程指导纲要》为依据，全面贯彻落实《新生命教育课程指导纲要》倡导的课程理念和课程目标，使教材为学生生命健康发展服务。教材的开发与编写应当注意以下几方面：

1. 教材内容的选择应遵循《新生命教育课程指导纲要》内容标准，以人的生命为原点，从人的自然生命、社会生命、精神生命三个维度，按照“生命与安全”“生命与健康”“生命与养成”“生命与交往”“生命与生涯”“生命与价值”六大模块展开，同时涵盖“人与自然”“人与自我”“人与他人、社会”等方面。

2. 教材呈现方式力避成人化倾向，以情境练习、自主活动为主，有利于学生形成对生命的体验和感悟。教材的呈现方式要合乎学生的心智发展特点，其中的图像和教学辅助资料应占有一定的比例；课文内容的表述应增强探究性和趣味性，在符合科学性要求的同时，语言尽可能通俗、生动、健康、优美；版式设计应新颖、美观、活泼，符合学生的审美情趣。

3. 教材内容的选择应与学生的生活紧密联系，符合学生的知识基础、心理特点和认知规律。教材要以正面引导为主，正确引导学生认识和分析生活中的生命问题。教材要从学生可能的经验出发，从学生可能遇到的生活场景和生命困惑出发编选适当内容，要引导他们解开生命的困惑，从而热爱生命，积极生活。

4. 教材应该注重科学性，但是教材的内容不必拘泥于知识的逻辑体系，按照学生的认知规律与生活经验来编排。

5. 教材应当考虑到行为的形成必定与观念的内化及亲身体验密切相关，因此，应当将学生活动和情境体验作为教材内容的重要组成部分。学生在情感态度与价值观、知识、能力等方面的全面发展，应当通过他们积极参与活动来实现。但是，活动内容的选择要谨慎、适度，力避有损害生命健康的活动。

6. 教材选取的内容应当具有一定的弹性和灵活性，以适应不同地区、不同学校办学条件的差异和学生个性化、多样化发展的需要。

五、课程资源的开发与利用

（一）需求评估

1. 了解学生在新生命教育方面的需求

有效的新生命教育要考虑学生的生理、心理需求，选择对学生有意义的问题作为教学主题。对学生需求的了解可以从以下问题入手：

（1）该年龄段的学生经常遇到什么样的生命问题？

（2）学生关注生活中的哪些生命问题？学生对这些生命问题持什么态度？

（3）学生对生命问题曾经有过什么行为？他们还可能做出哪些相关行为？

（4）要做出以上行为，学生需要具备哪些知识？

2. 考察学校生命教育现状

（1）学校原有的生命教育环境和氛围。

（2）学生对生命的态度和行为。

（3）学校生命教育在现有课程中的落实。

（二）开发和利用多种新生命教育资源

1. 新生命教育课程的资源打破了学校课程的界限，是学生发展可以利用的一切资源，从空间上看，包括学校资源、社区资源、家庭资源；从形式上看，包括文本资源、音像资源、实物资源以及网络资源等。

2. 建设新生命教育师资队伍，培训和培养新生命教育专兼职教师，柔性使用校外相关人才资源，学生、家长、教师、邻居、其他社会人士以及社区都可作为资源来开发。

3. 学校因地制宜地安排新生命教育的活动场所，建好图书馆、博物馆、纪念馆、文化馆、心理咨询室、医务室、生命体验室及其他专用教室；有条件的学校可以成立新生命教育资源中心。

4. 合理利用社区新生命教育资源，与公安、消防、科协、体委、红十字会、医院等机构建立协作关系。

5. 营造充满生命关怀的校园文化氛围，合理利用新生命教育的隐性资源。

6. 积累新生命教育的理论、个案资料、经验成果，建立学校新生命教育文本资源库，建设新生命教育的网络平台。

后　记

在20世纪90年代中后期，国内有学者开始介绍国外和港台地区的生命教育，生命教育引起了理论工作者的关注。21世纪初，一些省市颁布生命教育纲要或行动方案，开始了生命教育的区域实践探索。2010年颁布的《国家中长期教育改革和发展规划纲要（2010—2020年）》在国家层面提出重视“生命教育”。2016年《中国学生核心素养》公布，“珍爱生命”被作为“健康生活”素养的基本要点。经过短短的20年，生命教育的重要性得到了国人的共识和重视，如今已经在中国大地上蓬勃发展。

生命教育的实践方式有多种，可以是单独开设生命教育课程，也可以是在学科中渗透生命教育，还可以是通过专题活动进行生命教育。无论哪种形式，都需要教师的操作。遗憾的是，我国尚没有专门针对生命教育的师资培养。所以，生命教育的师资培养和培训迫在眉睫。为了解决这一燃眉之急，助力教师开展生命教育，我们组织编写了这本《生命教育教师手册》，以便于在生命教育教师培训或者教师进行生命教育时参考。

这本手册分理论和实践两个部分。理论部分主要包括生命教育的内涵、生命教育的兴起与发展、生命教育的目标与任务，这一部分使教师对生命教育是什么、为什么以及生命教育目标等有一个基本的认识。实践部分主要包括生命教育的原则和途径、生命教育的内容与课程、生命教育课程的教学、生命教育的主题活动、生命教育的教学资源开发与利用、教师的生命素养及其培育。在实践部分，本着为生命教育教师提供服务的思想，尽可能以实践案例形式呈现，尤其是生命教育教学资源部分，我们提供了较为全面的教材、读本、绘本、电影供教师开展生命教育时选择。实践案例部分由常州市教育局提供，可供开展生命教育活动时参考。

本书是我主持的江苏省第五期“333高层次人才培养工程”项目“基于学生发展核心素养的生命教育专设课程开发研究”的成果之一。本书由教育部人文社会科学重点研究基地南京师范大学道德教育研究所生命教育团队合作完成，最后由我负责统稿、定稿。各章的执笔人是：第一章张艳楠，第二章张倩兮，第三章冯建军，第四章左红梅，第五章冯建军，第六章雷晓庆，第七章李春惠，第八章卢锋，第九章刘霞，附录张倩兮、李春惠。团队由我负责，我受邀参加朱永新教授主持的新生命教育实验，与袁卫星、卢锋合作主持新教育研究院新生命教育研究所的工作。因此，本书的核心观点来自于新生命教育，也是新生命教育研究的成果。

新生命教育研究提出了三重生命：自然生命、社会生命和精神生命，分别相当于生命的长、宽、高，生命教育的目的就在于拓展生命的长、宽、高。新生命教育研究团队根据拓展生命长、宽、高的理念，开发了《新生命教育》中小学系列教材22册。本书也是对新生命教育教材的概略式解读，供使用《新生命教育》教材的教师参考，以后我们还会根据《新生命教育》教材编写《新生命教育教师用书》。

生命教育实践是一个新事物，国内的案例还不够丰富，因此，我们在书中借鉴了台湾学者的成果，尤其是参考和使用了纪洁芳等著的《生死教育教学》和《打开生命教育百宝箱》两本著作，特此说明，并对纪洁芳教授的团队表示感谢。

生命教育的中国实践刚刚开始，我们愿意携手与各位同行，推动中国生命教育的实践，总结中国生命教育的经验，打造中国生命教育的模式，建构中国生命教育的话语体系。

冯建军

2018年1月